Holländische Landsitze

René W. Chr. Dessing

HOLLÄNDISCHE LANDSITZE

Bürgerträume einer goldenen Zeit

SCHNELL + STEINER

Vordere Umschlagabbildung: Duivenvoorde, Foto: Collectie Duivenvoorde

Der Autor dankt den Verantwortlichen der Provinzen Nord- und Südholland
für die finanzielle Förderung der vorliegenden Publikation.

Übersetzung aus dem Holländischen: André Johannes Bierlink

Bibliografische Information der Deutschen Nationalbibliothek:
Die Deutsche Nationalbibliothek verzeichnet diese Publikation
in der Deutschen Nationalbibliografie; detaillierte bibliografische
Daten sind im Internet über http://dnb.dnb.de abrufbar.

1. Auflage 2019
© 2019 Verlag Schnell & Steiner GmbH, Leibnizstr. 13, D-93055 Regensburg
Umschlag: Anna Braungart, Tübingen
Satz: typegerecht, Berlin
Druck: optimal media GmbH, Röbel/Müritz

ISBN 978-3-7954-3389-5

Weitere Informationen zum Verlagsprogramm erhalten Sie unter: www.schnell-und-steiner.de

Inhalt

Vorwort

Dieses Buch versteht sich als Wegweiser zum kulturellen Erbe der Niederlande. Erstmals wird die umfangreiche Landschaft der Schlösser, historischen Landsitze und Güter der Niederlande in deutscher Sprache präsentiert. Gemeinhin werden England, Frankreich und Deutschland – zu Recht – als Länder der vielen Schlösser und Burgen angesehen. Diesbezüglich denkt man nicht zuerst an die Niederlande. Dabei wurden hier jahrhundertelang Tausende Landsitze, sog. »Buitenplaatsen«, im Auftrag Adliger, reicher Kaufleute und ehemaliger Kolonialherren angelegt. Anders als in den meisten europäischen Staaten war hier Grundbesitz nicht exklusiv dem Adel vorbehalten. Insbesondere in den Küstenprovinzen, dem Landesteil mit dem Namen Holland, besaßen zahlreiche wohlhabende Kaufleute Grund und Boden. Teilweise war ihr Land dem Wasser abgetrotzt. Dort, außerhalb der überfüllten, lauten und stinkenden Städte schuf man ein wahres holländisches Arkadien. Der Bau dieser Landsitze war einer der Gründe dafür, dass Wege angelegt wurden, Kanäle gegraben und ganze Landstriche eine Metamorphose von ländlichem Gebiet hin zu geplanten Parkanlagen und Gärten erfuhren. Ein Arkadien, ausgestattet mit zahlreichen exotischen Bäumen und Sträuchern, die über das weit verzweigte Handelsnetzwerk der Niederlande aus allen Teilen der Welt herangeschafft wurden. Und obwohl im Laufe der Zeit vieles verschwunden ist, gibt es noch immer etwa 600 Schlösser und historische Landsitze, die größtenteils gut erhalten sind.

Sie werden hier keine Anwesen finden, wie Sie sie vielleicht aus Potsdam, Bayern oder Thüringen kennen. Die niederländische Bauweise ist kleiner, intimer und steht dem Bürgertum näher. Niederländische Landsitze dienten nicht nur der Repräsentation, sondern haben auch etwas Heimeliges. Leicht identifiziert man sich mit dem Ort und erlebt auch die diese Häuser umgebende Natur. Genau das war es, was die emsigen Kaufleute vor den Toren der Stadt suchten: Ruhe und Entspannung. Und eben das unterscheidet das niederländische kulturelle Erbe so sehr von dem, was andernorts in Europa zu sehen ist.

Auf den nächsten Seiten erfahren Sie, wie sich die umfangreiche Kultur der Landsitze in den holländischen Küstenprovinzen entwickelte, wer sie anlegte und besaß und welche Infrastrukturmaßnahmen hierbei eine Rolle spielten. Sie lesen, wie Kaufleute, Statthalter und der Adel sich auf ihren Landsitzen vergnügten, welchen Beschäftigungen man hier nachging und welche Besucher man empfing. Zudem lernen Sie die bemerkenswerten Unterschiede zwischen den Landsitzen der reichen Amsterdamer und denen der Den Haager kennen.

Dieser Führer beinhaltet neben den historischen Informationen auch viele praktische Hinweise, wie Adresse und Besuchsmöglichkeiten der Objekte. Viele Landsitze können besichtigt werden, sowohl das Gebäude als auch der Garten. Darüber hinaus bietet Ihnen der Führer Tipps für Ihren Aufenthalt, denn zu jedem Landsitz sind auch Informationen zu möglichen Aktivitäten, Restaurants oder Übernachtungsmöglichkeiten in der Umgebung aufgenommen. Er ist also informativ und praktisch zugleich. So mögen wir es in den Niederlanden. Ich lade Sie herzlich ein, unsere schönen Schlösser und Landsitze einmal zu besuchen.

Ich wünsche Ihnen viel Freude auf Ihrer Entdeckungsreise zu diesem, für viele noch unbekannten Aspekt des kulturellen Erbes des wunderschönen und wasserreichen Holland.

Doesburg, Juni 2019
René W. Chr. Dessing
(rdessing@skbl.nl)

Einleitung

Historische Hintergründe

Wegen der führenden Rolle, die Wilhelm von Oranien vor und während der ersten Jahre des Aufstands gegen Spanien spielte, konnten die Oranier auf die Sympathie der Bevölkerung zählen. Obwohl der Adel zwischen den eigenen Interessen und denen des Landes hin und her wankte und sich nur allmählich der neuen reformierten Kirche anschloss, behielt er vor allem in den nördlichen und östlichen Provinzen der Niederlande seinen Grundbesitz und seine Machtposition. In den Küstenprovinzen hingegen übernahmen reiche Kaufleute immer mehr Einfluss und sah sich der Adel immer mehr in der Defensive.

Vor dem Beginn des Aufstands vertrat ein Adliger bzw. eine Adlige als Statthalter den abwesenden Landesherrn, in diesem Fall den König von Spanien. Er oder sie übte in seinem Namen die Herrschaft aus. Nach der Abdankung des spanischen Königs Philipps II. 1581 als Souverän der Niederlande wählte man einen Oranier für diese Stellung aus, allerdings ohne ihm den Status eines Souveräns zu gewähren. Es gab zeitweise sogar gar keinen Statthalter (1650–1672 und 1702–1747). Übrigens ernannte jede Provinz selbst den Statthalter. Es gab daher auch zeitweise mehrere Statthalter nebeneinander. Im Grunde war es eine amtlich-administrative Aufgabe, wobei die Macht bei der Provinzregierung blieb. Der Statthalter hatte allerdings sehr wohl auch Einfluss und Macht. So hatte er oft seine Hand im Spiel, wenn es um die Ernennung von Bürgermeistern und um militärische Entscheidungen ging. Obwohl die Statthalter Frederik Hendrik und sein Enkel Willem III. in den Niederlanden ungekrönt waren, orientierten sie sich in ihrer Repräsentation gerne am Vorbild des französischen Königs. Dies war einer der Gründe, warum die Oranier während des 17. Jahrhunderts eine große Anzahl Landsitze, Schlösser und Anwesen in der Republik besaßen.

Die Interessen der Generalstaaten, des Statthalters, der einzelnen Provinzen und die der Kaufleute waren bei weitem nicht immer deckungsgleich. Im Niederländischen kennt man das Sprichwort: »Wer zahlt, der bestimmt«. Und da die Amsterdamer Kaufleute einen Großteil der Staatsausgaben finanzierten, besaß diese Stadt auch enormen Einfluss. Sogar so enorm, dass der Stadtrat nach dem frühen Tod des Statthalters Willem II. 1650 darauf drängte, keinen Statthalter mehr zu ernennen. In der kurzen Zeit, in der er als Statthalter fungierte, zog Willem II. den Ärger der Amsterdamer auf sich. Es hätte nicht viel gefehlt und in der Republik wäre ein Bürgerkrieg ausgebrochen. Angesichts dessen wurde Willems postum geborener Sohn und Erbprinz (der spätere Willem III.) in relativer Abgeschiedenheit von seiner Mutter Maria Stuart I. und nach ihrem Tod durch seine Großmutter Amalia von Solms erzogen. Die statthalterlose Zeit endete 1672. In jenem Jahr wurden die Niederlande

Im 16. Jahrhundert gehörten die Niederlande zum Heiligen Römischen Reich und wurden vom spanischen Zweig der Habsburger beherrscht. Im Jahr 1568 entbrannte in den Niederlanden ein Aufstand gegen die spanische Herrschaft. Dieser Konflikt sollte insgesamt 80 Jahre dauern; in den Niederlanden sieht man ihn als Religions- und Freiheitskampf an. Durch die gemeinsamen Anstrengungen von sieben Provinzen konnten sich die Niederlande von der spanisch-habsburgischen Vorherrschaft befreien. In den Generalstaaten, dem gemeinsamen Regierungsorgan, wurden die finanziellen und militärischen Entscheidungen während dieser Auseinandersetzung getroffen. In den nördlichen Niederlanden kehrte zu Beginn des 17. Jahrhunderts wieder Ruhe ein, auch wenn der Krieg offiziell noch bis 1648 andauerte. Die Generalstaaten waren das wichtigste Regierungsorgan in der Republik der Sieben Vereinigten Niederlande. Dort berieten die lokalen Abgesandten über die gemeinsame Innen- und Außenpolitik angesichts der damals komplexen Lage in Europa.

gleich von mehreren Seiten angegriffen. In der niederländischen Geschichte ist dieses Jahr als das »Katastrophenjahr« bekannt. Einstimmig und auf Drängen der Bevölkerung riefen die Provinzen Willem III. zum neuen Statthalter aus. Nach einem erfolgreichen Einfall in England und nachdem er dort den Protestantismus wiederherstellte, bestieg er zusammen mit seiner Frau Mary Stuart II. den englischen Thron.

In den Generalstaaten wurde die gemeinsame Landespolitik, oft nach komplizierten und langwierigen Verhandlungen, von den Abgeordneten der unterschiedlichen Regionen bestimmt. Nicht zuletzt aufgrund des großen finanziellen Potenzials der Amsterdamer Kaufleute dominierte die Stadt nicht nur die Provinzialpolitik, sondern auch in den Generalstaaten. Hierbei waren ihnen Handelsinteressen oft wichtiger als das Staatsinteresse. Gemeinsam verhinderten die holländischen Städte, unter Führung Amsterdams, die Verleihung von Stadtrechten an Den Haag. Somit besaß auch der Haager Magistrat kein Stimmrecht in den Staaten von Holland. Auf diese Weise wollte man verhindern, dass Den Haag, aufgrund der ansässigen Regierungsorgane und des dort residierenden Statthalters, zu große Macht auf sich vereinen könnte. Zugleich ist dies auch einer der Gründe, warum Amsterdam die Hauptstadt der Niederlande ist, während in Den Haag seit Jahr und Tag Regierung und Königshaus ihren Sitz haben.

Holland

Holland war die größte Region und spielte eine führende Rolle aufgrund seines auf Handel basierenden Reichtums. Die Region teilte sich in eine Nord- und eine Südhälfte, die man grob als die heutigen Provinzen Nord- und Südholland ansehen kann. Allerdings war der Südteil seinerzeit bedeutend größer als die heutige Provinz Südholland. Damals begann der nördliche Teil bei Amsterdam und umfasste auch die dem Festland vorgelagerten Wattinseln, die heute zur Provinz Friesland gehören. Zu Nordholland gehörten neben Amsterdam auch die Handels- und Fischerstädte Hoorn, Enkhuizen, Edam, Haarlem und Alkmaar. Diese Städte sowie das wohlhabende ländliche Gebiet bildeten, mit Amsterdam als Zentrum, eine einflussreiche Handelsregion und sie waren der Hauptgeldgeber der Republik. Die Südhälfte umfasste auch Teile der heutigen Provinzen Utrecht und Nordbrabant. Diese Region schloss neben Den Haag auch die Städte Leiden, mit der ältesten Universität des Landes, Dordrecht, die älteste Stadt Hollands, Delft und Rotterdam ein. Neben den städtischen Abgeordneten hatte auch der Adel Teil an den Beschlüssen in den Staaten von Holland, auch wenn ihre Interessen im Laufe der Zeit immer mehr abnahmen. Erstaunlicherweise war der geistliche Stand nie Teil dieses Gremiums. Es ist bemerkenswert, denn vor dem Aufstand gegen Spanien hatte die Kirche große Interessen in diesem Gebiet, allein schon aufgrund ihres ansehnlichen Grundbesitzes.

Die VOC

Ein bedeutender Teil des enormen holländischen Wohlstandes ergab sich aus der 1602 gegründeten VOC. Diese Abkürzung steht für *Vereinigte Ostindische Companie*. Wie auch in anderen unternehmerischen Initiativen zeigte sich das Bewusstsein der holländischen Kaufleute, dass durch Zusammenarbeit und gemeinsame finanzielle Anstrengungen größere Gewinne zu erreichen waren. Diese Handelskompanie bestand noch bis ins Jahr 1800 und wurde in der napoleonischen Zeit abgewickelt. Schon sehr früh verliehen die Generalstaaten der Organisation exklusive Handelsrechte für den Handel in den Gebieten östlich des Kaps der Guten Hoffnung und westlich der Magellanstraße. Aufgrund ihrer Exklusivrechte schloss die VOC mit zahlreichen Herrschern im Fernen Osten selbstständig Handelsverträge ab, wobei dem Gebiet des heutigen Indonesiens besondere Bedeutung zukam.

Lange Zeit galt die VOC als das größte Handelsunternehmen der Welt. Darüber hinaus war es die erste Aktiengesellschaft mit frei handelbaren Aktien. Ihre Interessen verteidigte sie mit einer eigenen Kriegsflotte und einer eigenen Armee. Zu ihren Hochzeiten zählte die Organisation gut 25.000 Arbeitnehmer in Asien sowie mehrere Tausende in der Republik. Geführt wurde das Unternehmen von einem Kollegium mit dem Namen *Die Herren XVII*, das seinen Sitz in Amsterdam hatte. Darüber hinaus gab es vier regionale Bezirke, in denen verschiedene Handelskammern beheimatet waren. Diese befanden sich in Amsterdam, Middelburg, Hoorn, Enkhuizen, Delft und Rotterdam. Die lokalen Gremien hatten weitgehende Befugnisse innerhalb der Vorgaben der *Herren XVII*. Trotz seiner Bedeutung war Amsterdam in der VOC nicht völlig dominierend. In Den Haag gab es die *Haags Besogne* (dt. »Behörde des Den Haager Beauftragten«). Dieses von den Generalstaaten geleitete Büro kontrollierte die Handelskontakte mit Hinterindien.

Das 19. Jahrhundert

Nach dem Abzug der napoleonischen Truppen, welche die Niederlande in beklagenswertem Zustand hinterließen, wurde die Macht der Provinzen, der Städte und anderer Lokalitäten gebrochen. Die Niederlande wurden zu einem Einheitsstaat. Von 1814 bis 1830 bildeten sie, zusammen mit Belgien unter König Willem I., das Vereinigte Königreich der Niederlande. Nach der Abspaltung Belgiens zählte dieses Königreich noch elf Provinzen. 1985 kam Flevoland als zwölfte Provinz hinzu. Diese neu gebildete Provinz besteht aus umfangreichen, durch Trockenlegung gewonnenen Gebieten des ehemaligen Ijsselmeeres. Während der Bau Tausender großer und kleiner Landsitze im 17. und insbesondere während des 18. Jahrhunderts bei Wohlhabenden in Mode war, ging die Anzahl der Neubauten durch die schlechten wirtschaftlichen Umstände zum Ende des 18. Jahrhunderts und während des 19. Jahrhunderts deutlich zurück. Dennoch wurden auch in dieser Zeit noch ansehnliche Landsitze errichtet.

Landsitze in Holland

Die Republik der Sieben Vereinigten Niederlande war flächenmäßig nicht groß und insbesondere in den Küstenprovinzen herrschte eine ausgesprochen städtische Kultur. Des Weiteren spielte das reichlich vorhandene Wasser eine große Rolle in der Entwicklung des ländlichen Raumes und der außerstädtischen Gebiete. Nach 1620, als das offene Land durch den allmählich abflauenden Konflikt mit Spanien immer weniger gefährlich wurde, war die Sehnsucht nach dem Leben auf dem Lande groß. Genau darauf nimmt auch der niederländische Begriff »buitenplaats« für Landsitz Bezug, der wörtlich so viel wie »Außenort« bedeutet. Seit der Zeit um 1620 bis ca. 1920 wurden Tausende Landsitze in allen Formen und Größen angelegt. Obwohl sie im ganzen Land vorkamen, befand sich ein bedeutender Teil von ihnen in den Provinzen Holland und Utrecht. Der Entwicklung kam dabei zugute, dass die Entfernungen relativ kurz waren und durch die vielen Kanäle auch der Transport verhältnismäßig einfach zu bewerkstelligen war.

Bei der gesamten Entwicklung spielten die Amsterdamer Kaufleute eine Vorreiterrolle. Besaßen zu Beginn des 17. Jahrhunderts etwa 10 % von ihnen einen Landsitz, so belief sich dieser Anteil nach 1700 auf etwa 80 %. Jeder, der etwas auf sich hielt und es sich leisten konnte, besaß vor den Mauern der Stadt einen prächtigen Ort, um dort den Sommer zu verbringen. Die Landsitze wurden in kultivierten Brachen angelegt, so etwa in der Region Het Gooi (die auch heute noch klischeehaft als Region der Gut- und Besserverdiener gilt), in den Poldern, die nach der Trockenlegung der nördlich von Amsterdam gelegenen Seen entstanden, an den Ufern der Seen, die nicht trockengelegt wurden, entlang der Flüsse Amstel, Angstel und Vecht, entlang der Transportkanäle sowie hinter den Dünen der Regionen Kennemerland und dem Bollenstreek (dem Zentrum des holländischen Tulpenanbaus). In diesen Gebieten gab es einst Hunderte von Landsitzen; die genaue Anzahl ist heute nicht mehr bekannt. Übrigens gab es auch um die Städte Middelburg, Leiden, Rotterdam, Utrecht, Haarlem, Dordrecht und natürlich Den Haag Landsitze. Den Haag durchlebte aufgrund der vielen ausländischen Diplomaten und den Hof des Statthalters mit seiner adligen Entourage eine gesonderte Entwicklung. Manche Landsitze wuchsen hier zu ansehnlichen, statthalterlichen Residenzen heran.

Historisches Landsitz-Ensemble

Ein Landsitz, dem der Zahn der Zeit wenig anhaben konnte, wird im Niederländischen als »complex historische buitenplaats« (dt. »Historisches Landsitz-Ensemble«) bezeichnet. Im niederländischen Denkmalschutz ist dies eine amtliche Bezeichnung für Objekte, bei denen der ursprüngliche Zusammenhang zwischen einem denkmalgeschützten Gebäude (in der Regel im Zusammenspiel mit einigen Funktionsgebäuden wie etwa einem Kutschenhaus, einer Orangerie, Wohnhäuser für Bedienstete, ein Eiskeller usw.) und einem gestalteten Garten, Park und/oder Waldgebiet als Ganzes erhalten geblieben ist. Dabei bilden die Landschaftselemente zusammen mit den Bauwerken eine bewusst geschaffene, harmonische Einheit. In den Niederlanden gibt es noch 551 offiziell anerkannte Landsitz-Ensembles. Von denen befinden sich 54 in der Provinz Nordholland und 60 in Südholland.

Daneben gibt es eine Vielzahl verschwundener Landsitze und solche, die nur zum Teil erhalten geblieben sind. So wurden Häuser teilweise abgerissen, der Park oder der Wald blieben aber erhalten. Es kommt auch vor, dass nur das Haupthaus stehenblieb, während das umliegende Grundstück mittlerweile bebaut oder zum Stadtpark umgewandelt wurde. Die allermeisten Landsitze verschwanden, weil ihr Unterhalt zu teuer wurde oder weil sie der

Oben: Landsitze als Inspiration und Quelle von Kreativität, hier z. B. die Orangerie von *Elswout* in Overveen bei Haarlem

Unten: *Leyduin* in der Nähe von Haarlem ist einer der Landsitze, die für Besucher geöffnet sind. Diese Schulkinder lernen an einem Nachmittag, was eigentlich ein Landsitz ist.

fortschreitenden Verstädterung und der sich ändernden Infrastruktur weichen mussten. Manche Anwesen wurden auch in landwirtschaftliche Nutzflächen umgewandelt.

Begriffsklärung: Landsitze, Landgüter und Schlösser
Die Begriffe Landsitz und Landgut werden oft synonym verwendet. Dies ist unzutreffend und führt oft zu Verwechslungen, da zwischen beiden grundsätzliche Unterschiede bestehen. Landgüter haben ihre historischen Wurzeln in einer Zeit, als der Landadel einem Grafen dienstbar war und von seinem Lehen und Grundbesitz lebte. Je mehr Land er hatte, desto reicher war der Eigentümer, denn die Erlöse aus dem Holz der Wälder, aus Zoll, Fischerei-, Wind- und Namensrechten trugen zu seinen Einkünften bei. In England wurde sogar die Größe eines zu errichtenden, adligen Landhauses auf Grundlage der dazugehörenden Hektar Land festgelegt. Daneben brachte das Land Pachtgeld ein und früher sogar diverse Steuergelder. Besteuert werden konnte jegliche Nutzung des Landes und seiner natürlichen Ressourcen. So wurde die Nutzung des Landes als Untergrund für Bauwerke gesondert besteuert. Auch die Nutzung des Windes, der auf dem Land wehte, insbesondere für Windmühlen, wurde besteuert, und wer seinen Fuß auf das Land setzte, zahlte einen Wegzoll. Mit den Einkünften war (und ist) der Eigentümer in der Lage, das Landgut als Ganzes aufrechtzuerhalten oder sogar zu erweitern. Die meisten Landgüter, von denen ein Teil nach wie vor in adligem Besitz ist, findet man in den östlichen und südlichen Niederlanden. Bisweilen war ein bestehender Landsitz Kern eines späteren Landgutes. Manchmal besteht von einem Landgut auch nur noch der alte historische Kern.

Bei Landsitzen (nl. »Buitenplaatsen«) gelten andere Kriterien. Landsitze sind immer das Resultat eines architektonischen Entwurfs und es fehlt ihnen die landwirtschaftliche Komponente, mit denen sie sich selbst finanzieren. Es sind Domizile, die rein zum Vergnügen und als Sommersitz angelegt wurden. Insofern verursachen sie ausschließlich Kosten. Natürlich bestand neben dem Landsitz hier und da auch ein Bauernhof und viele Landsitze sind auch aus Bauernhöfen hervorgegangen. Oft diente dieser Betrieb aber nur als Küche für den Eigentümer. Auf den Landsitzen bildeten die Grünflächen zusammen mit den Gebäuden eine bewusst geschaffene, harmonische Einheit. Kaufleute und andere reiche Städter finanzierten ihre Sommersitze vor den Mauern der Stadt mit ihren Einkünften aus Handel, Geldverleih, Vermietung oder Investments. Dies war früher der Fall und noch immer stellt ein Teil dieser Objekte keine oder nur eine geringe Einkommensquelle dar.

Schließlich gibt es noch die Schlösser, die im Niederländischen als »kasteel« bezeichnet werden – ein Begriff, der vielfältig definiert wird. Und um die Sache noch komplizierter zu machen, nennen sich manche historischen Landsitze in den Niederlanden zu Unrecht »kasteel«. Gemeinhin definiert man im Niederländischen ein

Schloss als »kasteel«, wenn es sich um eine ursprünglich (spät-) mittelalterliche Wehranlage handelt. Mittelalterliche Wehrbauten, die bis heute deutlich den Charakter einer mittelalterlichen Burg aufweisen, nennt man im Niederländischen dagegen auch synonym »burcht« oder »slot«.* Solche Schlösser (kasteels) zeichnen sich durch Gräben, Zugbrücke(n), runde Türme und Zinnen aus. Runde Formen waren im Schussfeld weniger anfällig als eckige. So entstanden in den Niederlanden auch viele Ringburgen, für die Burg Teylingen bei Sassenheim oder auch das gut erhaltene Schloss Horn gute Beispiele sind. Burgen wurden in der Regel von Adligen mit ihrem Personal bzw. von Soldaten bewohnt. Sie umfassten auch wehrhafte Wohntürme, sog. Donjons. Dieses alte Burgelement wurde bei späteren Um- und Anbauten oft in das spätere Schloss einbezogen und war dann bisweilen kaum mehr als solches erkennbar. Manche Burgen besaßen eine befestigte Vorburg mit Dienst- und Wirtschaftsgebäuden. Im Falle einer Belagerung musste diese zuerst eingenommen werden, bevor man in die Hauptburg vordringen konnte.

Man vermutet, dass es in den Niederlanden ca. 3.000 Burgen gegeben hat, von denen etwa 1.000 Wohntürme waren. Genaue Zahlen gibt es nicht. Aufgrund ihrer oft isolierten Lage, nicht zuletzt auch, weil hier Gut und Geld verwahrt wurden, war Wehrhaftigkeit von großer Bedeutung. So wurde etwa *Huys Dever* bei Lisse in einem Sumpf errichtet, was der Verteidigung dienlich war. Andere Burgen standen in den flachen Niederlanden inmitten von Jagdgebieten

Das aus dem 14. Jahrhundert stammende *Twickel* in der Provinz Overijssel ist das größte private Landgut in den Niederlanden und umfasst auch Besitzungen rund um Wassenaar, darunter der Landsitz *Zuidwijk* und einige Polder.

* Neuzeitliche Schlösser, die originär als Wohn- bzw. Amtssitz von regierenden Amtsträgern dienen, nennt man im Niederländischen dagegen »palais«.

Het Muiderslot, nicht weit von Amsterdam, ist eine klassische Burg mit dicken Mauern, einem Graben und Türmen. Im Vordergrund Henk Boers, Chefgärtner des *Muiderslot* und auf dem Landsitz *Hofwijck* in Voorburg. Hier ist er dabei, die Vortreibtöpfe aus den Beeten zu entfernen. Die Töpfe, sog. Bleichtöpfe, werden im Frühjahr dazu verwendet, Rhabarber und Spargel vom Sonnenlicht abzuschirmen und somit auszubleichen.

oder an wichtigen Wasserstraßen. Der Verwendung von Schießpulver, der Erfindung von Kanonen und den neuen Kriegstaktiken waren die Burgen aber nicht mehr gewachsen. Mit der Zeit verloren sie ihre defensive Funktion. Nach dem Abzug der Spanier wurden die bestehenden mittelalterlichen Bauten oft zu Landsitzen. Vereinzelt blieben solche Schlösser in adligem Besitz, wie etwa das Schloss *Duivenvoorde* zwischen Leiden und Den Haag. Oft wurden aber Kaufleute, Beamte, Wissenschaftler, Pensionäre oder deren Witwen zu den neuen Bewohnern. Diese Bürger erfreuten sich nunmehr am adligen Ursprung ihrer Neuerwerbung.

Adel versus Amsterdamer Kaufleute

Im Westen der Niederlande gehen die meisten Landsitze des 17. und 18. Jahrhunderts auf städtische (Amsterdamer) Initiativen zurück, während die in der Regel älteren Landgüter und Schlösser im Osten und Süden der Niederlande traditionell in adligem Besitz waren. Auch einige Herrenhäuser, die in der Provinz Friesland »stins« und in der Provinz Groningen »borg« genannt werden, haben einen solchen Hintergrund und sind oft schon sehr alt. Viele Adlige sahen abschätzig auf die wirtschaftlichen Aktivitäten der Amsterdamer Kaufleute herab, denen außerdem oft vorgeworfen wurde, dass sie für schnöden Gewinn mit Feinden der Republik Geschäfte machten bzw. gemacht hatten. Diese traditionelle Aversion gegen Kaufleute und ihren Handel ging manchmal soweit, dass zum Beispiel den adligen Schülern eines Internates in Zutphen, in der Provinz Gelderland, verboten wurde, am Tag des Wochenmarktes das Gebäude zu verlassen.

Natürlich muss man dies auch nicht zu sehr schwarz-weiß sehen, denn die Trennlinien zwischen adligem und bürgerlichem Verhalten und zwischen Schloss/Landgut und einem Landsitz (buitenplaats) waren und sind nach wie vor nicht einfach zu ziehen. Auch der Charakter eines Landsitzes konnte sich verändern, etwa durch Erweiterung, Verkleinerung oder durch Zusammenlegung. So konnte ein Landsitz ohne landwirtschaftliche Komponente, durch den Zukauf von Land und durch Zusammenlegung mit anderen Landsitzen, zu einem großen Landgut mit prächtigen Bauernhöfen heranwachsen, wie etwa das Schloss *Keukenhof* in Lisse. Es gibt aber auch den umgekehrten Fall: Allmählich verschwand das landwirtschaftliche Element und übrig blieb nur noch ein eindrucksvolles Haus mit umliegendem Park.

Bei vielen Ausländern, die in der niederländischen Republik umherreisten, hinterließen die vielen prächtigen Landsitze einen bleibenden Eindruck, insbesondere weil die meisten in bürgerlichem Besitz waren. In den umliegenden Ländern waren Landgüter und Grundbesitz in der Regel eine Sache des Adels. In den Niederlanden machten sich hingegen die neureichen Bürger eine Form der Sommerfrische vor den Toren der Stadt zu eigen und gaben ihr in Quantität und Qualität einen für Europa ganz eigenen Charakter. Die Stadt Amsterdam, die bei ausländischen Besuchern ohnehin schon großen Eindruck machte, übertraf auch in dieser Hinsicht alles. In ausländischen Reiseberichten, die teilweise auch von Adligen geschrieben wurden, ist immer wieder zu lesen, dass ihnen in der Umgebung von Amsterdam oder in Utrecht sprichwörtlich die Augen aus dem Kopf fielen. Man empfand einen merkwürdigen Mix aus Neid, Verachtung und Ehrfurcht angesichts all dieser zur Schau gestellten bürgerlichen Vergnügungen im Grünen. Übrigens kommt es im 18. Jahrhundert, rund um Bern in der Schweiz und auch in früheren Jahrhunderten in der Umgebung einer Vielzahl italienischer Städte zu ganz ähnlichen Entwicklungen, allerdings nicht in dem Ausmaß wie in den Niederlanden.

Unterschiedliche Ursprünge

Landsitze sind auf unterschiedliche Art und Weise entstanden. Manche gehen zurück auf das Mittelalter, wie etwa alte Befestigungen (Burgen), Herrenhäuser oder Wohntürme. In der Regel waren solche Bauwerke in adligem Besitz und wurden im Laufe der Zeit immer öfter als Jagd- oder Lustschloss genutzt. Lange Zeit war die Jagd ein Vorrecht, das exklusiv dem Adel vorbehalten war, auch in Holland.

In der ständebewussten Gesellschaft des 17. Jahrhunderts pflegte die aufstrebende Kaufmannsklasse im Westen des Landes anfänglich einen anderen Lebensstil als die adligen Familien auf ihren Landgütern im Osten und Süden der Niederlande. Ein Kaufmann verdiente seine Brötchen mit Handel, ein Adliger lebte von Land-, Fischerei- und Zollrechten, von Jagd-, Pacht- und Ernteeinkünften

VERWALTUNG

Noch immer befinden sich ca. 300 historische Landsitze im Besitz von Privatleuten. Des Weiteren fallen zahlreiche Landsitze in den Zuständigkeitsbereich von Land- und Forstverwaltungen. In den Niederlanden hat nahezu jede Provinz eine Verwaltungsorganisation für den regionalen Kulturgüterbesitz. Darüber hinaus fungieren heute mehrere Landsitze als Sitz kommunaler Einrichtungen, Pflegeeinrichtungen, Firmensitze oder als Hotel/Restaurant. In den Niederlanden bilden 65 Schlösser bzw. historische Landsitze den prächtigen Rahmen für ein Museum oder einen Botanischen Garten.

Huis te Warmond bei Leiden war ursprünglich eine Wasserburg mit adligem Hintergrund und ist im Laufe der Zeit zu einem Landsitz herangewachsen. Der Schlosscharakter ist hier unverkennbar.

sowie von Steuergeldern. Mehr als für die Amsterdamer Kaufleute war Landbesitz für den Adel von Bedeutung. Darüber hinaus war der Besitz eines Schlosses in vielen Provinzen Bedingung, um überhaupt zur adligen Führungsschicht gehören zu können. Diese Gruppe musste auch nachweisen können, dass beide Elternteile einem adligen Geschlecht entsprangen. Wenn diese Bedingungen erfüllt waren, wurde man für die Provinzregierung zugelassen und kam für Führungspositionen infrage und genoss steuerliche Vorteile. Wenn adlige Familien ein Schloss aus der Hand gaben, wurde es oft von Kaufleuten gekauft, nicht zuletzt, weil damit auch der Titel »Herr von ...« erworben werden konnte. Die meisten Kaufleute waren allerdings auf Polderbauernhöfe mit einer Herrenkammer (siehe unten) angewiesen oder sie mussten einen Landsitz komplett neu anlegen.

Aufgehobene Klöster werden zu weltlichen Lustschlössern
Andere Landsitze sind aus enteigneten oder verlassenen Klöstern entstanden. Wie bereits gesagt, wurde in den Jahren nach ca. 1570 der umfangreiche kirchliche Grundbesitz enteignet. Hierdurch wurden mächtige Städter in die Lage versetzt, Land zu erwerben bzw.

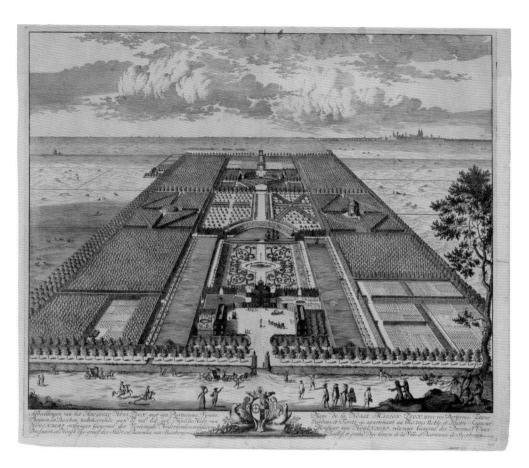

ihren bestehenden Grundbesitz zu erweitern. Mancherorts wurde ein verlassenes Klostergebäude zum Landsitz umgebaut, andere wurden abgerissen und das Baumaterial für den Bau eines neuen Landsitzes wiederverwendet.

Herrenkammern

Eine andere Kategorie von Landsitzen entstand aus Bauernhöfen mit einer Herrenkammer. So ein Bauernhof war Eigentum eines Städters, der – wenn er wollte – in der Herrenkammer wohnen konnte, während der Rest der Immobilie als Bauernhof verpachtet war. Im Laufe der Zeit und nach Umbauten sowie dem Zukauf von Land konnten solche Bauernhöfe mit einer Herrenkammer zu Landsitzen mit einer gewissen Ausstrahlung heranwachsen, um dann bisweilen wieder zu schrumpfen, mit einem Nachbarobjekt zusammengelegt zu werden oder zu verschwinden. Dieser Typ war sowohl im nördlichen als auch im südlichen Teil Hollands verbreitet und in der Regel wurden hier Formen von Garten- und Landschaftsbau betrieben. Aufgrund der häufigen Umbauten an diesen Objekten sind nur noch wenige ursprüngliche Herrenkammern erhalten geblieben.

Das mittlerweile verschwundene Haus *Sion* im Westland, südlich von Den Haag, ist ein Beispiel für ein ehemaliges Kloster, das zu einem Landsitz umgebaut wurde, wobei Haupthaus, Nebengebäude und Ziergärten eine Einheit bilden. Radierung von Pieter van Call, Anfang 18. Jahrhundert

Da viele Landsitze verhältnismäßig ungestört blieben, kommen hier viele besondere Pflanzen und Tiere vor. Typisch sind Stinsenpflanzen, oft exotische Blütenpflanzen, welche die früheren Eigentümer pflanzen ließen. Hier sehen wir Schneeglöckchen, Winterling, Buschwindröschen und Bärlauch.

Art und Größe von Landsitzen

In der Betrachtung von historischen Landsitzen darf nicht übersehen werden, dass sie, zusammen mit den vornehmen Stadtdomizilen, bewusst einen Abstand zur »normalen« Bevölkerung schufen. Diesen sozialen Abstand gab es damals und es gibt ihn, bis zu einem gewissen Grad, noch heute. Prächtiges Kulturgut beeindruckt. Man verwendete es, um in einer gewissen Exklusivität zwischen Gleichgestellten leben zu können. Die Eigentümer, ob Adel oder Kaufleute, dachten in großen Maßstäben und nutzen ihre Möglichkeiten auch für Schönheit und Naturerlebnis.

Landsitze zur Freizeitgestaltung

Vor allem im 18. Jahrhundert hatten viele Wohlhabende teure Hobbys, darunter auch (Garten-)Architektur. Manche erreichten hierbei ein professionelles Niveau. Beim Entwerfen des Hauses wurde der Grundriss streng und symmetrisch geordnet. Es gab Repräsentationsräume, private Rückzugsräume und Orte, an denen das Personal, am liebsten unsichtbar, seine Arbeit erledigen konnte. Diese Häuser hatten oft mehrere Treppenhäuser, so dass sich das Personal unauffällig im Haus bewegen konnte.

Gärten wurden zunächst mit einem strengen Muster im französischen Stil angelegt, wobei jedes Beet bzw. jeder Gestaltungsraum zum Ganzen beitrug. Direkt am Gebäude wurden oft Ziergärten mit Blumen- und Grasflächen angelegt. Weiter hinten begegnete man Baumgruppen, Teichen, einem Labyrinth, Tiergehegen oder einem Wald. Sichtachsen durchschnitten den Garten und boten sensationelle Blickwinkel aus dem Haus. Auf diese Weise verbanden sich die Innenräume mit dem Naturerlebnis draußen und konnte jeder Gast direkt den umfangreichen und gut gehegten Besitz des Gastherrn sehen! Es gab Orangerien, Tee- oder Musikpavillons, Menagerien, Kutscherhäuser mit Ställen, Eiskeller, Gärtnerwohnungen und oft legte man künstliche Hügel an, um von diesen Aussichtspunkten aus das umliegende (eigene) Land in Augenschein zu nehmen. Oft wurden auch neue Wasserläufe angelegt, die den Bau von Brunnen und Kanälen möglich machten. Oft wurden Landsitze vollständig von Grachten umschlossen, wobei das Hauptgebäude manchmal auf einer künstlichen Insel errichtet wurde. Diese augenzwinkernde Anlehnung an den früheren Burgenbau sorgte auch dafür, dass das Haus und der Landsitz nicht so leicht von ungebetenen Gästen betreten werden konnte. Die prächtigen Zugangspforten und Tore, ob mit oder ohne Wächterhäuschen, dienten demselben Zweck. Von den Gärten mit streng-geometrischer Einteilung sind nur wenige erhalten geblieben. Nach 1750 wurden die meisten Gärten in weniger arbeitsintensive (und also kostengünstigere) Landschaftsgärten umgewandelt (siehe auch S. 115 f. [Beeckestijn]).

Amsterdamer Landsitze

Ein »sicheres« ländliches Gebiet

Bereits zu Beginn des 17. Jahrhunderts kam das umliegende Land nach dem Abzug plündernder spanischer Truppen zur Ruhe und es wurde insgesamt sicherer, auch wenn die Gefahr von Überfällen, Raubtieren oder Naturgewalten bestehen blieb. Vor allem die Natur flößte Respekt ein: Die Städter hatten immer Angst, mit dem Pferd oder dem Wagen auf einem der vielen unbefestigten Wege steckenzubleiben oder von Regen und Sturm überrascht zu werden. Im 17. Jahrhundert bemühte man sich mit aller Macht, die Natur zu bezwingen. Die geometrischen, ja geradezu zurechtgestutzten Gärten, in denen die Natur ganz und gar der Form unterworfen wird, können als eine Konsequenz daraus gesehen werden. Nach 1750, als die Romantik die Natur liebreizend und weniger Ehrfurcht erscheinen ließ, ebbten die Angstgefühle ab.

Grund und Boden: Eine »sichere« Investitionen

Schon seit Beginn des 17. Jahrhunderts wurden viele Amsterdamer durch ihre erfolgreichen internationalen Handelsaktivitäten reich und man suchte nach Möglichkeiten, um diesen zunehmenden Wohlstand auch zeigen zu können. Die Stadt selbst wuchs in diesem Jahrhundert explosionsartig, mit allen nachteiligen Folgen, die mit Enge und Überbevölkerung verbunden sind. Bauland war knapp und teuer, wodurch Häuser längst nicht immer so prächtig ausgeführt wurden, wie es eigentlich mit dem oft unermesslichen Reichtum ihrer Eigentümer im Verhältnis gestanden hätte. Der Übergang zum Protestantismus hatte allerdings zur Folge, dass der umfangreiche Grundbesitz der Kirchen und Klöster in der gesamten Republik enteignet wurde. Hierdurch war im letzten Viertel des 16. Jahrhunderts eine erhebliche Menge Land auf den Markt gekommen und konnten neu gewählte städtische Verwalter und Kaufleute sich zu Großgrundbesitzern entwickeln.

In Land zu investieren, war eine ruhige und wenig risikoreiche Anlageform in einer Zeit, die relativ wenige Investitionsmöglichkeiten kannte. Was konnten Vermögende mit ihrem Geld anfangen? Beteiligung an der riskanten VOC (siehe S. 11), Geld verleihen gegen Zinsen (Geldwechsel, mit dem Risiko der Insolvenz) oder Schmuck, Pelze, Diamanten, Raritäten und Kunstgegenstände kaufen und sie später mit oder auch ohne Gewinn verkaufen. Dank der weltweiten Handelskontakte konnte Amsterdam zum Zentrum des internationalen Kunsthandels anwachsen, wo Kaufleute, Adlige und Regierende ein Vermögen für Kunstanschaffungen ausgaben. Bei alledem war Immobilienbesitz ruhiger und sicherer, auch wenn eine Krise in der Landwirtschaft, Brand, Krieg, Unruhen und Viehpest immer drohten und Landpreise unter Druck gerieten.

Wenn wir von Amsterdamer Landsitzen sprechen, meinen wir die Gruppe von Landsitzen, die ihre Entstehung und/oder Entwicklung wohlhabenden Amsterdamern verdanken. Sie legten ihre Landsitze vor den Toren der Stadt an und behielten sie über Jahrhunderte in ihrem Eigentum. Von niemandem in den Niederlanden wurde der Trend zu Landsitzen im 17. und 18. Jahrhundert so eindrucksvoll umgesetzt wie den Amsterdamern. Durch das Zusammenkommen verschiedener Umstände bekam der sommerliche Auszug aus der überfüllten und unangenehm riechenden Stadt eine ganz eigene und umfassende Dynamik. Wie sah diese Dynamik konkret aus? Was spielte dabei alles eine Rolle? Worauf müssen wir achten, wenn wir von Amsterdamer Landsitzen sprechen?

Vertrieben von Gestank, Unrat, Krankheiten, Kadaver und Insekten

Es gab jedoch noch mehr Umstände, die bei der Entstehung der Amsterdamer Landsitzkultur eine Rolle spielten. Schon vor dem 17. Jahrhundert war bekannt, dass Landluft gesund war und dass ansteckende Krankheiten weniger oft vorkamen als in der Stadt. So war Amsterdam erst nach 1850 in der Lage, die Grachten ausreichend sauber zu spülen. Bis in diese Zeit waren es buchstäblich offene Abflusskanäle, in denen Industrie- und Schlachtabfälle, Hausmüll, tote Tiere sowie Exkremente von Menschen und Tieren offen und in großer Menge hindurchgeschleust wurden. Die Geruchsbelastung in den Sommermonaten war enorm und die Situation wurde noch verschlimmert durch die vielen Pferdeäpfel und Kotfliegen auf der Straße sowie durch den Gestank der Betriebe in der Stadt wie etwa der Gerbereien und Seifensieder. Bis ins 19. Jahrhundert brachen regelmäßig Epidemien aus, die immer wieder viele Todesopfer forderten. Die Cholera-Epidemie von 1866, die vor allem in Amsterdam wütete, kostete 21.000 Menschen das Leben.

Ausländische Impulse

Schon zu Beginn des 17. Jahrhunderts wurde Amsterdam von Menschen aus allen Himmelsrichtungen überlaufen. Oft waren dies (wohlhabende) Glaubensflüchtlinge aus Flandern, Wallonien, Frankreich, Spanien und Deutschland. Aber die Stadt zog auch viele Menschen auf der Suche nach Arbeit sowie Glücksritter und Menschen mit wirtschaftlichen Motiven an. Der Wohlstand lockte Reich und Arm. Unter den früheren Besitzern von Landsitzen finden sich viele Menschen, die aus dem Ausland kamen bzw. deren Familie gerade mal seit einer Generation hier wohnte. Einige dieser wohlhabenden Ausländer besaßen in ihrem Herkunftsland bereits einen Landsitz. Sie brachten die Amsterdamer möglicherweise auf neue Ideen oder wendeten andere, neue Formen auf ihren Garten und ihr Sommerhaus an.

Bis weit ins 19. Jahrhundert hinein waren die Grachten in Amsterdam offene Abwasserkanäle. Es überrascht also nicht, dass die besseren Kreise im Sommer, wenn der Gestank am schlimmsten war, die Stadt verließen. Hier die Goudsbloemgracht, gesehen aus der Lijnbaansgracht Richtung Brouwersgracht. Die Goudsbloemgracht wurde 1854 zugeschüttet und bekam den Namen Willemsstraat, benannt nach König Willem I. Zeichnung W. Hekking jr., ca. 1850. Kolorierte Kohlezeichnung

Italienische Villen waren eine wichtige Inspiration für die Bauherren der Landsitze. Hier die ursprünglich aus dem 16. Jahrhundert stammende *Villa Mansi* in der Nähe von Lucca

Auch die internationalen Handelskontakte werden Einfluss auf die Amsterdamer Landsitzkultur gehabt haben. Manche Kaufmannssöhne repräsentierten Amsterdam als Botschafter an den Höfen jener Länder, mit denen die Stadt Handelsbeziehungen unterhielt. Andere waren von ihren Vätern auf ausländische Universitäten geschickt worden oder machten zum Ende ihrer Lehrzeit eine Studienreise durch Europa, die über Frankreich oder Deutschland führte und oft in Italien endete. Dieses Land stand im 17. und 18. Jahrhundert im Zentrum der Aufmerksamkeit. Zweifellos werden sie die Villen entlang der Brenta bei Venedig und um Vicenza besucht haben, von denen viele auf den berühmten Renaissancearchitekten Andrea Palladio zurückgehen, oder sie ließen sich von den päpstlichen Landsitzen oder den gut 100 Landsitzen der Medici beeindrucken.

Die italienische Kunst und Architektur waren bis ungefähr 1650 tonangebend. So waren historisierende Gemälde der großen italienischen Meister sehr beliebt. Auch verschiffte man klassische griechische und römische Statuen nach Amsterdam, um sie in den Gärten der Landsitze aufzustellen: Gärten, die sich an den seinerzeit populären Prinzipien der italienischen Architekten wie Scamozzi, Palladio oder Alberti orientierten. Später in diesem Jahrhundert erfuhren französische Formensprache und Architekturauffassung viel Nachahmung, insbesondere nachdem die Schlösser und Gärten von Vaux le Vicomte und Versailles vollendet waren. Um 1700 prägte der aus Frankreich in die Niederlande emigrierte Daniel Marot die Kunstgestaltung vieler Amsterdamer Grachtenhäuser und Landsitze.

Erreichbarkeit und Bodenbeschaffenheit

Während die Amsterdamer in der ersten Hälfte des 17. Jahrhunderts am liebsten kleine Landsitze in unmittelbarer Nähe der Stadt errichteten, die also relativ einfach, schnell und sicher zu erreichen waren, erweiterten sie ihren Blickwinkel in der zweiten Hälfte des 17. Jahrhunderts und im 18. Jahrhundert. Als schließlich im 19. Jahrhundert die Eisenbahn und neue Straßenverbindungen aufkamen, erweiterte sich der Horizont erneut. Gute Erreichbarkeit war immer eine wichtige Bedingung für die Entstehung eines Landsitzes. So waren das Kennemerland und der Bollenstreek über den Haarlemer- und Leidsetrekvaart zu erreichen sowie über das Wijkermeer und Haarlemmermeer; 's-Graveland über die Vecht und den 's-Gravelandsevaart; Beemster, Purmer und Schermer über zahlreiche Wasserwege; der Vechtstreek über den Fluss Vecht und das Watergraafsmeer befand sich direkt neben der Stadt.

Des Weiteren wurden bei der Standortentscheidung die Bodenbeschaffenheit sowie das Überflutungsrisiko berücksichtigt. Gleichwohl war die Nähe des Wassers erforderlich, um Gärten und Parks bewässern zu können. Entlang des Flusses Amstel war der Boden sumpfig. Der Bau prächtiger Landsitze kam hier deshalb auch später in Gang. Es gab hier zwar kleinere Landsitze, doch durch den Abbau von Torf war der Boden fortwährend in Bewegung und stieg der Grundwasserspiegel ständig an. Dies zwang die Bauern sogar, vom Ackerbau zur Viehzucht überzugehen. Entlang der Amstel sind nicht viele Landsitze erhalten geblieben, um genau zu sein: drei Stück. Andere Gebiete boten günstigere Bedingungen für die Amsterdamer Landsitze; so gab es im Kennemerland und im Bollenstreek Sandböden und natürliche Bäche, die Region Gooi hatte Sandboden, die Polder des Watergraafsmeer, Beemster, Purmer und Schermer waren fruchtbar und hatten sich ausreichend gesetzt und in 's-Graveland waren Heide- und Sumpfgebiete kultiviert worden.

Bauernhöfe in den Poldern erfahren eine Metamorphose

Eine ganz andere Entstehungsgeschichte der Amsterdamer Landsitze findet sich im Zusammenhang der gemeinsamen Investition von Kaufleuten in die Trockenlegung der Seen nördlich der Stadt. Das neue Polder-Land wurde proportional zur Investitionssumme unter den Teilnehmern verteilt. Nach Trockenlegung waren die neuen Landeigentümer z. B. in der Region Purmer von der örtlichen Verwaltung für die Dauer von 30 Jahren von Steuern auf Immobilien und zehn Jahre von Steuern auf Viehbesitz befreit. Erträge aus Ackerbau waren 20 Jahre befreit. Allerdings wurde damit berücksichtigt, dass es einige Jahre dauerte, bis sich der Boden ausreichend gesetzt hatte, um produktiv zu sein. Daneben galten noch einige andere fiskalische Vorteile. Obwohl durchaus das Risiko bestand, dass ein Projekt missglückte, werden diese Steuerregelungen manch einen Kaufmann überzeugt haben, in diese riskanten und kostspie-

ligen Trockenlegungen zu investieren. Ein Deichbruch konnte die geleistete Arbeit innerhalb kürzester Zeit zunichtemachen.

Das neu gewonnene Polder-Land wurde in der Regel landwirtschaftlich genutzt und bald erhoben sich zahllose prächtige Bauernhöfe. Oft reservierte sich der Eigentümer in einem der verpachteten Bauernhöfe einen Raum für sich selbst, der dann als einfacher Sommersitz diente: die sog. Herrenkammer (siehe S. 19). Das Leben vor den Toren der Stadt gefiel den meisten gut, und so nahm die Anzahl an Herrenkammern schnell zu. Wahrscheinlich werden die relativ einfachen Kammern bald nicht mehr den gewünschten Wohnkomfort erfüllt haben. Anfänglich wohnten der Bauer und seine Familie in dieser Kammer. Wenn der Eigentümer anwesend war, zog man einfach in andere Räume um. Übrigens waren Pächter oft vertraglich zu allerlei Diensten für den Eigentümer verpflichtet, wie etwa die permanente Versorgung seiner Hunde sowie die Pflicht, die Pferde zu füttern und im Stall unterzubringen, wenn er da war. Später zog der Bauer in den Stall oder in ein Nebengebäude, um im 18. Jahrhundert schließlich ganz vom Grundstück zu verschwinden oder allenfalls im Gärtnerhaus untergebracht zu sein.

Die Region Beemster war beliebt und zählte bisweilen etwa 50 Landsitze. In der Region Purmer gab es um 1730 knapp 20 Stück. Auch andernorts in den Küstenprovinzen und entlang der Flüsse Vecht, Angstel und Het Gein wurden alte Bauernhöfe gekauft und zu Landsitzen umgebaut. In 's-Graveland gibt es noch immer den Hof Brambergen von 1643. Dieser bewahrte seine ursprüngliche

Brambergen in 's-Graveland. In alter Zeit war die Kammer als Herrenkammer in Gebrauch. Viele Landsitze gehen ursprünglich auf eine Herrenkammer zurück, einem Raum im Hofgebäude eines Bauernhofes, der von Städtern als bescheidener Nebenwohnsitz auf dem Lande verwendet wurde. Brambergen wurde 1643 gebaut.

DER BEEMSTER

Die strenge Geometrie der Region Beemster passte ganz und gar zum Renaissancedenken übergeordneter Natur und landschaftlicher Schönheit. Im neuen Land nahmen reiche Kaufleute begeistert die Bauarbeiten auf. Um 1640 zählt der Beemster etwa 50 Landsitze. Die meisten lagen am Volgerweg. Laut Jan Adriaansz Leeghwater, der an der Trockenlegung beteiligt war, gab es »keinen vergnüglicheren und sinnlicheren Weg in Holland« als den Volgerweg im Beemster. Von all diesen Häusern ist nur Rustenhoven übriggeblieben (Volgerweg 25). Es war einst das Vorgebäude des Landsitzes Jupiter. Auf dieser Zeichnung von Vredenburg, einem Entwurf von Pieter Post, ist die charakteristische, geometrische Anlage gut zu erkennen. Vredenburg wurde 1819 abgebrochen. Siehe auch www.beemsterbuitenplaatsen.nl.

BEEMSTER WELTKULTURERBE

Der Beemster ist ein Musterbeispiel dafür, wie große Teile der Niederlande trockengelegt wurden. Diese Trockenlegung wurde im 17. Jahrhundert durchgeführt, um das bedrohliche Beemstermeer in fruchtbares und gewinnbringendes Ackerland (und einen Lustort für Landsitze ...) zu verwandeln. Wegen seines einzigartigen Charakters ist der Beemster seit 1999 Weltkulturerbe.

www.werelderfgoed.nl

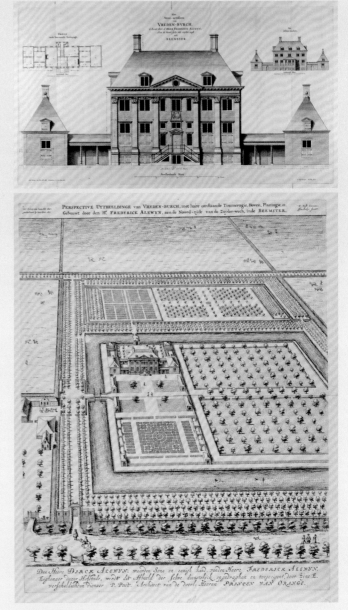

Vredenburg in der Region Beemster, ein Entwurf des berühmten niederländischen Architekten Pieter Post aus dem 17. Jahrhundert

Form. In alter Zeit wurde hier eine Kammer als Herrenkammer verwendet.

Im weiteren Verlauf des 17. und im 18. Jahrhunderts erhob sich hinter den Dünen, auf kultiviertem Heideboden und in vielen Poldern ein prachtvoller Landsitz nach dem anderen. Mancherorts wurde der ursprüngliche Bauernhof umgebaut, verschönert mit einem neuen Giebel und/oder mit Flügelgebäuden versehen. Andernorts wurde er abgerissen und Amsterdamer Architekten wie Philip Vingboons, Pieter Post oder Jacob van Campen bauten einen neuen Sommersitz mithilfe eines städtischen Bauunternehmers und seinen Arbeitern. Während des 18. Jahrhunderts rückten Architekten etwas in den Hintergrund, da viele Eigentümer, zusammen mit einem Bauunternehmer, ihren eigenen Landsitz errichteten.

Landsitze von Täufern und anderen »Andersgläubigen«

Wie andernorts in der Republik waren auch in Amsterdam Lutheraner, Katholiken, Juden, Täufer, Remonstranten und sonstige Andersgläubige von öffentlichen Ämtern ausgeschlossen. Diese Funktionen waren den Reformierten vorbehalten. Der Ausschluss sorgte dafür, dass ein Teil dieser Gruppe sich mehr oder weniger zwangsweise dem Handel zuwenden musste; es gab nur wenige andere Möglichkeiten. Auffällig viele Mennoniten konnten sich durch ihre anfänglich strengen Moralvorstellungen, die äußerliche Zurschaustellungen ablehnten, zu fleißigen und darum manchmal auch extrem reichen Unternehmern hocharbeiten. Viele von ihnen verdienten ihr Geld im Textil- und Seidenhandel, aber auch als Weinimporteur, Schnapsbrenner oder Gerber.

Luxus und Ermahnung

Viele Mennoniten besaßen im 18. Jahrhundert prächtig ausgestattete Landsitze. Das mittlerweile verschwundene Zijdebalen bei Utrecht z. B., das David van Mollem gehörte, hatte einen prächtigen Garten, in dem zahllose Figuren aufgestellt waren. Diese Garteneinrichtung hielt dem Besucher die Mahnung vor Augen, dass das Leben flüchtig und eitel und dass Fleiß eine gute Tugend sei. Die Botschaft war zweifellos auch für das Personal bestimmt, das hier in einer Seidenspinnerei arbeitete.

Ein anderer berühmter, aber verschwundener Landsitz war Vijverhof bei Nieuwersluis, welcher der Mennonitin Agneta (Agnes) Block gehörte. Sie war hier die Erste, der es gelang, eine fruchttragende Ananaspflanze zu züchten. Sie besaß auch eine große botanische Sammlung, die sie unter anderem ihrem internationalen Netzwerk zu verdanken hatte. Etwa 20 in Zoologie und Botanik spezialisierte Künstler ließ sie Aquarelle und Zeichnungen ihrer Pflanzen, Blumen und Vögel anfertigen. Die bekanntesten unter ihnen waren Herman Saftleven und Maria Sibylla Merian und ihre Tochter Dorothea Maria.

EINE LEERE STADT

Im 17. Jahrhundert waren noch viele Straßen unbefestigt. Es ist daher verständlich, dass man lieber mit dem Boot reiste. Dies erklärt auch, warum viele Landsitze sich an Flüssen, Kanälen und (verschwundenen) Seen erhoben. Außerdem konnte man im Boot mehr Gepäck für den mehrmonatigen Aufenthalt auf dem Landsitz mitnehmen. In der Regel wurden Reinigungskräfte vorausgeschickt, die das Haus für die Ankunft der Familie vorbereiteten, während man noch in der Stadt war. War dies erledigt, mietete man in Amsterdam ein kleines Schiff und fuhr im April oder Mai mit Kleidung, Schmuck, Silber, Geschirr, Haustieren, Musikinstrumenten, Büchern und allem, was das Leben angenehm machte, ab. Nach den Sommermonaten, im September oder Oktober, wiederholte sich dies in umgekehrter Richtung und der verwaisten Stadtwohnung wurde wieder neues Leben eingehaucht. Die Familien brachten dann außer ihrer persönlichen Habe auch allerlei eingelegtes Gemüse, Marmelade und andere Landfrüchte und Wild mit in die Stadt. Dieser Lebensrhythmus wiederholte sich jedes Jahr und das über Jahrhunderte. Der Amsterdamer Grachten-Gürtel machte dann jeden Sommer denselben verlassenen Eindruck, wie heutzutage Paris im August.

Die Antwort auf die Frage, warum gerade Mennoniten solche besonderen Landsitze entwickelten, liegt nicht nur in ihrem Unternehmertum und ihren Handelskontakten. Sie liegt auch in der Ehrfurcht vor Gott sowie dem eifrigen Suchen seiner Gegenwart in der Schöpfung, die im Täufertum stärker vorhanden ist als in anderen Glaubensrichtungen.

Amsterdam und Umgebung: Eine Metropole des 17. Jahrhunderts

Die Eigentümer boten mit ihren Landsitzen zusammen mit Architekten, Bauunternehmern, Künstlern und Gärtnern eine künstlerische Leistung auf höchstem Niveau; eine Leistung, die es leicht mit allerlei anderen Kunstwerken des 17. und 18. Jahrhunderts aufnehmen konnte. Darüber hinaus bekamen zahlreiche Künstler Aufträge, um speziell für diese Landsitze Kunstgegenstände herzustellen. In diesen Jahrhunderten wurden viele (Familien-)Porträts angefertigt, bei denen im Hintergrund der geliebte Landsitz oder der Garten zu sehen war. Des Weiteren bestand große Nachfrage nach bemalten Tapeten als Dekoration für einen Saal auf dem Landsitz und Bildhauer schufen zahlreiche Gartenornamente, Figuren und Stuckarbeiten für Landsitze. Kunst und Natur standen unverbunden nebeneinander, ja mehr noch, man suchte gerade nach dem Zusammenschluss von Baukunst und Natur.

Dieser räumliche Zusammenhang spielte auch eine große Rolle in der Entwicklung der holländischen Landschaft. Die Eigentümer der Landsitze besaßen zusammen eine erhebliche Landfläche. Diese Besitzungen und die Art, wie die Eigentümer sie von der Stadt aus kontrollierten und nutzten, sorgten dafür, dass Amsterdam auf natürliche Weise eng mit seinem Umland verbunden war und dessen Charakter mitbestimmte. Alles zusammen bildete dieser Grundbesitz eine (erste) Amsterdamer Metropolregion. Aus der Stadt heraus sorgte man für infrastrukturelle Verbesserungen, wodurch eine natürliche Verbindung zwischen Stadt und Land entstand, die Stadtstaaten oder Metropolen glich, wie man sie etwa bei den Griechen oder Römern kannte und es sie später in Italien gab.

Bis heute ist eine Anzahl Landsitze erhalten geblieben, die ganz und gar in Amsterdam verwurzelt sind. Manche sind relativ gleichgeblieben, andere wurden durch die Umstände der Zeit oder durch stilistische Eingriffe umfassend verändert. Diese historischen Landsitze erzählen gemeinsam die einzigartige Geschichte des Amsterdamer Wohlstandes im 17. und 18. Jahrhundert. Auf ihre Weise kommen sie der Schönheit der Werke Rembrandts und seiner Zeitgenossen gleich. Wie die prächtige Gemäldesammlung im Reichsmuseum sind die historischen Landsitze gleichermaßen Früchte einer unvorstellbar reichen und Kunst liebenden Zeit.

Seit den 30er-Jahren des vorigen Jahrhunderts hat die gemeinnützige Organisation Naturmonumente zehn Landsitze im 's-Graveland erworben. Die Gärten und Parks von früher bilden ein prächtiges Refugium für Wanderer und Spaziergänger, wo Naturliebhaber die vielfältige Landschaft mit Wäldern und Weiden, aber auch Teichgruppen, stattlichen Alleen und zahllosen anderen Spuren der ehemaligen Landsitze genießen können. Hier die Allee hinter dem Landsitz *Schaep en Burgh*.

Landsitze rund um Den Haag und Leiden

Wie zuvor bemerkt, war Den Haag nicht in den Staaten von Holland, der Provinzregierung, vertreten. Den Haag hatte auch keine Stadtrechte. Dieser Nachteil wurde ausgeglichen durch die ökonomischen Vorteile sowie den militärischen Schutz, den die Anwesenheit des Grafen von Holland in seiner Residenz, dem Binnenhof, mit sich brachte. Den Grafen von Holland waren die fehlenden Stadtrechte wahrscheinlich nicht hinderlich, da sie auf eine Stadtregierung, die sonst überall große Macht und Einfluss hatte, hier kaum Rücksicht nehmen mussten. Der Residenz-Komplex, der Binnenhof und der Buitenhof, standen immer unter der alleinigen Verantwortung der Grafen bzw. später der Statthalter. Später, im 17. und 18. Jahrhundert, hatte Den Haag Vorteile aus der Anwesenheit der Statthalter.

Dieses Regierungszentrum entstand ab ungefähr 1230, als Graf Floris IV. an einem See einen Donjon baute, möglicherweise anstelle eines Bauernhofes und auf einem Grundstück, das er von der angesehenen Adelsfamilien van Wassenaer erwarb. Auch in der späteren holländischen Landsitzkultur wurden Landsitze oft anstelle ehemaliger Bauernhöfe angelegt. Die Fundamente des Wohnturms liegen noch immer unter dem sog. Rolsaal im Binnenhof in Den Haag.

Der folgende Graf, Willem II., mittlerweile römisch-deutscher König, benötigte einen repräsentativeren Bau. Er ließ den Wohnturm abtragen und begann mit dem Bau dessen, was heute Binnenhof genannt wird, mit einer Hofkapelle, einem Empfangssaal (der später Rittersaal genannt wird) und einem Ritterhaus, das umherreisenden Rittern Obdach bot. Frisches Trinkwasser entnahmen die Bewohner dem Hofteich, der von einem Bach, De Beek, gespeist wurde und auch Haagse Beek (Den Haager Bach) genannt wird. Der Teich diente auch als Pferdetränke. Graf Floris V. ließ den Komplex weiter befestigen und allmählich wuchs der Binnenhof zu einem gräflichen Regierungszentrum. Bis heute ist er Sitz des niederländischen Parlamentes.

Adliger Grundbesitz und adlige Macht

Seit 1447 kontrollierte der gräfliche Rechnungshof den Grundbesitz und die Ernteeinkünfte. Viele Adlige besaßen gräflichen Grundbesitz als Lehen, auf dem sie Schlösser und Wohntürme bauten. Obwohl überall in Holland Wasser und Seen vorkamen, war vor allem der nördliche Teil besonders reich an Wasser und Sümpfen. Aus diesem Grund, aber auch als Schutz für das Regierungszentrum in Den Haag, erhoben sich im südlichen Teil der Provinz mehr Schlösser und Donjons, von denen ein kleiner Teil alle Kriege und Unruhen über-

In Südholland sind noch etwa 60 der einst mehreren Hundert Landsitze erhalten, die es in dieser Provinz einmal gegeben haben muss. Wie zuvor bemerkt, gibt es zwischen dem nördlichen und dem südlichen Teil Hollands erhebliche Unterschiede. Von alters her hatten die Grafen von Holland in Den Haag ihre wichtigste Residenz. Bis zum Aufstieg Amsterdams im Laufe des 16. Jahrhunderts gab in Holland der südliche Teil den Ton an. Ursprünglich bezeichnete der Name »Holland« ein Gebiet in der Gegend von Leiden mit der damaligen Mündung des alten Rheins in die Nordsee. Ein Dokument aus dem 10. Jahrhundert bezeichnet dieses waldreiche Gebiet als Holtland (Holzland). Der Name Holland ist also Jahrhunderte alt. Seit Beginn des 12. Jahrhunderts sprechen wir von der Grafschaft Holland, die mit der Zeit mächtiger und größer wurde.

Teylingen im Bollenstreek, nicht weit vom Landsitz *Keukenhof*, ist eine beeindruckende Burgruine. Nachdem *Teylingen* seine Funktion als Wertanlage verloren hatte, wurde es zu einem Landsitz.

lebte. In der Regierung verließ sich der Graf auf den Beistand des hohen und niederen Adels. Manche leisteten militärische Dienste, allerdings nicht, bevor sie durch den Ritterschlag in diese Rolle eingeführt wurden. Im Tausch für ihre bewaffneten Dienste erhielten die Ritter Steuerfreiheit, Lehen und andere Vorrechte. Dem gegenüber stand, dass sie Mannschaften, Pferde und Waffen auf eigene Rechnung zur Verfügung stellten.

Nach dem Verschwinden dieses Feudalsystems haben Ritter und andere Adlige ihre alten Vorrechte behalten können. Holland besaß Rittergüter, allerdings bedeutend weniger als die Provinz Utrecht. Nach wie vor gibt es Schlösser adligen Ursprungs, z. B. *Huis te Warmond* (Warmond), *Oud-Poelgeest* en *Endegeest* (Oegstgeest), *Duivenvoorde* (Voorschoten), *Zuidwijk* en *Raaphorst* (Wassenaar), *Binckhorst* (Den Haag), *De Werve* (Voorburg), *Huis te Werve* en *Den Burch* (Rijswijk, Het Slot (Rhoon), *Hof van Assendelft* (Heinenoord), *Hof van Moerkerken* (Mijnsheerenland) sowie die Schlossruinen *Huis te Heenvliet*, *Abbenbroek* und *Teylingen*.

Über die Grafschaft Holland ist noch zu sagen, dass es unter den holländischen Adligen auch solche verschiedenen Ranges und Standes gab. Zum höheren Adel gehörten die Geschlechter van Arkel, Egmond, Brederode und van Wassenaer. Raaphorst, van Assendelft und Matenesse wurden, neben anderen Geschlechtern, zum niederen Adel gezählt. Alle waren fortwährend bemüht, die eigene Macht und das eigene Ansehen durch Kampf, vorteilhafte Ehen oder einflussreiche Posten zu vergrößern. Unter dem niederen Adel erfüllte so mancher die Funktion eines Vogts oder eines Ambachtsherrn und lebte bisweilen in einem Donjon. Ihre Aufgabe bestand in der Rechtsprechung, der Eintreibung von Buß- und Steuergeldern sowie der Benennung von Funktionsträgern. Als im 15. Jahrhundert das Regierungszentrum des Landes mit vielen Angehörigen des höheren Adels nach Brüssel verlegt wurde, konnte sich der niedere Adel voll entfalten. Die Verlegung eines Regierungszentrums hatte bisweilen auch Folgen für Landsitze. Als der Statthalter von Friesland, Willem Karl Hendrik Friso, 1747 in der Republik zum Erb-Statthalter Willems IV. ausgerufen wurde, zog ein Teil des friesischen Adels mit ihm nach Den Haag. Hierdurch wurden mehrere friesische Herrenhäuser (lokal als *State* bezeichnet) nicht mehr regelmäßig bewohnt und, nach Jahren des Lehrstandes, verschwanden manche von ihnen auch ganz.

Eigentümer von Landsitzen

Im Gegensatz zu Nordholland, wo vor allem Kaufleute Landsitze besaßen, gab es in Südholland verschiedene Arten von Eigentümern. Neben den Statthaltern und adligen Familien – z. B. van Wassenaer – besaßen auch Kaufleute, Offiziere, Botschafter, Abgeordnete und hohe Beamte Landsitze. Rund um Leiden wohnten Universitätsprofessoren auf Landsitzen. Der bekannteste war Herman Boerhaave: Er besaß *Oud-Poelgeest* in Oegstgeest.

Statthalter, Adel und Kaufleuten

Die Den Haager Kaufleute, darunter auch Abgesandte der holländischen Handelsstädte, besaßen bisweilen sowohl einen Landsitz als auch eine Stadtwohnung. Von hier aus konnten sie ihre Interessen am statthalterlichen Hof, den Staaten von Holland, den Generalstaaten oder später beim königlichen Hof verfolgen. Vor allem im 17. Jahrhundert lebten diese Gruppen nebeneinander. Die Vorliebe des Adels lag bei der Verwaltung des Landes und der Jagd. Alte, exklusive Privilegien gaben ihnen das Recht, in den Dünen mit Pferden und Hunden zu jagen. Von ihnen wurde nicht erwartet, dass sie mit ihren Händen arbeiteten. In der Regel lebten sie von den Einkünften ihres Landes. Während des 17. Jahrhunderts bestand im Umgang zwischen Adel und reichen Kaufleuten immer noch eine unterschwellige Abneigung. So musste etwa Margaretha Turnor, Freifrau von Amerongen, im sog. Katastrophenjahr 1672 nach Amsterdam flüchten, wo sie sich in Briefen seufzend über die Kaufleute äußerte, zwischen denen sie sich nicht zuhause fühlte; sie hoffte, möglichst bald in ihre Den Haager Stadtwohnung abreisen zu können. Später sollte sie das abgebrannte Schloss *Amerongen* praktisch allein wieder aufbauen, da ihr Mann Godard Adriaan van Reede lange Zeit als Gesandter in Deutschland war.

Es kann nicht anders sein, als dass zahlreichen Kaufleuten, oft Kindern von Handwerkern oder Mittelständlern, bewusst wurde, dass ihr autonomer Handel, die erworbenen Rechte und Freiheiten in den Städten letztlich durch das viele Geld zustande kamen. Der Achtzigjährige Krieg besaß nicht nur einen religiösen Aspekt, sondern er hatte die Gesellschaft auch von einer jahrhundertealten aristokratischen Regierungsform befreit. Mit dem neu erworbenen Geld erkauften sich reiche Bürger in Holland ihre Freiheit. Sie hatten die Möglichkeit, althergebrachte, adlige Ansprüche und Macht zu zügeln und im Laufe der Zeit ganz hinter sich zu lassen. Während der Adel überall sonst in Europa das Heft des Handelns noch fest in der Hand hatte, besaßen die Kaufleute in Holland große Freiheiten und eine gleichwertige Stellung. In Amsterdam und in den anderen Handelsstädten muss ihnen klar gewesen sein, wie außergewöhnlich ihre Stellung in Europa war und welche Möglichkeiten es ihnen gab, materiellen Reichtum zu erwerben und selbstständig denken und handeln zu können, ohne von Adligen beherrscht zu werden, wie es in Frankreich, England, Deutschland, aber auch im Osten und Norden der Niederlande der Fall war. Dort besaß der Adel traditionell viel Grund und Boden und somit auch mehr Dominanz. Dies führt zu der Frage, ob, und wenn ja wie, die Kaufleute den adligen Ansprüchen nacheiferten. Es gab viel Opportunismus und beide Gruppen kannten ein großes Streben nach Macht.

Herkunft, Beruf, gesellschaftliche Stellung, Wohlstand und Glaubensrichtung spielten immer eine Rolle in der wenig egalitären Gesellschaft. Wie redete man in den besseren Kreisen Den Haags über Kaufleute mit gekauften Titeln von Ambachtslehen? Manche von ihnen hatten im Ausland für Geld Adelstitel erworben, die hier aber nicht anerkannt wurden. Allerdings erwarben Kaufleute auch ganze Ambachtslehen als Investition. Der zugehörige Titel war dann das Sahnehäubchen. Unter den Kaufleuten mit auffälligen Landsitzen in Südholland muss Pieter de la Court van der Voort genannt werden. Dieser kam aus Leiden und war durch den Textilhandel enorm reich geworden. Er besaß *Berbice* in Voorschoten und das mittlerweile verschwundene *Meerburg* bei Zoeterwoude. Er schrieb ein Buch über den Bau und die Versorgung eines Landsitzes, das in ganz Europa viel gelesen und beachtet wurde. Darüber hinaus besaß er eine prachtvolle Pflanzensammlung.

Viele Gesandte der östlichen und nördlichen Provinzen waren adliger Herkunft. Zuhause genossen sie Ansehen, hatten Einfluss und besaßen viel Land, mehr als im Westen. Manche kauften oder mieteten einen Landsitz bei Den Haag, wenn sie nicht längere Zeit in einer städtischen Unterkunft verbleiben wollten. Viele Städte und Provinzen boten eine solche Einrichtung an und manche Städte sorgten für eine gemeinsame Gästeunterkunft. Des Weiteren wohnten viele Botschafter ausländischer Mächte in Den Haag, denn die königlichen Ambitionen Friedrich Hendriks und Amalia von Solms übten eine große Anziehungskraft auf den ausländischen Adel aus. Außerdem hatte das statthalterliche Paar dadurch, dass ihre drei Töchter in deutsche Fürstenhäuser eingeheiratet hatten, ein weit

KAUFEN SIE ANSEHEN, KAUFEN SIE EINE HERRLICHKEIT!

Eine Herrlichkeit oder Herrschaft ist im 17. und 18. Jahrhundert ein attraktiver Besitz. Der Eigentümer, in der Regel ein Ambachtsherr oder eine Ambachtsfrau, verfügte über »herrliche Rechte«, z. B. das volle Lehnrecht und die Gerichtsbarkeit in seinem Territorium. Dies brachte ein paar zusätzliche Einkünfte, vor allem aber auch Macht und Ansehen. Neben der Gerichtsbarkeit umfassten die herrlichen Rechte beispielsweise auch das Recht zur Benennung und Absetzung des Dorfpfarrers und des Lehrers, manchmal auch der Hebamme und des Kirchenküsters. In niederen Herrlichkeiten bezog sich die Rechtsprechung auf kleinere Delikte wie etwa Diebstahl, Landstreicherei oder Betrug. Bei höheren Herrlichkeiten konnte der Ambachtsherr Delinquenten auch geißeln lassen oder zum Tode verurteilen. Der Titel, auch wenn er prestigeträchtig war, kann nicht mit adligen Titeln verglichen werden, allerdings bescherte er dem Besitzer natürlich Status und Ansehen. Ein berühmtes Beispiel für einen Eigentümer eines Landsitzes, der zugleich Ambachtsherr war, ist der Amsterdamer Kaufmann und Wertpapierhändler Studler van Zurck, der die Herrschaft Bergen kaufte. Zahlreiche Kaufleute fügten den Namen der von ihnen gekauften Herrlichkeit ihrem Nachnamen hinzu. So wurde etwa Philips Doublet fortan immer auch Herr von Annaland genannt und Simon Bisdom fügte den Namen der Herrlichkeit Vliet seinem Nachnamen hinzu.

verzweigtes Netzwerk in Deutschland. Die großzügige Ausführung der Häuser *Honselersdijk, Ter Nieuburch* und später *Huis ten Bosch* kann nicht losgelöst von den königlichen Bestrebungen betrachtet werden. Ausländische Gäste besuchten diese Häuser, wo sie vom Prunk beeindruckt wurden. Interessant wäre eine Untersuchung, inwieweit diese Schlösser und Gärten Einfluss auf den Bau von Landsitzen andernorts in Europa hatten.

Beamte und Wissenschaftler
Eine andere, wichtige Gruppe von Eigentümern der Landsitze rund um Den Haag bestand aus Intellektuellen, darunter hohe Beamte, Ärzte und leitende Angestellte. Constantijn Huygens, Berater und Sekretär diverser Statthalter, ist wegen seiner künstlerisch-intellektuellen Gestaltung von *Hofwijck* sehr interessant. Er setzte klassische italienische Bau- und Entwurfsprinzipien bei diesem Landsitz um, wobei Wohnkomfort und Funktionalität den Ideen und Formen untergeordnet wurden.

Huygens' Stief-Familie Doublet machte aus *Clingendael* einen außergewöhnlichen Landsitz. Auf *Zorgvliet* stand die Bodenverbesserung oben auf der Agenda und es wurde intensiv gegen Sandverwehungen angekämpft. Solche Sandverwehungen werden im Niederländischen auch als »de zandwolf« (der Sandwolf) bezeichnet. Ein Begriff, der die Bedrohlichkeit dieser Sandwehen gut erahnen lässt. *Zorgvliet* gehörte dem holländischen Ratspensionär Jacob Cats und nach ihm Hans Willem Bentinck, dem wichtigsten Freund des König-Statthalters Willem III. Auch der Arzt, Dichter und Theologe Jacob Westerbaen bekämpfte die Folgen von Sand

Zorgvliet (in Den Haag) ist auch als *Catshuis* bekannt, da dieser Landsitz im 17. Jahrhundert vom Dichter und Politiker Jacob Cats gebaut wurde. Derzeit wird *Catshuis* für Empfänge der niederländischen Regierung genutzt. Das Haus kann nicht besichtigt werden. Der umliegende Park ist aber öffentlich zugänglich.

und Dünen auf seinem Landsitz *Ockenburgh* in Loosduin; und der reiche oberste Steuerbeamte Cornelis de Jonge van Ellemeet, der sowohl in Rotterdam als auch bei Den Haag einen Landsitz besaß, ließ den Architekten Jacobus Roman in *Duinrell* ein außergewöhnliches Haus bauen. Cornelis Suys, Präsident des Hofes von Holland, besaß schon um 1550 das schicke Schloss *Torenvliet* bei Valkenburg; und Johan Polyander van den Kerckhoven, Oberjägermeister und Lieutenant-Waldmeister von Holland und West-Friesland, war Eigentümer der Herrlichkeit *Heenvliet*, die er mit unternehmerischem Ehrgeiz zu großer Blüte brachte. Er war ein Günstling des Statthalters Frederik Hendrik.

Diese Gruppe gebildeter Persönlichkeiten las (klassische) Abhandlungen über den Bau, tauschte sich darüber aus, befasste sich mit Gartenarchitektur und Pflanzen und brachte die gewonnenen Erkenntnisse in die Entwürfe und den Aufbau der eigenen Landsitze ein. Huygens hatte darüber hinaus, durch seine Beratertätigkeit am statthalterlichen Hof, großen Einfluss auf die Entstehung sowie die beeindruckende Einrichtung von *Honselersdijk*, *Ter Nieuburch* und *Huis ten Bosch*.

Wo entstanden Landsitze?

All diese Personen legten ab etwa 1610 rund um Leiden und Den Haag, hier und da auf bestehende Schlösser zurückgreifend, über Jahrhunderte hinweg Hunderte von Landsitzen an: in Wassenaar und Voorschoten, am Rande des Delft und bei Rijswijk, im Westland und entlang des Vliet oder anderer Kanäle von und nach Leiden. Wie heute noch der Fluss Vecht war der Alte Rhein, der Leiden mit Utrecht verbindet, übersät mit Dutzenden kleiner und großer

Landsitze, die oft Menschen aus Amsterdam, Den Haag oder Leiden gehörten. Durch wirtschaftlichen Niedergang, sich ausbreitende Landwirtschaft und zunehmende Industrialisierung sind hier die meisten Landsitze verschwunden. Auch der Küstenstreifen unmittelbar hinter den Dünen galt als beliebter Bauplatz. Hier, entlang des landseitigen Randes der Dünenkette und auf jahrhundertealten Strandwellen (z. B. bei Rijswijk), legten Liebhaber zahllose Landsitze an. Der fruchtbare und lockere Boden hatte seine Vorteile trotz der Probleme mit Sandverwehungen und dem ständig wehenden Wind. Schlussendlich hatte auch der Bollenstreek seine Landsitze, von denen u. a. noch Schloss *Keukenhof* erhalten ist.

Die Zunahme von Landsitz rund um Den Haag stand natürlich auch im Zusammenhang mit dem Wachstum der Stadt. Um 1620 hatte Den Haag ca. 22.000 Einwohner, 1740 waren es 40.000. Neben Amsterdam und Rotterdam gehörte Den Haag zu den größeren Städten in der Provinz.

Arten von Landsitzen rund um Den Haag und Leiden

In der Provinz Südholland können verschiedene Typen von Landsitzen unterschieden werden, darunter die zuvor beschriebenen Beispiele, die aus ehemaligen Burgen und Wehranlagen hervorgegangen sind. *Duivenvoorde* datiert aus dem 13. Jahrhundert, wurde nie zerstört und erhielt sein heutiges Erscheinungsbild durch Umbauten, die dafür sorgten, dass praktisch nichts mehr an eine Burg erinnerte. Auch *Huis te Warmond* wurde im Laufe der Jahre zu einem beeindruckenden Landsitz, einige Bauelemente aus dem 14. Jahrhundert blieben aber erhalten.

Eine zweite Kategorie von Landsitzen ging aus Bauernhöfen mit einer Herrenkammer hervor (siehe S. 19 f.). Obwohl nur wenige dieser Räume erhalten blieben, besitzt der ehemalige Landsitz *Woelwijk* in Voorschoten noch einen solchen Raum; hier war der erhöhte Raum über dem Keller, die sog. *opkamer* (wörtl. »Aufkammer«), exklusiv für den Eigentümer reserviert.

Hofwijck und das bei Den Haag gelegene *Huis ten Bosch* gehören zu jener Kategorie von Landsitzen, die nicht auf einen Vorgängerbau zurückgehen, sondern als Landsitz komplett neu entworfen und angelegt wurden.

Schließlich ist noch jene kleine Kategorie von Landsitzen zu nennen, die ausschließlich aus einem sog. Lustgarten bestanden. Oft verfügten sie über einen Obst- und Gemüsegarten, hatten aber kein Landhaus. Als Obdach diente ein Pavillon oder auch ein Garten- oder Teehaus. Das Fehlen eines Landhauses senkte natürlich die Unterhaltskosten, außerdem sparte man Steuern, die auf Luxusimmobilien erhoben wurde. In Südholland sind elf Teehäuser erhalten geblieben.

Bisweilen brachte die vollständige oder teilweise Vermietung des Landsitzes dem Eigentümer Einkünfte. Von manchen Landsitzen ist bekannt, dass sie als Unternehmenssitz dienten. Mit Sicher-

Hofwijck in Voorburg bei Den Haag ging aus keinem Vorgänger- bau hervor, sondern wurde als Landsitz komplett neu angelegt.

heit nicht gern gesehen war die Gerberei am Vliet in Voorburg, die sich auf dem (ehemaligen) Landsitz *In de Wereldt is veel Gevaer* nie- dergelassen hatte. Hier wurden in Gerbergruben Kuhhäute geklärt. Das konnte man in den Häusern zweifellos riechen und in den Gär- ten dürfte es zu einer starken Geruchsbelästigung geführt haben.

In der Regel waren die Eigentümer aber damit beschäftigt, ihre Gärten und Parks zu verschönern und am liebsten zu erweitern. In Rijswijk, Voorburg und Wassenaar wurden Landsitze immer wieder zusammengelegt und manchmal auch wieder geteilt.

Insbesondere im 18. Jahrhundert wurden auf Landsitzen spezielle Pflanzensammlungen angelegt. Herman Boerhaave verwendete seinen Landsitz *Oud-Poelgeest* als »Nebenstelle« des zu klein gewordenen Hortus Botanicus in Leiden, dessen Direktor er war. Berühmt war die Pflanzensammlung von Casper Fagel, Ratspensionär unter König-Statthalter Willem III. Von Fagel heißt es, er sei der erste Niederländer gewesen, der eine Orchidee zur Blüte brachte. Lange Zeit mietete er das Verwalterhaus auf dem Landsitz *Leeuwenhorst* bei Noordwijkerhout, wo er später auf eigene Kosten ein neues Haus errichten ließ (das mittlerweile abgerissen wurde). Durch Kontakte zu den überseeischen Kompanien entstand eine Sammlung von Pflanzen aus aller Welt. Diese Kollektion wurde nach seinem Tod im Jahre 1688 von der englischen Königin Mary II. Stuart angekauft und nach Hampton Court gebracht. In England gibt es immer noch lebende Pflanzen, die aus dieser Kollektion hervorgegangen sind. Willem III. beauftragte den Künstler Stephanus Cousyns mit der Erstellung eines Florilegiums (eines Blumenbuchs) zu dieser außergewöhnlichen Sammlung. Dieses prächtige Werk mit Abbildungen der Pflanzen und Blumen, der *Hortus Regius Honselaerdicensis*, umfasst beinahe 100 Seiten. Um 1735 gelang es dem Botaniker Carl Linné, oder Linnaeus, auf dem Landsitz *De Hartekamp* bei Heemstede eine essbare Banane zu züchten. Seine Arbeitsstelle auf diesem Landsitz hatte er übrigens der Vermittlung von Herman Boerhaave zu verdanken, der den leicht hypochondrischen Bankier und Eigentümer dieses Landsitzes, George Clifford, zu seinen Patienten zählte.

In de Wereldt is veel Gevaer am Vliet in Voorburg ist ein Beispiel eines Landsitzes, auf dem einige Zeit »industriell« gearbeitet wurde: Im 18. Jahrhundert wurden hier Kuhhäute gegerbt. Das heutige streng symmetrische Haus entstand 1790. Der Giebel zur Kanalseite hin wird von einem Tympanon mit Girlanden im Stil Ludwigs XVI. bekrönt. Von 1843 bis 1909 war hier ein Internat untergebracht und von 1911 bis 1973 eine Wäscherei mit Dampfmaschine. Heute beherbergt das Gebäude einen Apartmentkomplex.

Amsterdam und Den Haag:
Ein paar Vergleiche

Worin ähnelten bzw. unterschieden sich die Landsitze von Amsterdam und Den Haag? Wie zuvor beschrieben, gab es im südlichen Teil der Region Holland mehr Burgen und Wohntürme als im früheren Nordteil. Ein Teil von ihnen ist noch immer als Landsitz in Gebrauch und hat daher ein beeindruckendes Alter. Nordholland zählte dagegen nur wenige dieser alten Wehrbauten.

Die Belagerung von Leiden 1573–1574 wirkte sich katastrophal auf die vielen alten Gebäude in und um die Stadt herum aus – gleiches gilt auch für Delft und Den Haag. Amsterdam hat so etwas nie erlebt, auch hat die Stadt keine anderen Belagerungen oder großen Plünderungen ertragen müssen. Auch die Belagerung von Haarlem 1572–1573 war für die Umgebung der Stadt weniger verheerend als die von Leiden. Amsterdam hatte auch das Glück, den Verwüstungen zu entgehen, die die Franzosen 1672–1673 insbesondere entlang des Flusses Vecht und in anderen Orten in der Provinz Utrecht anrichteten. Nur ein kleiner Teil der Amsterdamer Landsitzeigentümer wurde seinerzeit geschädigt. Auch der Zweite Weltkrieg hatte schlimme Folgen für viele Landsitze in Südholland, während in Nordholland die meisten nicht oder nur in geringem Maße unter Kriegsfolgen zu leiden hatten.

Den Landsitzen in Südholland bereiteten die zunehmende Verstädterung sowie die Erweiterung der Infrastruktur größere Probleme als jenen im Norden. Viele Landsitze befinden sich in dicht besiedelten Gebieten; dies gilt zwar auch für Nordholland, allerdings weniger prägnant, auch wenn sich etwa der Bau des Nordseekanals auf die Landsitze im Kennemerland auswirkte. Schlussendlich werden in Südholland heute auch mehr Objekte für Büros oder als Pflegeeinrichtung genutzt, was nicht immer die wünschenswerteste bzw. geeignetste Nutzung dieser historischen Orte ist.

Rund um den Haag standen viele Landsitze auf Sandboden. Überschüssiges Wasser konnte hier leicht abgeleitet werden. Gärten und Parks konnten hier gut gedeihen. In Nordholland legten die Kaufleute ihre Landsitze auch in den Moorpoldern an, entlang der Wasserwege und auf ehemaligen Heidegebieten in der Region Gooi ('s-Graveland).

Im Übrigen wurden in Nordholland im 16. Jahrhundert und insbesondere im 17. Jahrhundert viele neue Polder als Investmentprojekte von Amsterdamer Kaufleuten angelegt. In der Folgezeit bauten diese auf dem neu gewonnenen Land ihre Landsitze. Ein Teil der Polder in Südholland ist deutlich älter. Hierin liegt auch begründet, dass der örtliche Wasserwirtschaftsverband bereits seit 1255 besteht und jener des Delftlandes seit 1289. In beiden Provinzen entstanden durch den Abbau von Torf neue Wasserstellen und kleine Seen, was den Verantwortlichen große Probleme bereitete. Die Landsitze in Südholland scheinen aber mehr unter Wind und Sandverwehungen gelitten zu haben als jene in Nordholland.

Soziale Unterschiede

In sozialer Hinsicht gab es zwischen den Eigentümern von Landsitzen rund um Amsterdam augenscheinlich größere Ähnlichkeit als zwischen denen rund um Den Haag und Leiden. Im Amsterdam des 17. und 18. Jahrhunderts sind sie oft durch Handel und Geldverleih reich geworden. Andere verdankten ihren Reichtum den Handelsaktivitäten ihrer Vorfahren. Auf den Landsitzen rund um Den Haag lebten dagegen sehr verschiedene Persönlichkeiten: Adel, hohe Beamte, ausländische Botschafter und Abgeordnete aus anderen Provinzen, Wissenschaftler, Kaufleute, Höflinge sowie der Statthalterhof. Bei der Einrichtung der Landsitze spielte der persönliche Wohlstand gleichermaßen eine Rolle. Wer über große finanzielle Mittel verfügte, stellte prachtvolle Gartenfiguren und andere Objekte auf und ließ Springbrunnen bauen, die den Park verschönerten. Reichtum, aber auch internationale Kontakte waren bei der Sammlung exotischer Pflanzen und Tiere von Bedeutung. Glaubensgenossen, wie etwa Mennoniten und jüdische Familien, wohnten nebeneinander und fanden sich entlang des Flusses Vecht und in der Region Het Gein, allerdings nicht rund um Den Haag. Dort gehörten im 19. Jahrhundert einige Landsitze (strenggläubigen) Protestanten: Groen van Prinsterer, van der Oudermeulen (beide *Oud-Wassenaar*), Willink (*Oud-Poelgeest*) und van Pallandt (*Ter Leede*). Ob die Glaubensrichtung beim Verkauf eines Landsitzes an Glaubensgenossen eine Rolle spielte, ist kaum erforscht. Vermutlich war dies aber der Fall. Der adlige Lebensstil unterschied sich von dem des Kaufmanns. Aber kam der unterschiedliche soziale Stand

Sowohl in Nord- als auch in Südholland sind sehr viele Landsitze für die Öffentlichkeit zugänglich und man kann hier wunderbar Fahrradfahren und spazieren gehen, so wie hier beim Landsitz *Bisdom van Vliet* in Haastrecht.

Duivenvoorde ist ein Landsitz, der viele Aktivitäten bietet: Sie können das Museum besuchen oder in der wunderbaren Umgebung spazieren gehen und regelmäßig finden hier Veranstaltungen statt, z. B. Schlossführungen bei Kerzenlicht oder Sommerveranstaltungen im Garten.

auch in der Art und Weise zum Ausdruck, wie die unterschiedlichen Gruppen ihre Landsitze und Gärten einrichteten? Laut dem Kunsthistoriker Erik de Jong war dies der Fall. In seiner 1993 erschienenen Doktorarbeit mit dem Titel »*Natuur en Kunst. Nederlandse Tuin- en Landschapsarchitectuur 1650–1740*« (dt.: Natur und Kunst. Niederländische Garten- und Landschaftsarchitektur 1650–1740) weist er nach, dass Statthalter, Adlige und Kaufleute jeweils ihre eigene Botschaft in den Kunstwerken transportierten, mit denen die Gärten ihrer Landsitze dekoriert waren.

Die Zeit nach 1850

Der Bau neuer Landsitze ging nach der Franzosenzeit zurück. Es fällt allerdings auf, dass nach 1850 in Nordholland nur noch wenige entstanden, während in und um Den Haag noch bis 1940 neue Landsitze angelegt wurden. Wohlhabende Industrielle und reiche Kolonialherren ließen architektonisch interessante Häuser errichten. Im Kennemerland in Nordholland wurden seinerzeit nur noch von Nachkommen der reichen Witwe Borski Bauvorhaben getätigt. Und Jacob Cremer ließ *Duin & Kruidberg* vom Architekturbüro van Nieukerken bauen. Dieses erfolgreiche Büro war seinerzeit auch in Südholland bei Neubauten *(Wittenburg)* oder der Modernisierung von Landsitzen sehr aktiv. Auffällig ist aber, dass zwischen 1900 und 1930 die Entwürfe englischer Architekten für Neubauten oder (garten-)architektonische Umgestaltungen beliebt waren. Von jeher hatte Den Haag enge Verbindungen zur Kolonie Niederländisch Indien. Manch einer, der dauerhaft in die Niederlande zurückkehrte, ließ sich auf einem Landsitz in Südholland nieder. Es fällt auch auf, dass die Oranier in Südholland viel Grund und Boden sowie einige Landsitze besaßen, insbesondere in und um Wassenaar. Was trieb König Willem II. an und welche Motive spielten rund um die Bestrebungen, ein neues königliches Schloss auf dem Landsitz *Zorgvliet* entstehen zu lassen, eine Rolle? Hierfür erwarb er viel Land im südlichen Teil von Den Haag.

Zum Schluss können wir konstatieren, dass sowohl rund um Amsterdam als auch um Den Haag sehr spezielle Landsitze zu finden sind. Zu den Amsterdamer Landsitzen gehören *Trompenburg* ('s-Graveland), das wundersame *Sypesteyn* (direkt hinter der Grenze in der Provinz Utrecht), *Huis te Manpad* (im südlichen Kennemerland) sowie einige Landsitze entlang des Flusses Vecht. In und rund um Den Haag wäre an *Clingendael*, *Hofwijck*, *Duivenvoorde*, *Huis ten Bosch*, *Zorgvliet* (Catshuis) und *De Paauw* zu denken. Aufgrund ihrer Geschichte und ihrer Gestaltung bzw. Einrichtung gehören sie zu den bedeutendsten Ensembles in den Niederlanden.

Auch heute noch gibt es in der früheren Provinz Holland (Nord und Süd) gut 100 Landsitze, die uns mit den Ereignissen und Begebenheiten vergangener Jahrhunderte verbinden. Episoden aus dem Achtzigjährigen Krieg, der Franzosenzeit sowie dem Ersten und Zweiten Weltkrieg sowie die Lebensgeschichte vieler schillernder, wohlhabender und talentierter Persönlichkeiten werden neu erzählt. Der Erhalt dieser Landsitze für die Zukunft verbindet uns mit vielen Generation unserer Vorfahren. Erleben Sie die enorme Schönheit dieser Bauten. Mit den Geschichten aus diesem Buch werden sie lebendig.

STIFTUNG SCHLÖSSER, LANDSITZE UND LANDGÜTER

Dieses Buch umfasst Erzählungen zu etwa 50 historischen Landsitzen. Wenn Sie mehr über diese und viele andere Landsitze sowie über Besuchsmöglichkeiten wissen wollen, können Sie sich auf der niederländischsprachigen Website der Stiftung Schlösser, Landsitze und Landgüter (www.skbl.nl) informieren. Diese bietet einen reichen Fundus an Informationen zu Hunderten Schlössern, historischen Landsitzen und Landgütern in den Niederlanden. Per Stichwortsuche erfahren Sie schnell, wo Sie in den Niederlanden auf einem Landsitz, Landgut oder Schloss übernachten können, mit dem Hund spazieren gehen, heiraten, zu Mittag essen oder zelten können. Dieser Teil der Website funktioniert mit Symbolen. Dadurch können auch Nutzer diese Website verwenden, die des Niederländischen nicht mächtig sind. Praktisch sind auch Landkarten, auf denen die genaue Lage der Landsitze vermerkt ist.

Ein kleiner Abschnitt dieser Website wurde auch ins Deutsche übersetzt (www.skbl.nl/duits/).

ETWAS GANZ BESONDERES: ÜBERNACHTEN AUF EINEM LANDSITZ

Auf einigen Landsitzen können Sie übernachten, manchmal im Hauptgebäude, manchmal in Nebengebäuden. In jedem Fall ist es eine besondere Erfahrung. Mehr Informationen zu Übernachtungsmöglichkeiten auf Landsitzen und Schlössern finden Sie mit der Suchfunktion auf www.skbl.nl.

Amsterdam
und die Amstel

Das Teehaus des Landsitzes *Wester-Amstel*

Wer aus Amsterdam kommend zu Fuß oder mit dem Fahrrad der Amstel südwärts folgt, kommt in eine Gegend, in der es im 17. und 18. Jahrhundert mehr als 70 Landsitze gab. Es waren relativ einfache Anwesen mit verhältnismäßig schlichten Gärten. Die meisten lagen am Westufer der Amstel. Drei von ihnen sind noch erhalten: *Amstelrust* (am Amstelpark), *Wester-Amstel* und *Oostermeer* (beide bei Ouderkerk an der Amstel).

Schon früh wurde die Schönheit der Amstel geschätzt. So schrieb 1713 ein Reisender:

>»Die Amstel ist einer der vergnüglichsten Flüsse welche man in Holland findet, eingedenk dessen sie an ihren Ufern mit herrlichen Hofstätten, Lusthöfen und sattem Weideland bestellt ist, aber auch angesichts der vielen Schiffe auf derselben, derer sie, ausgenommen während der Winterzeit, wenn sie zugefroren ist, nie ledig ist.«

Aber auch im Watergraafsmeer, einem Trockenlegungsprojekt aus der Zeit Anfang des 17. Jahrhunderts, stehen Landsitze. Zunächst wurde der Polder in erster Linie für landwirtschaftliche Zwecke verwendet, was angesichts der Nähe zu den Märkten der Stadt sehr günstig war. Später, insbesondere im 18. Jahrhundert, wurden hier auch gut 30 Landsitze gebaut, dazu kam noch eine erhebliche Anzahl einfacherer Sommerhäuser und Lustgärten. Der einzige erhalten gebliebene Landsitz ist hier *Frankendael* am Middenweg, der auch bereits im 17. Jahrhundert die beste Verbindung von Nord nach Süd war. Die heutige *Kruislaan* war die wichtigste Ost-West-Verbindung.

Auf dieser Karte ist gut zu erkennen, dass das Watergraafsmeer direkt neben der damaligen Stadt lag. Bald nachdem das Gebiet trockengelegt war, wurden hier Dutzende Lustgärten und Landsitze angelegt.

Frankendael, Amsterdam

Watergraafsmeer war früher eine beliebte Gegend für Landsitze und Lustgärten. Schon früh zogen die Amsterdamer zur Erholung in dieses Gebiet. Von den vielen Landsitzen ist heute nur noch *Frankendael* am Middenweg erhalten.

Nicht jeder, der heute den Landsitz *Frankendael* am Middenweg im Watergraafsmeer besucht, wird wissen, dass dieses Haus früher weit außerhalb des Zentrums der Stadt lag. Neben *Amstelrust* ist es der einzige Landsitz, der sich heute innerhalb der Stadtgrenzen von Amsterdam befindet. Das Watergraafsmeer, ein ursprünglich wasserreiches und sumpfiges Gebiet, wurde bereits im 14. und 15. Jahrhundert größtenteils eingedeicht, was Amsterdam vor Hochwasser und Sturmfluten schützen sollte. 1629, fünf Jahre nach dem Beschluss, das Watergraafsmeer trockenzulegen, fügte der Stadtrat die neugewonnenen 700 ha Land dem Stadtgebiet hinzu. Zuvor hatten Kaufleute in die Trockenlegung der nördlich gelegenen Gebiete Purmer, Beemster und Schermer investiert, wodurch sie zu Großgrundbesitzern wurden.

Verschwenderische Amsterdamer im Paradies

Nach der Einteilung und dem Verkauf von 60 Grundstücken in der Größe von jeweils etwa 10 ha und nachdem ein rechteckiges Wegenetz angelegt worden war, wurden auf dem neuen Amsterdamer Stadtgebiet zahlreiche Landsitze errichtet. In der Stadt nannte man dieses Gebiet bald »das verschwendete Kleingeld der Amsterdamer Kaufleute«. Manche nannten es aber auch wegen der vielen Lustgärten das »Amstel-Paradies«. »De Meer« war für arme und reiche Amsterdamer attraktiv. In den Lustgärten vergnügten sich die einfachen Leute, während ein Stück weiter die Reichen im Polder ihre Landsitze anlegten. Im 17. Jahrhundert waren es etwa 40, im 18. Jahrhundert wuchs diese Zahl auf über 100 Sommersitze, deren Namen oft an die wasserreiche Vergangenheit dieses Gebietes erinnerten. Der Name *Frankendael* geht auf Izaäk Balde zurück, der diesen Landsitz 1693 kaufte. Er ehrte damit die im heutigen Rheinland-Pfalz gelegene Stadt Frankenthal, wo seine lutherischen Vorfahren während des Achtzigjährigen Krieges Zuflucht nahmen. Balde erweiterte den Landsitz nach Länge und Breite und umfriedete das ganze Grundstück mit Gräben. Auch nach seinem Tode blieb *Frankendael* in Händen von Lutheranern.

Eine weltberühmte Gemäldesammlung

1759 kaufte Jan Gildemeester sr. den Landsitz *Frankendael*. Als Konsul der Republik lebte er in Portugal und kehrte 1755, nach dem großen Erdbeben, mit seiner Familie zurück nach Holland. 1770 kaufte er auf einer Versteigerung den charakteristischen Brunnen, der heute noch vor dem Landsitz zu sehen ist. Sein Sohn Jan jr. erbte das Anwesen und brachte hier Teile seiner umfangreichen Kunstsammlung unter. Sein Geld verdiente dieser Gildemeester unter anderem mit Investitionen in den Walfang. Er blieb unverheiratet und

ADRESSE

Middenweg 72
1097 BS AMSTERDAM

www.huizefrankendael.nl

Die Figuren vor dem Haus stellen den Meeresgott Poseidon und seine Frau Amphitrite dar. Der Brunnen stand ursprünglich auf dem mittlerweile nicht mehr existierenden Landsitz *Driemond* bei Weesp. Das Werk wurde von Ignatius van Logteren geschaffen und 1714 signiert und datiert.

AMSTERDAM: ÜBERNACHTUNG, GASTRONOMIE UND SEHENSWÜRDIGKEITEN

Alle Informationen zu Übernachtungsmöglichkeiten, Restaurants und Sehenswürdigkeiten finden Sie auf www.iamsterdam.com.

Wollen Sie »typisch Amsterdam« übernachten, also auf einem Wohnboot? Informieren Sie sich dann auf www.houseboathotel.nl

als sein Vater starb, wählte er als ersten Wohnsitz sein Elternhaus an der Keizersgracht. Wegen seiner zu jener Zeit berühmten Gemäldesammlung empfing er sowohl an der Keizersgracht als auch auf *Frankendael* viele bekannte Gäste aus dem In- und Ausland. Um seine Sammlung, die Werke von Rembrandt, Potter, Asselijns und vielen anderen umfasste, besser zeigen zu können, kaufte er 1792 das Gebäude Herengracht 475. Dieses Haus wurde seinerzeit als das »schönste Haus« von Amsterdam bezeichnet.

Das Tor zu *Frankendael* wurde 1783 errichtet. Die Pläne stammen vom Baumeister Jacob Otten Husly, der Direktor der städtischen Kunstakademie wurde, wo auch Gildemeester selbst Vorlesungen besuchte. Auf der Rückseite des Tores ist ein gebogener und geharnischter Arm zu sehen, der ein Totengebein hält. Dieses Wappen der Familie Gildemeester findet man auch an anderen Stellen des Gebäudes.

Städtische Baumschule

Im 19. Jahrhundert erweiterten die Eigentümer *Frankendael* allmählich, bis die Königlich Niederländische Gartenbaugesellschaft Linnaeus hier 1867 eine Baumschule sowie eine Schule für Gartenbau einrichtete. 1882 ging *Frankendael* in städtischen Besitz über und wurde zur städtischen Baumschule, in der lange Zeit Pflanzen und Bäume für die Amsterdamer Stadtparks und Grünanlagen gezogen wurden. Von 1957 bis 2004 wohnten hier der Stadtarchitekt Ben Merkelbach und seine Nachkommen. Mittlerweile ist *Frankendael* in die Obhut des Amsterdamer Stadtteils Oost übergegangen. Nach einer Renovierung wurde *Frankendael* verpachtet. Heute befindet sich hier das Restaurant Merkelbach.

Sehen und erleben

Das Gebäude ist heute unter anderem Ort für Konferenzen und Feierlichkeiten und ist jeden Sonntag in der Zeit von 12 bis 17 Uhr geöffnet. Um 12 Uhr findet eine kostenlose Führung durch das Haus und den Garten statt. Die gerade aktuelle Ausstellung kann man auch im Rahmen einer Führung ansehen.

Im Garten, mittlerweile ein Stadtpark, können Sie sich herrlich entspannen. Sie finden hier zwei historische Gärten: einen Stilgarten und einen Landschaftsgarten. Ein besonderes Element ist die Einsiedelei auf der Insel. Es handelt sich dabei um die Nachbildung einer Backsteinruine aus der Zeit kurz vor 1820. Haben Sie genug gesehen? Genießen Sie dann die Sonne auf der Liegewiese. Leben im Freien mitten in der Stadt!

Gastronomie

Restaurant Merkelbach, im Kutscherhaus (www.huizefrankendael.nl) und De Kas, untergebracht in einem ehemaligen städtischen Gewächshaus aus dem Jahr 1926 (www.restaurantdekas.nl). De Kas verfügt über ein eigenes Gewächshaus sowie einen Garten direkt

beim Restaurant, aus dem Gemüse und Gartenkräuter bezogen werden. Darüber hinaus verfügt das Restaurant über ein Grundstück im Polder Beemster, nördlich von Amsterdam. Hier wird saisonales Gemüse angebaut.

Am Middenweg, der Straße an der *Frankendael* liegt, gibt es in Richtung Stadtzentrum noch einige nette Cafés.

Frankendael ist zu einem beliebten Stadtpark herangewachsen. Wie früher kommen auch heute noch viele Amsterdamer zur Entspannung ins Watergraafsmeer.

DAS LEBEN DER AMSTERDAMER ELITE

Wer einen Eindruck davon gewinnen will, wie man früher in einem Amsterdamer Grachtenhaus lebte, sollte das Museum van Loon (an der Keizersgracht), das Museum Willet-Holthuysen oder Het Grachtenhuis (beide an der Herengracht) besuchen.

Museum van Loon hat eine Verbindung zum Landsitz *Leyduin* (siehe S. 127 ff.): Der Familie van Loon

gehörte dieser Landsitz von 1717 bis 1804 und das Haus an der Keizersgracht ist noch immer im Eigentum der van Loons.

Museum Willet-Holthuysen zeigt, wie das vermögende Ehepaar Willet dieses Haus im 19. Jahrhundert bewohnte. Die Küche im Souterrain gibt einen Eindruck vom Alltagsleben des Personals. Hinter dem Haus befindet sich ein französischer Garten (eine Rekonstruktion aus dem Jahr 1972).

Het Grachtenhuis erzählt mit Hilfe einer interaktiven und multimedialen Ausstellung die Entstehungsgeschichte des Amsterdamer Grachtengürtels. Die Ausstellung umfasst auch einige Modelle, Animationen sowie 3D- und Wandprojektionen. Auch die Repräsentationsräume und der Garten können besichtigt werden.

www.museumvanloon.nl
www.willetholthuysen.nl en
www.hetgrachtenhuis.nl.

Wester-Amstel

Wenn Sie vom Ufer der Amstel kommend über die Brücke und durch das Tor von *Wester-Amstel* laufen, folgt fast unmittelbar ein Abfall des Bodenniveaus von etwa 1,5 m. Auch wird Ihnen auffallen, dass das Haus teilweise aus Holz errichtet wurde. Gründe dafür liegen in der Moorkultivierung und dem sumpfigen Boden, der dieses Gebiet lange Zeit prägte.

Der Bau von Landsitzen kommt an der Amstel relativ spät in Gang. Viele reiche Amsterdamer bevorzugten bis 1650 die Gebiete Het Gooi, Kennemerland und den Fluss Vecht für ihre Sommersitze. Dies hängt mit der späten Trockenlegung des Gebietes entlang der Amstel zusammen. Lange Zeit war der Boden zu sumpfig und ungeeignet für den Bau beeindruckender Häuser. Außerdem klagte man auch über die vielen Mücken in diesem morastigen, wasserreichen Gebiet.

Zunächst wurde das Land an diesem Fluss vorwiegend für Viehhaltung und Ackerbau genutzt, auch wenn manche Grundbesitzer hier und da eine sog. Herrenkammer gehabt haben werden. Durch die günstige Lage konnte man schnell und einfach in die Stadt zurückkehren, wenn geschäftliche oder private Angelegenheiten dies erforderten. Im Laufe des 17. Jahrhunderts entstanden die ersten echten Landsitze entlang der Amstel. Der Fluss wurde seinerzeit viel von Bauern und Gärtnern befahren, die Amsterdam mit Gemüse, Obst, Milchprodukten, Fleisch und Flussfisch sowie mit Torf versorgten. Die Schiffe löschten ihre Ladung am Turfmarkt (dt. Torfmarkt), gelegen am Rokin. Torf galt als der wichtigste Brennstoff im relativ holzarmen Holland. Durch den Torfabbau entlang der Amstel senkte sich der Boden und veränderte sich die Landschaft tiefgreifend. Der Grundwasserspiegel stieg an und auch der Wasserspiegel der Amstel wurde höher und lag bald über dem Bodenniveau des Polders. Dies führte dazu, dass die Wurzeln der Anbaufrüchte verfaulten. Ackerbau wurde immer schwieriger und die Bauern mussten zur Viehhaltung wechseln. 1661 wurde der Torfabbau innerhalb eines Abstandes von 400 m zum Deich verboten. Diese Umstände haben die Form von *Wester-Amstel* mit beeinflusst. Wie schon erwähnt, liegt das Haus tiefer als der Deich und aufgrund des weichen Bodens war die Verwendung schwerer Baumaterialien nicht möglich.

Wester-Amstel ist ein aktiver Landsitz, wo im Sommer u. a. Mal- und Zeichennachmittage für Kinder organisiert werden.

ADRESSE

Amsteldijk Noord 55
1183 TE AMSTELVEEN

www.westeramstel.com

Niedrige Steuern auf Alkohol an der Amstel

1662 kaufte der Bürgermeister und Kaufmann Nicolaas Pancras zwei westlich der Amstel gelegene Bauernhöfe. Diese ließ er abreißen, um Platz zu schaffen für einen kleinen Sommersitz mit dem Namen *Wester-Amstel*. Wegen seines Grundbesitzes in diesem Gebiet wurde Pancras 1673 Deichgraf von Nieuwer-Amstel. Er war Mitglied im mächtigen Gremium der Herren XVII. (dem Vorstand der *Vereenigde Oostindische Compagnie* [VOC]) und handelte mit Ost-Indien, wofür regelmäßig neue Schiffe in Dienst genommen wurden. Offenbar hatte Pancras das Recht, die Schiffe zu benennen, denn bekannt ist, dass es ein Schiff mit dem Namen *Wester-Amstel* gab. Im Laufe des 18. Jahrhunderts wurde die bei den Amsterdamern damals schon beliebte Gegend immer betriebsamer. Neben zahlreichen Landsitzen gab es an der Amstel auch beliebte Vergnügungen und Herbergen. Abgesehen von der reizenden Umgebung, dürfte die Attraktivität dieser Stätten auch von den niedrigen Preisen für Bier und Wein herrühren: Hier war die Steuer auf alkoholische Getränke niedriger als in der Stadt.

Im Skulpturengarten von
Wester-Amstel

1792 kam *Wester-Amstel* in den Besitz von Antonius van Persijn. In der Stadt bewohnte er das Haus Marseille an der Keizergracht, in dem sich heute ein Museum für Fotografie befindet. Van Persijn erweiterte das Grundstück und gestaltete es aufwendig. Über seine Zukäufe und Veränderungen auf dem Landsitz führte er sehr genau Buch, so wissen wir heute z. B., dass es hier einmal ein Labyrinth gab und dass er ein Pfirsichgewächshaus bauen ließ. Heute wird das Anwesen von der Familienstiftung J.Ph.J.F. Lissone verwaltet.

Sehen und erleben

Aus der Amsterdamer Innenstadt heraus ist es eine kurze Radtour entlang der Amstel bis zu diesem aktiven Landsitz, wo es viel zu erleben gibt: in der Wintersaison Konzerte und Lesungen, in der Som-

mersaison Ausstellungen für moderne Kunst und einen Malernachmittag für Kinder. Sie können auch einfach nur im Garten spazieren gehen. Überall auf dem Gelände finden Sie moderne Skulpturen. Auf einer Insel steht ein schöner Hühnerstall, in dem nordholländische blaue Hühner gehalten werden, eine Rasse, die ihrem Ursprung nach gut zu einem Landsitz passt.

Informationen zum Fahrradverleih finden Sie auf www.iamsterdam.com.

Nette Orte in der Umgebung

Wester-Amstel liegt an der Amstel, eingeschlossen zwischen Amstelveen und Amsterdam-Zuidoost. Gleich in der Nähe liegt das pittoreske Dorf Ouderkerk an der Amstel, wo Sie auch etwas essen oder trinken können.

Etwas weiter westlich von *Wester-Amstel* liegt das Naturschutzgebiet Middelpolder mit Fahrrad-, Wander- und Reitwegen. Eine herrliche Möglichkeit, um sich nach dem Besuch des Landsitzes die Gegend etwas anzusehen. Etwas weiter nördlich von *Wester-Amstel* lag einst der Landsitz *Tulpenburgh*. Kürzlich hat ein neuer Eigentümer hier einen nagelneuen Landsitz angelegt. Der Neubau wurde von alten Landsitzen inspiriert und vereint in sich fünf Jahrhunderte Baukunst. Das Haus wird, genau wie früher, von Grachten umschlossen und es wurde eine Gartenanlage erstellt, die an den seinerzeit berühmten Landsitz erinnern soll. Er nimmt dabei die Formensprache seines Vorgängers auf. Es gibt darüber hinaus eine Orangerie sowie einen Obst- und einen Gemüsegarten. Auf diese Weise erhält das historische *Tulpenburgh* eine zeitgenössische Form.

Nahe gelegener Landsitz

Oostermeer (kann nicht besucht werden) liegt etwa 500 m südwärts an der Amstel.

PRUNK UND PROTZ: GARTENSKULPTUREN UND ORNAMENTE

Bereits ab dem frühen 17. Jahrhundert wurden die Gärten der Landsitze mit Skulpturen, Garten-Urnen, Zier- und Prunkvasen, Spiegel, Brunnen und Büsten geschmückt. Manch einer brachte nach einer Grand Tour klassische Figuren aus Italien mit, die meisten Verzierungen stammten aber aus den Ateliers hiesiger Bildhauer bzw. Blei- und Bronzegießereien.

Auf Versteigerungen erwarben Eigentümer auch sogenannte Gartenornamente, also z. B. Statuen oder Figuren für ihre Gärten. So wurden 1749 auf *Kasteel Keukenhof* nach dem Tod des Eigentümers alle Gartenskulpturen versteigert, die daraufhin ihren Weg auf andere Landsitze fanden.

Skulpturen aus Stein oder Marmor waren wertvoll. Abgesehen vom künstlerischen Wert waren solche Skulpturen aber auch kostspielig, da es in den Niederlanden keine entsprechenden Steinbrüche gab und das Material von weit her angeliefert werden musste. Im 19. Jahrhundert kamen Objekte aus Terrakotta in Mode. Dieses Material war einfach zu verarbeiten und deutlich günstiger.

VON BACCHUS ZU NEPTUN

In einem geometrischen Garten spielen Statuen eine wichtige Rolle. Durch den räumlichen Zusammenhang bereicherten sie die Anlage. Die Leute wussten um die Bedeutung der in Skulpturen dargestellten klassischen Gottheiten und konnten diese zur Gestaltung des Gartens in Beziehung setzen. Nicht die Trennung von Kunst und Natur, sondern gerade der Zusammenhang und das Zusammenspiel faszinierten. So stehen im Garten von *Huis te Manpad* in Heemstede nicht zufällig Skulpturen von Diana und Bacchus. Beide Gottheiten verkörpern die Jagd, den Wald und die idyllische Natur und gehörten so einfach in diese waldreiche Umgebung hinein. An Wasserläufen wurden Figuren von Neptun und Triton, von Flussgottheiten und Wassernymphen aufgestellt. So unterstrichen diese Skulpturen den Charakter des Ortes, an dem sie aufgestellt waren.

Die Fassade von *Rupelmonde* an der Vecht zieren die Skulpturen von Neptun (rechts, mit dem Dreizack) und Merkur.

KÜHLUNG UND FLEDER-
MÄUSE: EISKELLER

**Eiskeller sind im Grunde wie
große Kühlschränke, die noch
immer auf Landsitzen zu finden
sind, denn gerade im Sommer
wollte man Lebensmittel kühlen.**

Die Eiskeller haben ihre Funktion
schon lange verloren, allerdings
wurde der letzte noch 1963 von
einem Berufsfischer voll genutzt,
der dort noch seinen Exportfisch
lagerte. Die ersten Eiskeller wurden
zu Beginn des 17. Jahrhunderts angelegt. Übrigens wurden solche
Keller auch bei Krankenhäusern
gebaut und Becker, Fisch- und
Obsthändler nutzten sie ebenfalls.
Manche Gemeinden bauten auch
Eiskeller für öffentliche Zwecke.
Viele Eiskeller finden sich an Wasserläufen. Hier wurde während
des Winters Natureis mit Beilen,
Klopfhölzern, Netzen und Haken
aus dem Wasser gezogen. Während
des 19. Jahrhunderts wurden dafür
auch Sägen verwendet. Die Eisblö-
cke ließ man dann über eine höl-
zerne Rutsche in den Keller gleiten
und lagerte sie dort. In manchen
Ländern wurde auch Schnee verwendet, der auf speziell zu diesem
Zweck gereinigtem Rasen zusam-
mengekehrt wurde, so dass man
sauberen Schnee erhielt.

Viele Eiskeller haben eine runde
Form und verfügen über Abfluss-
rinnen für Schmelzwasser und
Lüftungslöcher. Um zu verhindern,
dass die wärmere Außenluft das
Eis zum Schmelzen brachte, wur-
den die meisten Eiskeller mit einer
Lage aus Erde oder einer Decke
aus Reisig bedeckt. Oft steht ein
Eiskeller unter einer Baumgruppe.
Manchmal wurde auch Kork als
Isolationsmaterial verwendet.

EISPILLEN

Eis wurde früher auch in der Medizin verwendet. So benutzte man
z. B. Eisbeutel bei Blinddarment-
zündungen. Daher klopften bei
Landsitzen regelmäßig Menschen
aus der näheren Umgebung an und
baten um Eis für einen Patienten.
Eispillen wurden bei blutigem Hus-
ten, Erbrechen und Magenbluten
verschrieben. Bei anhaltendem
Durchfall und bei Cholera sollten
Patienten Eiswasser trinken. In den
Niederlanden sind etwa 100 Eiskeller erhalten geblieben. Manche von
ihnen trugen einen eigenen Namen,
wie etwa Nova-Zembla auf *Duin
en Kruidberg* in Santpoort-Noord.
Auf *Huis te Manpad* in Heemstede
erhielten die sterblichen Überreste
des letzten Privateigentümers und
seiner Frau ihre letzte Ruhe im
Eiskeller. In unserer Zeit verwenden
vor allem Fledermäuse den Eiskeller noch als Überwinterungsort.
Manche Keller werden dafür sogar
speziell eingerichtet. So hilft ein
historisches Objekt der Natur!

Hier der ganz besondere Eiskeller des Landsitzes *Heidestein*
in Driebergen (in diesem Buch nicht weiter besprochen).
Es handelt sich um einen Eiskeller, auf dem ein Gartenhaus
errichtet wurde, gebaut zu Anfang des 20. Jahrhunderts.

's-Graveland
und Umgebung

Wer das Gebiet kennenlernen will, folgt am besten der Wanderer-route »'s-Gravelandse Buitenplaatsen« (dt. Landsitze des Grave-lands). Diese führt an acht Landsitzen vorbei. Zunächst aber Nähe-res zur Geschichte dieses Gebietes. 1625 genehmigten die Staaten von Holland und West-Friesland einem Zusammenschluss Amster-damer Kaufleute die Urbarmachung. Anscheinend waren ihre In-vestitionen anfänglich auf die Entwicklung der Landwirtschaft ge-richtet sowie auf die Gewinnung von Sand für die Erweiterung der Stadt Amsterdam, die zu jener Zeit in vollem Gange war. Leider ist unbekannt, was diese Investitionen einbrachten. Daneben wurde das Gebiet auch weiterhin landwirtschaftlich genutzt, sowohl in-tegriert in die Parkanlagen als auch auf rein landwirtschaftlichen Flächen zwischen den Landsitzen.

Der Kanal 's-Gravelandsevaart

Bevor es zur Kultivierung kommen konnte und um Sand abtrans-portieren zu können, wurde vom Fluss Vecht her der Kanal 's-Gra-velandsevaart angelegt. Nach der Urbarmachung wurde das Gebiet 1634 in 27 Grundstücke aufgeteilt, die man per Losverfahren ver-teilte (allerdings wurden sie später wieder getauscht bzw. wurde nachverhandelt). Es sollten 50 große und größere Landsitze ent-stehen, von denen *Trompenburg* und *Schaep en Burgh* die bekann-testen sind. Im 19. Jahrhundert wurden die Gärten der Landsitze in Landschaftsgärten umgewandelt, wodurch die Grenzen zwischen den verschiedenen Grundstücken nicht mehr überall deutlich er-kennbar sind. Auch Zusammenlegungen und Teilungen haben dabei eine Rolle gespielt.

Die »Erbgooier«

Die Amsterdamer Initiative zur Kultivierung des Gebietes Graveland führte zu Protesten bei den »Erbgooiern«, den lokalen Einwohnern. Dies sind die männlichen Bewohner der Gegend Het Gooi, die ein gemeinschaftliches Nutzungsrecht für den Boden hatten. Ende des 13. Jahrhunderts hatten sie es von Graf Floris V. für die kargen Flä-chen des Goois erhalten, die aus Heide, Wald und Sanddünen be-standen. Dass sie nach 1625 die Pläne der Amsterdamer dennoch akzeptierten, hatte wohl mit der Aussicht zu tun, dass ein befes-tigter Weg angelegt werden sollte und ihnen der neue Kanal, der gebaut werden sollte, eine Wasserverbindung nach Amsterdam be-scherte. So konnten sie ihre Waren viel einfacher auf die Märkte in Amsterdam bringen. Nichtsdestotrotz sollte es noch regelmäßig zu Konflikten kommen.

Zerstörungen durch die Franzosen

Der französische Überfall auf die Republik 1672 war für das Grave-land verheerend. Im Oktober 1672 wüteten hier die französischen Soldaten, wobei zahlreiche Menschen brutal misshandelt wur-den. Es wurden Menschen nackt ausgezogen und fortgejagt oder

Das Gebiet der Landsitze im 's-Graveland ist land-schaftlich besonders inte-ressant: in der Mitte der Kanal 's-Gravelandsevaart, westlich davon ein offenes Gebiet mit langgezogenen Flurstücken, die durch den Torfabbau entstanden, und östlich davon die Landsitze. Wiederum östlich von hier liegen Heideflächen und das recht verwilderte Waldstück Spanderswoud. In unmittel-barer Nähe befindet sich auch das Schloss *Sypesteyn*. Das Schlossmuseum besitzt eine wunderbare historische Innenausstattung und eine besondere Sammlung Loos-drechter Porzellan. Dieses wurde in der Stadt Loos-drecht im 18. Jahrhundert hergestellt.

BEKANNTE NAMEN IN 'S-GRAVELAND

Namen, die Ihnen bei der Beschäftigung mit der Ge-schichte der Landsitze im Gra-veland immer wieder begeg-nen werden, sind u. a. Andries Bicker, Abel Mattijszn. Burgh, Cornelis Davelaer, Anthony Oetgens van Waveren, Reinier Pauw und Benedictus Schaeck. Diese Herrschaften, allesamt aus Amsterdam, waren diejenigen, die 1625 die Initiative zur Kultivierung dieses Gebietes ergriffen.

Auf diesem Ausschnitt einer Karte von 1702 sehen Sie unter anderem Loosdrecht und 's-Graveland. Deutlich erkennbar ist die geradlinige Einteilung des Polders. Links die übrigen, oft schon älteren Polder, rechts die kultivierten Sandböden des Gooi.

in Schornsteinen aufgehängt, bevor man im Kamin das Feuer entfachte. Auch der zurückgebliebene Gärtner des Landsitzes *Spanderswoud* wurde auf grausame Weise ermordet. Häuser wurden ausgeraubt und die Kirchen, Landsitze und Ländereien fielen den Flammen zum Opfer. Nach dem Abzug der Franzosen wurden die meisten Häuser wieder hergerichtet.

Von Norden nach Süden

An der Ostseite des Kanals liegen von Norden nach Süden *Schaep en Burgh, Boekesteyn, Sperwershof, Spanderswoud, Hilverbeek, Jagtlust, Schoonoord, Trompenburg* und *Gooilust*. Die Grundstücke dieser Landsitze gehen ineinander über und dadurch bilden sie ein einziges, großes (Wander-)Gebiet. Westlich des Kanals, außerhalb des Gravelandsepolders, liegt *Berg en Vaart* und etwas weiter weg, in Loosdrecht, finden Sie *Eikenrode* und *Sypesteyn*.

Sehen und erleben in 's-Graveland

Viele der Landsitze in 's-Graveland stehen unter der Verwaltung der Vereinigung Naturmonumente. Auf www.natuurmonumenten.nl finden Sie nähere Informationen über dieses Gebiet, inklusive Tipps für Aktivitäten und Wanderungen auf den Landsitzen und in der näheren Umgebung. Die Aktivitäten reichen von Pilzexkursionen über Konzerte und Tagen der offenen Tür bis hin zu Vogelwanderungen. Auch im Besucherzentrum Gooi en Vechtstreek (Adresse: Noordereinde 54 b, 1243 JJ 's-Graveland, auf derselben Website zu finden) erfahren Sie viel über dieses Gebiet: die Geschichte der Landsitze, die Natur und die Möglichkeiten für Spaziergänge und Wanderungen. Die 17 km lange Route »'s-Gravelandse Buitenplaatsen« führt an nicht weniger als acht Landsitzen vorbei. Unterwegs sehen Sie die Schlangenmauer, die wellig verläuft, und den Eiskeller von *Schaep en Burgh*, herrliche Alleen, Staffagebauten, einen alten Bauernhof noch aus der Zeit der Kultivierung und noch viele andere schöne Orte. Die Route ist mit gelben Pfeilen markiert. Bitte beachten Sie, dass die Häuser selbst nicht zugänglich sind.

Gastronomie
Am Kanal 's-Gravelandsevaart, der westlich der Landsitze verläuft, gibt es diverse Cafés und Restaurants, z. B. Brambergen direkt am Besucherzentrum Gooi en Vechtstreek.

Übernachtungsmöglichkeiten
In 's-Graveland selbst werden sie nur wenige Übernachtungsmöglichkeiten finden. Auf dem Landsitz *Sperwershof* können Sie in einem besonderen Bed & Breakfast übernachten. In der nahe gelegenen Stadt Hilversum gibt es wesentlich zahlreichere Möglichkeiten. Sehen Sie auch www.vvvhilversum.nl und www.gooivecht.nl.

Nette Orte in der Umgebung
Das nahe gelegene Hilversum ist die Medienstadt der Niederlande. Hier haben diverse Rundfunkanstalten ihren Sitz. Zwei Sehenswürdigkeiten verdienen besondere Aufmerksamkeit: Zonnestraal und die Architektur von Willem Dudok.

Zonnestraal (dt. Sonnenstrahl) ist ein ehemaliges Sanatorium für Tuberkulose-Patienten. Es wurde 1926 vom Architekten Jan Duiker entworfen, einem bedeutenden Vertreter der Neuen Sachlichkeit. *Zonnestraal*, gebaut in Beton mit hauchzarten Fensterrahmen und viel Glas, repräsentiert das Neue Bauen auf unübertroffene Art und Weise. Heute haben auf dem Gelände zahllose Anbieter verschiedenster Pflegedienste sowie Hersteller medizinischer Produkte ihren Sitz. Das Landgut kann täglich besucht werden. Weitere Informationen, auch zu Führungen, finden Sie auf www.zonnestraal.org.

Hilversum ist außerdem bekannt für die Architektur von Willem Marinus Dudok (1884–1974). Dieser Architekt und Städteplaner gehörte keiner bestimmten Richtung an, sondern kombinierte die besten Aspekte diverser Stilrichtungen. So baute er in Hilversum das geradlinige Rathaus, entwarf aber auch die klassischer daher kommenden Gartendörfer. Das Dudok Architectuur Centrum organisiert Führungen durch Hilversum: www.dudokarchitectuurcentrum.nl.

DER VEREIN NATUR-MONUMENTE IST AKTIV IN 'S-GRAVELAND

Der Verein Naturmonumente wurde 1905 von einer Gruppe engagierter Privatleute gegründet. Ihre Sorge betraf den Erhalt der charakteristischen Landschaft in den Niederlanden, die in raschem Tempo zu verschwinden schien. Der unmittelbare Auslöser der Gründung war der Verlust des Naardermeeres in der Provinz Nordholland. Bis heute kauft bzw. verwaltet der Verein Naturschutzgebiete. Insgesamt zeichnet der Verein für mehr als 350 Gebiete verantwortlich. Diese umfassen insgesamt mehr als 100.000 ha Naturschutzgebiet. Außerdem kümmert sich die Organisation um 1.700 Gebäude, von denen 470 unter Denkmalschutz stehen. Dazu gehören auch 60 Landsitze. Der Verein hat gut 700.000 Mitglieder. Der Hauptsitz befindet sich in 's-Graveland.

Gerade Bauwerke können sehr anschaulich sein, um die Geschichte eines Gebietes lebendig werden zu lassen. Aus diesem Grund gibt es ganzjährig geführte Touren, Tage der offenen Tür und Spaziergänge mit Förstern auf den Landsitzen in s-Graveland.

www.natuurmonumenten.nl

Schaep en Burgh

Schaep en Burgh ist ein Landsitz, der mehrmals geteilt wurde: verteilt an Cousins und Cousinen oder andere Familienmitglieder, versteigert und im Besitz vieler aufeinander folgender Familien, bis schließlich die Stiftung Naturmonumente den Landsitz 1975 erwarb und hier ihren Hauptsitz einrichtete.

Schaep en Burgh wurde auf den Grundstücken Nummer 4, 5 und einem Teil von Grundstück Nummer 3 angelegt. Diese waren im Besitz des Amsterdamer Bierbrauersohns Abel Matthijszn. Burgh. Über sein hier errichtetes Anwesen schrieben Zeitgenossen lobende Worte. Burgh starb kinderlos und sein Besitz wurde auf fünf Cousins und Cousinen verteilt. Ein Teil des Grundbesitzes fiel an Gerard Simon Schaep, der seinen Anteil durch den Zukauf der anderen Grundstücke wiederum vergrößern konnte. Als Bürgermeister von Amsterdam, wozu er mehrmals gewählt wurde, genoss Schaep großes Ansehen, auch wenn man ihn bisweilen als gierig, listig und stur beschrieb hat. Es ist bekannt, dass er unter seinem Bett eine geheime Vorrichtung anbringen ließ, in der er sein gesamtes Geld, Gold und Silber aufbewahrte und von der nur sein Knecht Besuyen etwas wusste.

Einer der folgenden Eigentümer (um 1725) war Jan Bernd Bicker sr., verheiratet mit Sara Pels. Er stammte aus einem bekannten Amsterdamer Regentengeschlecht, sie aus einer reichen Bankiersfamilie. Als Großgrundbesitzer war Bicker Deichgraf von 's-Graveland. Er war auch einer der Mitinitiatoren der Kultivierung des Naarderveld (östlich des 's-Gravelandsepolders), wo er große Flächen ankaufte. Dort ließ er das Anwesen *Bantam* bauen. Der Name bezieht sich auf das Interessensgebiet Bantam (heute Banten in Indonesien) der VOC auf West-Java. Sara Bicker-Pels, mittlerweile verwitwet, kaufte weitere Flächen hinzu und ab 1760 kam der Name *Schaep en Burgh* in Gebrauch.

Von Zocher bis zur Vereinigung Naturmonumente

Als Isaac Hodson das Anwesen 1802 übernahm, baute er es durch den Ankauf der Landsitze *'s-Gravenhoek* und *Swaenenburgh* weiter aus. Die Landsitze wurden erneut versteigert und kurz darauf wieder verkauft. 1818 erwarb das Ehepaar Willem van Loon und Anna van Winter den Landsitz für den Betrag von 75.000 Gulden, den sie in großen Silbermünzen aufbrachten. Ein Zeitgenosse merkte hierbei an, dass dieser Betrag wohl mit einer ganzen Wagenladung Silber beglichen worden sein müsse. Beide waren schillernde Persönlichkeiten, wobei Anna von den Dorfbewohnern »die Bäuerin mit der goldenen Teekanne« genannt wurde. Sie ließen das Haus von Jan David Zocher jr. umbauen und den geometrischen Garten in einen Landschaftspark umgestalten.

Nach dem Tod von Anna van Loon-Winter kam auch eine große, wertvolle Gemäldesammlung auf den Markt. Ein Teil davon gelangte in die Kollektion Six in Amsterdam, die mit vorheriger Anmeldung besucht werden kann (siehe www.collectiesix.nl), die andere Hälfte wurde an Gustave de Rothschild verkauft und verschwand

ADRESSE

Noordereinde 60
1243 JJ 's-GRAVELAND

www.natuurmonumenten.nl

nach Paris. Da Cornelis Dedel, Eigentümer des benachbarten Landsitzes *Boekesteyn*, das Haus 1877 kaufte und vermietete, rettete er
es vermutlich vor dem Abriss. 1975 erwarb die Vereinigung Naturmonumente den Landsitz und richtete hier ihren Hauptsitz ein.

Zocher entwarf um 1820 auch das »Capitool«, ein kleines Gebäude, das als Billardraum diente und noch immer einen besonderen Platz im Garten einnimmt. Auf *Schaep en Burgh* sind auch eine
sich schlängelnde Obstmauer und ein Eiskeller zu besichtigen.

Sehen und erleben

Schaep en Burgh liegt an der Wanderroute »'s-Gravelandse Buitenplaatsen«. Unterwegs sehen Sie u. a. die Obstmauer und den Eiskeller von *Schaep en Burgh*.

Das Kapitol wurde Anfang des
19. Jahrhunderts als Billardzim-
mer gebaut. Jetzt wird dieser
Hingucker von *Schaep en Burgh*
bisweilen für musikalische Dar-
bietungen genutzt.

Detail der »Schlängelmauer«
von *Schaep en Burgh*. An der
Südseite solcher Mauern wurde
Obst angebaut.

Boekesteyn

Boekesteyn kann als der Hotspot der Landsitze in 's-Graveland bezeichnet werden. Hier befindet sich das Besucherzentrum Gooi en Vechtstreek, von wo aus viele Ausflüge starten.

Blickachsen spielten auf Landsitzen immer eine wichtige Rolle. Hier die Sichtachse an der Rückseite von *Boekesteyn*.

Das Haus *Boekesteyn*, wie wir es heute kennen, wurde wahrscheinlich um 1770 von Salomon Dedel erbaut. In dieser Zeit entstand auch der Name *Boekesteyn*, der sich auf die Buchen in diesem Gebiet bezieht. Dedel bekleidete zahlreiche Ämter bei der Amsterdamer Admiralität, u. a. war er Kapitän zur See. Zu jener Zeit standen noch ein Kutscherhaus und eine Orangerie an einem kreisförmigen Vorplatz.

1915 kaufte Willem Röell *Boekesteyn*. So konnte er seinen Grundbesitz noch im Alter von 78 Jahren erheblich erweitern und erwarb außerdem auch einen Landsitz, der auf die Familie seiner Mutter (einer Dedel) zurückging. Allerdings starb er noch im selben Jahr. Der für *Boekesteyn* charakteristische Turm mit dem Wintergarten wurde um 1920 hinzugefügt. Seinerzeit wurde auch der Garten in einen Landschaftspark umgewandelt.

Brambergen: Der älteste Bauernhof

In unmittelbarer Nähe von *Boekesteyn* liegt der Bauernhof *Brambergen*, eines der ältesten Gebäude in dieser Gegend. Der Bauernhof stammt aus dem Jahr 1634. Im Haus gab es eine sog. Herrenkammer. Es war für den Amsterdamer Besitzer reserviert, wenn dieser sein Eigentum inspizierte oder zur Sommerfrische aufs Land fuhr. Es ist ein gut erhaltenes Beispiel für Bauernhöfe, wie es sie hier früher gab. In der Fachsprache der Architekten wird diese Art von Bauernhöfen als Hallenhaus mit Querhaus bezeichnet. Diese regionale Ausformung nennt sich »Krukhaustyp«. Der Hof war früher Teil des Gehöfts *Brambergen*, wurde aber im 18. Jahrhundert mit *Boekesteyn* zusammengelegt. Dadurch hat das heutige *Boekesteyn* eine abwechslungsreiche Aufteilung: einerseits einen wunderbaren Parkwald, andererseits die Wiesen und Felder des ehemaligen Bauernhofes. Im Jahr 1992 kaufte der Verein Naturmonumente *Boekesteyn* einem Pharmaunternehmen ab, das hier ein agrarbiologisches Labor eingerichtet hatte. Der Verein vermietet das Haus heute als Büro.

Sehen und erleben

Boekesteyn liegt am Wanderweg »'s-Gravelandse Buitenplaatsen« und in der Nähe des Besucherzentrums Gooi & Vechtstreek.

Auf den Landsitzen in 's-Graveland werden viele Aktivitäten organisiert, von Pilzexkursionen bis zu Hexenfesten.

ADRESSE

Noordereinde 56
1243 JJ 's-GRAVELAND

www.natuurmonumenten.nl

Sperwershof

In den ganzen Niederlanden können Sie Übernachtungsmöglichkeiten auf schönen Landsitzen finden. Der *Sperwershof* ist ein Landsitz, der ein Bed & Breakfast bietet und nicht weit von Amsterdam entfernt ist.

Der Landsitz ist nach seinem Besitzer Adriaen Dirkszn Sperwer benannt. Er baute ein Haus in der Nähe des Bramberger Hofes aus dem Jahr 1634 zwischen den Landsitzen *Spanderswoud* und *Boekesteyn*. Jan Bernd Bicker, verheiratet mit Catharina Boreel, erwarb das Haus im Laufe des 18. Jahrhunderts. Willem van Weede kaufte es 1818 und lebte dort bis zu seinem Tod. Nach einer Zeit der Vermietung kaufte Pieter Dedel den Landsitz. Seit 1915 gehört der *Sperwershof* der Familie Röell. Der Politiker Willem Röell begann seine Karriere in der Abteilung für Allgemeine Angelegenheiten der Stadtverwaltung von Amsterdam, um schließlich zum Finanzdirektor der Stadt aufzusteigen. In späteren Jahren war er Abgeordneter der Provinz Nordholland. Mehrere Mitglieder der Familie Röell arbeiteten in verschiedenen Funktionen für die königliche Familie. Das erklärt auch, warum Prinzessin Juliana in ihrer Jugendzeit regelmäßig hier war und bei ihrer Hochzeit ein Gemälde des ihr so bekannten *Sperwershofs* erhielt.

Der Garten

Nach dem Tod von Willem Röell im Jahre 1915 wurde das Haus durch ein neues Gebäude ersetzt, einschließlich eines neuen Kutscherhauses, das, wie auch das alte Gärtnerhaus, erhalten geblieben ist. Um

DER LOKALE MITTELSTAND

Was die Landsitze für ihre Umgebung in wirtschaftlicher Hinsicht bedeuteten, ist weitgehend unerforschtes Gebiet. Zwar arbeiteten Menschen aus der Gegend auf den Landsitzen, dennoch kamen die Hausangestellten aus der Stadt.

Das Leben auf den Landsitzen fand größtenteils außerhalb des Dorflebens statt. Sie bildeten Enklaven. Allerdings waren sie auch eine Quelle des lokalen Wohlstands. Schließlich wurde hier eine ganze Armee an Personal eingestellt. Einige Anwohner werden als Gärtner oder Gartenarbeiter in den Gemüsegärten und Parkanlagen Arbeit gefunden haben. Stallburschen aus der Nachbarschaft kümmerten sich um die Pferde und anderen Tiere. Darüber hinaus profitierten lokale Händler und Handwerker von den Landsitzen. Auch Bauunternehmer und zahlreiche Bauarbeiter haben hier Arbeit gefunden, obwohl viele Handwerker aus Amsterdam kamen.

Das Hauspersonal lebte normalerweise mit der Familie und zog mit auf den Landsitz, wenn die Saison wieder begann. Einige wurden ein paar Wochen vor dem Umzug auf den Landsitz vorgeschickt, um das Haus für die Ankunft der Familie zu säubern und vorzubereiten. Im Herbst gingen sie dann wiederum früher nach Amsterdam zurück, um das städtische Anwesen wieder bewohnbar zu machen.

GASTRONOMIE

Wie sieht es aus mit den lokalen Gastronomiebetrieben? Haben sie von der Anwesenheit der reichen Amsterdamer profitiert? Etwas außerhalb von Amsterdam, entlang der Amstel und im Watergraafsmeer, war dies der Fall. So gab es im Watergraafsmeer einige Lustgärten, wo man auch essen und trinken konnte. Wie es andernorts war, ist nicht bekannt. In jedem Fall ist davon auszugehen, dass die Umgebung von den Landsitzen profitierte.

1880 wurde der Garten bereits in einen Landschaftspark umgewandelt. Die Umgestaltung wurde vom Gartenarchitekten Hendrik Copijn aus Groenekan realisiert. In den 50er-Jahren schuf Mien Ruys ein neues Gartendesign, aber hiervon ist nur wenig übriggeblieben. Im Jahr 2014 hat das Gartenarchitekturbüro Copijn Teile des Gartens wieder angepasst. Der *Sperwershof* ist eines der letzten privaten Landhäuser in 's-Graveland.

Die Gärtnerei und der Teegarten des *Sperwershofs* sind ein wunderbar ruhiger Ort.

Sehen und erleben

Direkt neben dem Haus befinden sich ein Tee- und ein Biogarten. Sie können hier einen (Bio-)Tee trinken, aber auch Blumen pflücken. Es gibt auch einen Bioladen und Sie können einen Nachmittagstee oder Mittagessen für Gruppen organisieren. Der Garten wurde in einem Gemüsegarten aus dem 19. Jahrhundert angelegt, von dem das alte Gewächshaus für Trauben erhalten geblieben ist.

Unterkunft

Sperwershof bietet auch Unterkunft in Form eines Bed & Breakfast (www.sperwershoferfgoedlogies.nl) – ein guter Ausgangsort für den Besuch der Landsitze in dieser Region.

ADRESSE

Noordereinde 50
1243 JH 's-GRAVELAND

www.sperwershof.nl

Spanderswoud

Der Landsitz *Spanderswoud* sowie das Waldgebiet Spanderswoud im Osten, waren einst in einer Hand. Heute gehört das Anwesen dem Verein Naturmonumente. Der Wald wird von Goois Natuurreservaat verwaltet.

Die Geschichte des Landsitzes *Spanderswoud* begann im Jahr 1634, als Andries Bicker dieses Grundstück durch das Los erwarb. Bicker handelte mit Gewürzen und engagierte sich im Handel mit Russland. Er gehörte in Amsterdam zur führenden Händlergruppe, daher ist es nicht verwunderlich, dass er wiederholt zum Bürgermeister gewählt wurde. Da sein Bruder Jacob kinderlos starb, erbte er das Haus sowie das Rittergut *Engelenburg* bei Herwijnen. Damit trug er Verantwortung für mehrere Anwesen.

Ende des 17. Jahrhunderts kam der Landsitz in den Besitz der Familie Deutz, die ihr Vermögen einem Monopol auf Quecksilber zu verdanken hatte. Sie erhielt dieses Privileg vom österreichischen Kaiser im Austausch für Finanzdienstleistungen. 1708 verkaufte Jean Deutz die südliche Hälfte des Landsitzes mit Haus und Garten an Balthazar Ringenberg. Er selbst behielt den Rest mit Bauernhof und Ackerland.

Nach 1723 wechselte *Spanderswoud* regelmäßig den Eigentümer. Erst 1816 kam das Anwesen in ruhigere Gewässer, als Hendrick Backer und Wilhelmina C. Dedel es kauften. Wilhelmina Dedel entstammte einer Amsterdamer Patrizierfamilie, die zahlreiche städtische Führungspositionen bekleidete, während andere Familienangehörige auch in Diensten der Landesregierung standen, z. B. als Botschafter. Das Paar Backer-Dedel versah den Park mit gewundenen Wegen und Wasserflächen. 1843 nahmen sie auf einer Versteigerung Geld in die Hand und konnten Teile des benachbarten

ADRESSE

Spanderswoud 1
1243 HZ 's-GRAVELAND

www.natuurmonumenten.nl

Das Grundstück nördlich von *Spanderswoud* ist kaum bebaut, wodurch die ursprünglich langgestreckte Grundstückseinteilung noch deutlich erlebbar ist. Der Landsitz befindet sich rechts neben dem hier sichtbaren Bereich.

Nord- und *Süd-Wolfsbergen* erwerben und fügten es ihrem Landsitz *Spanderswoud* hinzu. Sie kauften auch das Waldgebiet Achterbossen (das heutige Waldgebiet *Spanderswoud*), das sie sowohl wirtschaftlich als auch zur Erholung nutzten, in dem sie verschlungene Pfade und Wasserflächen anlegen ließen.

Ein unbebautes Grundstück

1850 geriet das Anwesen durch Erbschaft an das Ehepaar van der Oudermeulen-Dedel. Frederic van der Oudermeulen, Gründer der KNSM (Königliche Niederländische Dampfschiffgesellschaft) und Mitglied des Parlaments, baute ein neues, rechteckiges Landhaus. Nördlich des Haupthauses, auf der anderen Seite der Auffahrt, befindet sich der *Spandershof* aus dem 18. Jahrhundert. Bis auf den Bauernhof ist dieses Grundstück kaum bebaut worden, so dass die ursprüngliche Grundstückseinteilung noch deutlich sichtbar ist. Östlich des Haupthauses befindet sich der ehemalige Gemüsegarten, eingefasst von Mauern, an denen Obstbäume gezogen werden (sog. Obstmauern), und einem hölzernen Gartentor.

Im Jahr 1957 kaufte der Verein Naturmonumente den Landsitz. Der östliche Teil, ein wunderschönes Wald- und Wandergebiet, wird seit 1991 von Goois Natuurreservaat verwaltet.

Sehen und erleben

Im Waldgebiet von *Spanderswoud*, östlich des Landsitzes, hat das Goois Natuurreservaat einen 4 km langen Wanderweg markiert. Diese 1932 gegründete Naturschutzorganisation verwaltet rund 40 Naturgebiete, darunter alle Heidegebiete und die meisten Wälder des Gooi. www.gnr.nl

Schaep en Burgh, ein repräsentativer Landsitz

AMSTERDAMER REPRÄSENTATIONSBAUTEN AUSSERHALB DER STADT

Im Vergleich zu den Nachbarländern wird die niederländische Wohnarchitektur im Allgemeinen als bescheiden und weniger monumental beschrieben. Dies ist nur zum Teil richtig, da auf den Landsitzen sehr wohl repräsentative Architektur zu finden ist. Hier verfügten die Besitzer über weitläufige Grundstücke und billige Arbeitskräfte. In ihrer Gestaltung war die Natur Teil der Monumentalität des Ganzen.

Darüber hinaus ist die Wechselwirkung zwischen städtischer (Innen-)Architektur und Landhäusern interessant. Zahlreiche Amsterdamer besaßen sowohl ein Stadthaus als auch ein Landhaus. Infolgedessen wurden Renovierungen und Restaurierungen oft von demselben (städtischen) Bauunternehmer durchgeführt, und Amsterdamer Künstler dekorierten sowohl Stadthäuser als auch Landhäuser. Hier schufen sie Gartenskulpturen, brachten Stuck an und später im 18. Jahrhundert Tapeten mit idyllischen Darstellungen des arkadischen Lebens.

Hilverbeek

Auf vielen Landsitzen beschäftigte man sich hingebungsvoll mit Blumen, Pflanzen, Bäumen und Sträuchern. Oft wurden Arten und Sorten gezüchtet oder neu eingeführt. Auch *Hilverbeek* kann eine solche Premiere vorweisen, denn zu Beginn des 19. Jahrhunderts führte Inhaber Hendrik Six die erste Kamelie in den Niederlanden ein, ursprünglich eine Teepflanze aus Asien.

Im Jahr 1634 erwarb Ritter Anthony Oetgens van Waveren, Herr von Waveren, Botshol und Ruige Wilnis, bei der Verteilung der jüngst kultivierten Flächen in 's-Graveland etwa 76 ha Land. Bald darauf entstanden hier zwei Hofstellen: *Hilverbeek*, ein Name, der erstmals 1668 in einem Testament erscheint, und *Spiegelrust*, benannt nach Anna Spiegel, der Ehefrau von Oetgens van Waveren. Das Anwesen wird von einer Allee (der heutigen Leeuwenlaan) durchschnitten. Neben dem Landsitz gewann Anthony Brennholz und verpachtete 24 ha für landwirtschaftliche Zwecke. Möglicherweise wurde dann bereits Buchweizen angebaut, dessen Honig in Amsterdam als Delikatesse galt.

In Amsterdam befand sich Oetgens van Waveren in einem heftigen Machtkampf, der unter den verschiedenen Regenten-Fraktionen tobte. Den Quellen zufolge war er ein Mann von großem Ehrgeiz und mit guter und schneller Auffassungsgabe.

Zuerst versteigern, dann abreißen

Das Haus *Hilverbeek* wurde um 1690 erbaut. 1724 kauft der Amsterdamer Bürgermeister Hendrick Bicker den Landsitz. Im frühen 19. Jahrhundert erwarb ihn der Kunstsammler und Bankier Hendrik Muilman. 1808 ließ er das erwähnte Gehöft *Spiegelrust* abbrechen und baute das noch bestehende Kutscherhaus und das Gärtnerhaus. Wie es damals üblich war, wurde das Abbruchmaterial bereits vor den Abbrucharbeiten auf einer Auktion versteigert. In der Auktionsankündigung ist u. a. die Rede von (englischen) Kaminen, Bleirinnen, einer Küche, Ofen, Pumpen, Spülen, einem eisernen Zaun und Pferdeställen. Es wurden auch viele Bäume, Trauben, Gewächshäuser etc. versteigert.

Ein Landsitz-Archiv in Algerien

Unter dem Holzhändler und Grundbesitzer Hendrik Six florierte der Landsitz *Hilverbeek*. Six interessierte sich seit seiner Kindheit für Blumen, Pflanzen und Bäume, die er im In- und Ausland in großer Zahl bestellte, sowohl für *Hilverbeek* als auch für den Hof in Hillegom, wo er Forstwirtschaft betrieb. In *Hilverbeek* hatte er einen Teil des Geländes in der Nähe des Hauses zu einem hügeligen Gebiet mit Wasserläufen umgestaltet. Genau wie damals kann man sich noch heute von den sich ständig ändernden Perspektiven im Park beeindrucken lassen. Vom Haus aus hatten (und haben) die Bewohner einen magischen Blick auf den Teich, über den eine Brücke zu einer kleinen Insel führt, auf der einst ein Pavillon stand. Außerdem wurde ein Eiskeller gebaut. Ein Teil dieser Konstruktion ist bis heute erhalten geblieben.

Hendrik Six und seine Nachkommen widmeten sich über Generationen mit viel Liebe und Sorgfalt dem Erhalt und der Verschö-

Im Park um *Hilverbeek* kann man wunderbar spazieren gehen und sich ein Bild von der repräsentativen Gartenanlage früherer Tage machen. Diese Brücke führt über den Graben an der Grundstücksgrenze zwischen *Hilverbeek* und *Spanderswoud*. Der Graben stammt aus der Zeit der Kultivierung im 17. Jahrhundert.

Im ehemaligen geschützten Gemüsegarten von *Hilverbeek* befindet sich heute ein Weinberg mit
etwa 2.000 Weinreben. Freitag-
morgens ist das Tor geöffnet und
Sie können ihn besichtigen.

Der biologisch-dynamische
Garten *Land en Boschzigt*, schräg
gegenüber von *Hilverbeek*, ist der
älteste seiner Art in den Niederlanden. Sie können hier Gemüse
oder andere Bio-Produkte kaufen
und auf der Terrasse einkehren.

nerung von *Hilverbeek*. Der letzte Six (Jan Willem) verkaufte den
Landsitz 1933 schließlich an den Verein Naturmonumente unter
den gleichen Bedingungen wie seine Schwester Louise (Digna) Bla-
auw-Six, die ihren Landsitz *Gooilust* bereits zuvor dem Verein übertragen hatte (siehe S. 77 ff.). Eine besondere Geschichte rankt sich
um das Familienarchiv: Laut einer zweifelhaften Erzählung habe Jan
Willem das Archiv auf seiner Expedition in den Maghreb mitgenommen. Sicher ist jedoch, dass die Witwe von Jan Willem zumindest
einen Teil des Archivs in *Hilverbeek* verbrannt hat.

Sehen und erleben
Im Park kann man sich ein gutes Bild davon machen, wie die Gärten mit Anhöhen und Sichtachsen zu Beginn des 19. Jahrhunderts
aussahen. Das Haus selbst und die unmittelbare Umgebung sind

nicht zugänglich. Neben *Hilverbeek* befindet sich ein großer Gemüsegarten, in dem im 17. Jahrhundert Pfirsiche und Ananas angebaut
wurden. An der sich schlängelnden Obstmauer wuchsen Birnen und
Aprikosen. Da der Gemüsegarten nicht mehr als solcher genutzt
wurde, stellte ihn der Verein Naturmonumente den Gärtnern des
Landsitzes *Land en Boschzigt* (siehe unten) zur Verfügung, die den
Garten auf neue Art und Weise nutzen, indem sie hier einen Weinberg einrichteten.

Gastronomie

Wenn Sie die Atmosphäre eines alten Gemüsegartens erleben
möchten, können Sie *Land en Boschzigt* besuchen. Dieser biologisch-dynamische Garten ist der älteste seiner Art in den Niederlanden und liegt schräg gegenüber von *Hilverbeek*. Seit 1947 werden
hier verschiedene Gemüse, Obst und Kräuter angebaut. Frisch ge-
erntetes Gemüse steht im Laden zum Verkauf. In De Serre können
Sie etwas essen oder trinken. Der Kuchen ist hier ausgesprochen
gut! www.landenboschzigt.nl

ADRESSE

Leeuwenlaan 7
1243 KA 's-GRAVELAND

www.natuurmonumenten.nl

STADTHAUS ODER LANDSITZ?

Die Amsterdamer Landsitze haben der Architektur der Grachtenhäuser in
Amsterdam viel zu verdanken. Die meisten Landhäuser wurden nach dem
Bau des Amsterdamer Grachtengürtels errichtet und waren deutlich davon
inspiriert.

So passt etwa die Fassade von *Jagtlust* oder *Vogelenzang* problemlos auf
die Heren- oder Keizersgracht in der Amsterdamer Innenstadt. Gleiches gilt
für die Hauptfassade von *Gunterstein* in Breukelen.

Links die Fassade des Landsitzes
Jagtlust, rechts der Gouden Bocht
in der Herengracht von Amsterdam auf einem Gemälde von
Gerrit Adriaensz. Berckheyde
(1671–1672). Die architektonische Ähnlichkeit ist groß. Dies
ist bereits an der Treppe vor der
Haustür deutlich zu erkennen.

Jagtlust, 's-Graveland

Da mehrere Landsitze manchmal denselben Namen trugen, kommt es regelmäßig zu Verwechselungen. Dies trifft auch auf den Landsitz *Jagtlust* in 's-Graveland und den gleichnamigen Landsitz in Blaricum, der nach dem Zweiten Weltkrieg zu einer Künstlerkolonie wurde, zu. Auf diesem Jagtlust plätscherte die Zeit jedoch ruhig weiter.

Es kam oft vor, dass Landsitzen der gleiche Namen gegeben wurde. Beliebt waren: *Welgelegen, Belvedère, Schoonoord, Beekzicht, Vlietzicht, Vaartzicht of Meerzicht* und viele Varianten, in denen die Wörter Düne, Sicht, Reich oder Lust verwendet wurden. Bei der Namensgebung lieferte in erster Linie die Lage des Landsitzes Inspiration, dann der Familienname der Besitzer. Manchmal wurde dem Landsitz ein eingängiger Name gegeben, wie z. B. *Altijd Werk* (dt. Allzeit Arbeit) in Amsterdam (Slotermeerdijkpolder), *Rondom Bedrogen* (dt. Rundherum betrogen) in 's-Graveland (heute *Gooilust*), *Elk het Zijne* (dt. Jedem das seine) in Amsterdam (Toom), *Gunst van Boven* (dt. Gunst von oben) in Amsterdam (Boerenwetering), *Rustlust* (dt. Rastlust) in Muiderberg oder *Genoegen is meer als Meer in de Meer* (dt. Vergnügen ist mehr als See im See) in Amsterdam (Watergraafsmeer).

Die Fantasie des Herrn Six

Jagtlust blühte nach dem Kauf von Hendrik Otto Arntzenius auf, der dieses Gelände 1792 bei einer Auktion im Herenlogement in Amsterdam ersteigerte. Im Jahr 1791 erschien der Name *Jagtlust* erstmals in einem Dokument.

Der »Kinderlandsitz« Heilust wurde 1910 für und von den Neffen des Besitzers Jan Pieter Six erbaut. Das Gebäude verströmt die Atmosphäre eines Amsterdamer Grachtenhauses.

Die Grotte auf *Jagtlust,* eine der Staffagebauten auf diesem Landsitz.

Als Jan Pieter Six und seine Frau Catharina Teding van Berkhout den Landsitz 1861 kauften, erweiterten sie ihn deutlich durch Landzukäufe sowie mit dem Land, das Six nach dem Tod seiner Eltern auf dem nahe gelegenen *Hilverbeek* erbte. Bis 1992 blieb *Jagtlust* Eigentum dieser berühmten Amsterdamer Kaufmannsfamilie. Six ließ seiner Fantasie anscheinend gern freien Lauf, denn er baute viele ungewöhnliche Zierbauten, sog. Follies, auf *Jagtlust* (siehe »Sehen und erleben«). Das heutige Haus stammt aus der Zeit um 1900, als William Six das ursprüngliche Haus um zwei Stockwerke erweitern ließ.

Sehen und erleben
Das Haus selbst ist nicht zugänglich, aber Sie können den Spaziergang »Die Runde der Six« machen (900 m). Sie kommen an zwei Staffagebauten vorbei (ein Hünengrab und eine Grotte), einem Wall (eine Barriere gegen den »feindlichen« Gooi) und am alten Gemüsegarten. Er wurde kürzlich restauriert und wird wieder voll genutzt.

Auf dem Gelände neben dem Haus befindet sich das »Mini-Landhaus« oder Kinderspielhaus *Heilust,* das seit 1820 zu *Jagtlust* gehört. Das Haus wurde 1910 für die jungen Neffen des Besitzers Six gebaut, unter der Leitung des Zimmerermeisters Maarten de Haan aus 's-Graveland, wobei sich die Neffen auch selbst an den Bauarbeiten beteiligten. Von Weitem verströmt es den Eindruck eines Amsterdamer Grachtenhauses. Auf *Jagtlust* sind darüber hinaus viele Nebengebäude zu entdecken, wie etwa ein Kutscherhaus, der Pferdestall, das Haus des Gärtners und ein Bootshaus sowie ein als Staffagebau gedachter *duiventoren* (dt. Taubenturm) und ein achteckiges Teehaus (von der Leeuwenlaan aus zu sehen).

BLINDE FINKEN LOCKEN IHRE ARTGENOSSEN AN

Auf *Jagtlust* stand einst ein Finkenhaus. Die Finkenjagd war im 18. und 19. Jahrhundert eine beliebte Freizeitbeschäftigung für den Sommer. Wenn der Wind aus Südosten kam, hing man Netze straff auf und band lebendige und geblendete Finken an ein Finkentau, um ihre frei lebenden Artgenossen mit ihrem Gesang in die Netze zu locken. Währenddessen versteckte sich der »Vinker« (so nannte man damals den Finkenjäger) in einem Finkenhaus. Sobald genug Finken, Drosseln, aber auch andere Vögel (wie Ortolanen, Meisen und Tauben) vom Futter unter den Netzen fraßen, zog der Vinker an einem Seil. Nachdem die Netze geschlossen waren, nahm er die Vögel aus den Maschen des Netzes. Finkenpastete war ein beliebtes Gericht auf vielen Landsitzen, obwohl es bereits Leute gab, die das Blenden der Finken ablehnten.

ADRESSE

Leeuwenlaan 42
1243 KB 's-GRAVELAND

www.natuurmonumenten.nl

Trompenburg

Im Katastrophenjahr 1672, als die Franzosen u. a. in die Niederlande einmarschierten, wurden viele Gebäude gesprengt. Vor allem in Utrecht richteten die Franzosen große Schäden an; in 's-Graveland traf es den Landsitz des Admirals Tromp.

Viele wertvolle Gebäude wurden während der französischen Invasion 1672–1673 vernichtet. Wo sich die französischen Truppen Ludwigs XIV. niederließen, wurde Geld von den Besitzern der Landhäuser und Schlösser erpresst, und zwar unter Androhung der totalen Zerstörung ihres Eigentums. Wenn Eigentümer sich weigerten zu zahlen, drohten die Franzosen, ihre Häuser zu sprengen. In den Gärten sägten die Franzosen mutwillig alle gesunden Bäume um, was den Wert des Anwesens erheblich minderte. Bäume stellten einen monetären Wert dar und waren Zeichen des Wohlstands. In der Stadt Utrecht, aber auch im Vechtstreek und in s-Graveland kam es überall zu Verwüstungen und Plünderungen. Dieses Los ereilte auch das Anwesen von Cornelis (Keesje) Maartenszn. Tromp, der durch seine wohlhabende Frau Margaretha van Raephorst Eigentümer des Anwesens *Hooge-Dreuvik* in 's-Graveland war. Er weigerte sich, das geforderte Schutzgeld zu zahlen.

Trompenburg, von der Seite gesehen. Farbiger Druck (1794), 167 x 232 mm, von Hermanus Numan (1744–1820). Seither hat sich das Aussehen des majestätischen Hauses kaum verändert.

Ein Elefantenrüssel und eine Kanone

Fast unmittelbar nach dem Abzug der Franzosen begann Tromp energisch mit dem Wiederaufbau seines Landsitzes *Hooge-Dreuvik*. Es ist nicht bekannt, wer sein Architekt war. Wahrscheinlich war es der Amsterdamer Stadtarchitekt Daniël Stalpaert. In 's-Graveland

baute er die 1658 eingeweihte Kirche und kannte daher die Gegend und das Bauland. Tromp durfte sich Graf von Sellisburg nennen. Er erhielt diesen Adelstitel und das entsprechende Land vom dänischen König als Belohnung für seinen Beitrag im Krieg gegen die Schweden, mit denen sich Dänemark zum x-ten Mal im Krieg befand. In diesem heftigen Kampf machte er seinem Namen alle Ehre, denn das Wort »Tromp« (dt. in etwa »Trompete«) war im damaligen Niederländisch nicht nur ein Elefantenrüssel, sondern auch die Mündung eines Kanonenlaufs. Übrigens nahm er mit Erlaubnis der Generalstaaten an diesem Krieg teil.

Kuppelsaal

Als der Bau 1680 fertiggestellt war, benannte Tromp seinen neuen Landsitz nach seiner adligen, dänischen Besitzung *Syllisburg*. Damit

Die Rückseite von *Trompenburg*. Dieses gut erhaltene Bauwerk, das 1985 und 2004/2005 restauriert wurde, zählt zu den 100 wichtigsten Baudenkmälern der Niederlande.

Einige Details von *Trompenburg*. Oben: Detail einer der vielen Deckenmalereien auf *Trompenburg*. Links: Die Windfahne in Form eines Schiffes auf der Turmspitze. Es handelt sich dabei um »De Witte Olifant« (dt. Der Weiße Elefant), das Flaggschiff der Flotte des Cornelis Tromp. Rechts: Detail einer Deckenmalerei mit Vogel

unterstrich er erneut seinen Adelstitel. Unmittelbar nach dem Tod des Seehelden kam es über seinen Nachlass zum Streit, so dass das Haus zunächst vermietet wurde, bis Jacob Roeters es 1704 schließlich kaufte. Wahrscheinlich war er es, der dem Anwesen den Namen *Trompenburg* gab, der passend erscheint. Nach Roeters gehörte das Haus mehreren Eigentümern, bis es 1935 an den niederländischen Staat ging.

Tromp nutzte das Innere seines Hauses, um seine eigenen Heldentaten und die seines seefahrenden Vaters, Maarten Harpertszn. Tromp, in Bildern darzustellen. Er folgte somit dem Beispiel der

Amalia von Solms. Im *Huis ten Bosch* in Den Haag hatte sie die Triumphe ihres Ehemannes, des Statthalters Frederik Hendrik, im Oranjesaal von vielen prominenten Künstlern in Bildern darstellen lassen. Tromp richtete in seinem Haus auch einen Kuppelsaal ein und ließ in der Ausstattung die Höhepunkte seines bewegten Lebens auf See herrlich darstellen. Den achteckigen oder oktogonalen Raum zierten außerdem sein Porträt sowie das seines Vaters, seiner Mutter und seiner Frau. Tromp ließ sich in diesem Raum auch ein pompöses Bett aufstellen. Unter dem Saal befindet sich ein Raum, den er »cave« (dt. Höhle/Hohlraum) nannte und wo er seine Weine aufbewahrte.

Ein Haus wie ein Schiff

Das Haus steht weitgehend im Wasser und ist aus Holz und Stein gebaut. Die Wahl für diese Baumaterialien ist verständlich, denn hier liegt eine Trennlinie zwischen sandigem und torfigem Boden. Das Haus war mit dem Boot über die Vecht und den Kanal ’s-Gravelandsevaart von Amsterdam aus erreichbar. Rings um das Haus gibt es einen Steg, so dass ankomme Boote dort anlegen können. Es gibt hier vier Nischen, in denen Götterfiguren aufgestellt wurden (Flora, Bacchus und Pluto). Bewusst befindet sich der Haupteingang an der Rückseite des Gebäudes, so dass Tromp seine Gäste ungestört empfangen konnte. Manchmal holte Tromp wichtige Gäste auch mit seiner privaten Yacht in deren Amsterdamer Grachtenhaus ab. Wem diese Ehre nicht zuteilwurde, konnte von dort, wo sich heute die Niederländische Nationaloper und das Ballett befinden, die ’s-Gravelandse Fähre nehmen. In jener Zeit hatte Amsterdam ein ausgedehntes Fährennetz, das Passagiere in alle Richtungen beförderte. Bei gutem Wetter konnte Tromp sehr weit sehen, denn das Dach des Hauses war wie ein Schiffsdeck mit Aussichtsplatz gestaltet. Von dort aus konnten der Besitzer und seine Gäste Het Gooi, das Zuidermeer und bei gutem Wetter auch Amsterdam sehen. Quer durch das Haus verläuft von vorne bis hinten eine Sichtachse.

Eine der Skulpturen

Sehen und Erleben

Das Haus wird von der Nationalen Denkmalorganisation (NMo) verwaltet und für geschlossene Sitzungen des Niederländischen Instituts für Wissenstransfer genutzt. Es ist nur gelegentlich für die Öffentlichkeit zugänglich. Sie können es von außen besichtigen und werden feststellen, dass es tatsächlich wie ein Schiff im Wasser liegt.

Die Nationale Denkmalorganisation ist eine nationale Verwaltungsorganisation für Baudenkmäler und engagiert sich für den Erhalt des kulturellen Erbes durch den Erwerb, die Restaurierung sowie die Nutzung von geschützten Baudenkmälern. Das Portfolio umfasst derzeit 29 Objekte, darunter *Trompenburg* und *Slot Assumburg* in Heemskerk (siehe S. 72 ff. und S. 159) (www.nationalemonumentenorganisatie.nl).

ADRESSE

Zuidereinde 43
1243 KK ’s-GRAVELAND

FOLLIES: GARTENGEBÄUDE MIT EINEM AUGENZWINKERN

Follies oder Staffagebauten sind im Grunde leere Bauformen der Architektur, gewissermaßen Architektur um der Architektur willen. Sie haben kaum einen anderen Zweck, als den Betrachter zu erfreuen, zu erschrecken oder in die Irre zu führen.

In Follies wohnte niemand; sie sollten eine Illusion schaffen und durch ihre verschiedenen Formen Assoziationen zu einer Realität hervorrufen, die eben nicht real war. Follies können eine mittelalterliche Ruine, einen chinesischen Tempel, ein Mausoleum, eine Moschee, aber auch eine Einsiedelei, eine Kirche oder Kapelle darstellen. Manchmal sind sie teilweise auch Funktionsgebäude, wie ein Taubenschlag oder ein Hühnerstall, allerdings umkleidet mit einer maurisch-gotischen oder klassisch-römischen Architektur. Auf dem Landsitz *Landfort* nahe der deutschen Stadt Anholt gibt es einen wunderschönen und einzigartigen maurischen Taubenschlag. Follies können groß oder sogar monströs sein, aber auch klein und unauffällig, fröhlich oder bedrohlich und sie wurden in allen möglichen architektonischen Stilen gebaut. Es sind Follies auf Landsitzen in Form einer Einsiedelei bekannt, komplett mit einem (schauspielernden) Einsiedler, oder ein Bauernhof mit Bauern, die an die Arbeit gingen, wenn der Eigentümer seine Gäste während eines Spaziergangs durch Wald und Park überraschen wollte. Danach verschwanden die Darsteller ungesehen mit ihrer Belohnung für das Posieren.

Dieser osmanische oder türkische Taubenschlag, entworfen vom deutschen Architekten Johann Übbing, wurde 1825 auf *Landfort* in Megchelen an der deutsch-niederländischen Grenze gebaut. Er war in Sichtweite der Villa. Dieser Typ ist in den Niederlanden recht selten.

LAGER FÜR GARTENDEKOR

Die Follies auf den Landsitzen gehen in der Regel auf unsere Vorfahren zurück, die von der Romantik ergriffen waren, wobei man sich ab 1802 oft von Gijsbert van Laars Zeitschrift »Magazin van tuin-sieraaden« (dt. Magazin für Gartenschmuck) inspirieren ließ. Dieser wiederum holte sich Anregungen auf Landsitzen in England und Deutschland. In seinen vierteljährlichen Ausgaben wurden zahlreiche Follies beschrieben, die sich die Abonnenten als Beispiel nehmen konnten. An mehreren Orten in den Niederlanden bauten Eltern oder Großeltern nun einen Mini-Bauernhof, Chalets oder ein Grachtenhaus als Sommerspielhaus für ihre Enkel, wie z. B. auf dem Landsitz *Jagtlust* (siehe S. 70 ff.).

In Nordholland finden sich Follies u. a. auf *Velserbeek* (ein sog. Jenever-Haus) *Beeckestijn* (eine scheinbare Kapelle) *Elswout* (Kabuur-Haus) *Leyduin* (ein Belvedere in Form einer Eremitage) und *Jagtlust* (mehrere Follies, darunter ein Kinderhaus und ein Staffageturm). Wozu das Jenever-Haus gedient hat, ist nicht ganz klar. Möglicherweise hatte es eine Art Toilettenfunktion, aber es wird auch behauptet, dass Jäger und Reiter hier ein (oder zwei) Glas Jenever (dt. Wacholderschnaps) genossen.

Gooilust

Heute umfasst *Gooilust* die früheren Grundstücke 21, 22 und 23, das Hauptgebäude steht aber in erster Linie auf Grundstück Nr. 22. Die ersten Eigentümer des Grundstücks 22 waren Pieter Corneliszn Hooft, Andries Bicker und Godert van Reede. Sie kauften das Land als Investitionsobjekt: Hooft lebte weiterhin auf *Muiderslot*, die Familie van Reede bewohnte Schloss *Amerongen*. Das heutige Haupthaus wurde Ende des 18. Jahrhunderts von Gerrit Corver Hooft erbaut, der das Anwesen 1778 erwarb. Corver war u. a. Direktor der Niederländischen West-Indien-Kompanie. Nach ihm wurde der weiter östlich gelegene Corversbos (dt. Corverswald) benannt, der lange Zeit zu *Gooilust* gehörte.

Der Landsitz *Gooilust* hat eine bewegte Geschichte, in der ein exzentrischer und unberechenbarer Mann, eine verbitterte Frau und exotische Tiere die Hauptrolle spielen. Darüber hinaus war der deutsche Kaiser hier oft zu Gast.

Six, Blaauw und der Verein Naturmonumente

Die spannendste Zeit von *Gooilust* beginnt, nachdem Louise D.C. Six das Landgut erbte. Louise (Louk) heiratete 1890 Frans Blaauw. Es war jedoch eine unglückliche Verbindung, die kinderlos blieb.

Gooilust ist ein ruhiger Landsitz, auf dem Sie Rad fahren und spazieren gehen können. Vergessen Sie nicht, den schönen Ziergarten zu besuchen.

Der Ziergarten von *Gooilust* ist nicht groß, aber dank der cleveren Anordnung hat man immer wieder überraschende Blickwinkel.

Blaauw liebte das Fremde und Exotische. Um 1900 pflanzte er Rhododendren auf einem Hügel, Azaleen im Tal und zahlreiche exotische Bäume und Sträucher. Außerdem begann er, entgegen Louises Wunsch und mit ihrem Geld einen Zoo mit exotischen Tieren, darunter Gnus, Büffel, Trompeterschwäne und Buntböcke (eine südafrikanische Antilopenart) zu bauen. Er kaufte auch das nahe gelegene *Trompenburg*, ohne sie zu konsultieren. Unter den vielen Besuchern war auch der deutsche Kaiser Wilhelm II., der bei Blaauw sehr häufig zu Gast war.

Wegen ihres manchmal seltsamen Verhaltens, aufgrund dessen er sie als »unzurechnungsfähig« bezeichnete, ließ Blaauw seine Frau in eine psychiatrische Anstalt einliefern und stellte sie unter seine Kuratel. Damit erhielt er freie Hand über ihr Vermögen. Nach einigen Jahren konnte Louise sich aus diesem Status befreien. Zutiefst gekränkt besuchte sie, ohne das Wissen ihres Mannes, Pieter van Tienhoven in Amsterdam, der seinerzeit Vorsitzender des jungen Vereins Naturmonumente war. Louise machte deutlich, dass sie ihren Landsitz dem Verein als Schenkung geben wollte. Allerdings unter der Bedingung, dass der Verein auch die Landsitze ihres Bruders Jan W. Six van Vromade *Spiegelbeek*, *Hilverbeek* und *Schoonoord* kaufte. Auf diese Weise kam der Verein Naturmonumente hier in relativ kurzer Zeit in den Besitz mehrerer Landsitze.

Frans Blaauw überlebte seine Frau einige Jahre und starb 1936 verbittert auf *Gooilust*. Einige seiner Tiere kamen nach *Woburn Abbey* in England, die meisten aber fanden im Tierpark Wassenaar, den es heute nicht mehr gibt, ein neues Zuhause.

Sehen und Erleben

Das Haus selbst ist nicht zugänglich, der umgebende Park allerdings schon. Der Stolz von *Gooilust* ist der Ziergarten. Es handelt sich um den ehemaligen Gemüsegarten, dem späteren Vogelgarten von

ADRESSE

Zuidereinde 49
1243 KL 's-GRAVELAND

www.natuurmonumenten.nl

Blaauw, der seit 1941 neu gestaltet wurde und zu diesem heute üppigen Garten heranwuchs. Die ältesten Bäume wurden im 19. Jahrhundert vom damaligen Bewohner Jan Corver Hooft gepflanzt. Er pflanzte Obstbäume und, als einer der Ersten, Ginkgos aus China. Im ummauerten Garten finden Sie alle Arten von exotischen Bäumen und Sträuchern, Stinsenpflanzen (Zierpflanzen), ein kleines Arboretum, spezielle Obstsorten und Rosen. Herrlich grün im Frühling, aber auch wunderbar in den herbstlichen Farben.

Weitere Höhepunkte sind das »Tal« und das »Neue Werk«, die in altem Glanz erstrahlen. Sie sind eine Augenweide, wenn die Rhododendren blühen.

Eine arkadische Landschaft, organisch verbunden mit den Städten in diesem Gebiet. Dieses Foto wurde in *Vogelenzang*, in der Nähe von Haarlem aufgenommen.

IN LAND INVESTIEREN

Um 1570, im Zuge der Reformation, kam immer mehr Land auf den Markt, das seit Jahrhunderten kirchliches Eigentum war. In den Städten, aber auch auf dem Land wurden kirchliche Gebäude und Grundstücke enteignet. Viele nutzten ihre Chance und erwarben Land als Investitionsobjekt.

Auch im 17. und 18. Jahrhundert investierten viele Amsterdamer in sicheren Grundbesitz. Sie kauften Herrschaften, darunter ganze Dörfer und Weiler, Adelssitze wie Burgen und ritterliche Herrenhäuser, entwässerten zahlreiche Seen nördlich von Amsterdam, um Ackerland zu schaffen, und erwarben Dünengebiete für die Jagd und um hier Landsitze anzulegen. Alles in allem müssen die Amsterdamer Kaufleute während dieser Jahrhunderte eine beträchtliche Landfläche besessen haben. Es ist kaum erforscht, wie viel Land sie besaßen und wo genau. Es ist auch nicht bekannt, wie diese Gebiete verwaltet wurden, wie die Privateigentümer mit lokalen Machthabern umgingen und wie sie ihren Landbesitz strukturierten.

DIE STADT EROBERT DAS PLATTE LAND

Amsterdam dominierte die Politik des Landes. In den Geschichtsbüchern heißt es immer, diese Dominanz rühre vom großen Reichtum der Stadt her. Grundbesitz wird hier selten erwähnt, obwohl überall in den Niederlanden Großgrundbesitzer bestimmten, was in ihren jeweiligen Gebieten geschah. Die reichen Kaufleute konnten sich regelmäßig gegen die Wünsche lokaler Behörden oder gegen Interessengruppen wie die der »Erfgooiers« durchsetzen. Auf diese Weise entstand z. B. auch das Kultivierungsprojekt 's-Graveland, es wurden hier Wasserwege gebaut und Seen trockengelegt.

Da viel holländischer und Utrechter Boden in den Händen der Stadtbewohner (der Amsterdamer) lag, war das Land auch eng mit den städtischen Eigentümern und also mit der Stadt verbunden. Der jährliche Zyklus der Sommerfrische vor den Toren der Stadt und der Rückkehr in die Stadt zum Winter manifestierte sich über Hunderte von Jahren, und nicht nur bei der reichen Oberschicht. Auch weniger Wohlhabende verließen, wenn irgend möglich, im Sommer die Stadt. Als Folge dieser Entwicklung entstand in den westlichen Niederlanden eine arkadische Landschaft, die organisch mit den Städten in diesem Gebiet verbunden war.

Sypesteyn, Nieuw-Loosdrecht

Auf *Sypesteyn* verwirklichte ein adliger Besitzer seinen Traum: Er baute ein Schloss, das die Größe und Bedeutung seines Adelsgeschlechtes repräsentieren sollte. Er investierte sein ganzes Geld und allen Besitz in dieses wunderschöne Haus, in dem eine Spitzenkollektion Loosdrechter Porzellan zu sehen ist.

Die Geschichte des Geländes und Hauses ist lang, bunt und bemerkenswert. Entdeckt wurden hier Fundamente aus der Zeit um 1500, Graf Floris V. soll aber bereits 1288 Willem Nicolaaszn Hallinck an dieser Stelle Land überlassen haben, der hier ein Haus baute. Später kaufte Aert Abramszn. van Sijpesteijn hier eine Hofstelle. Diese wurde jedoch 1589 zerstört. Als Cornelis Ascanius 1664 die Ruinen von *Sypesteyn* erwarb, baute er es zu einem Landsitz um und durfte sich Herr von Sypesteyn nennen. Die Franzosen zerstörten das Schloss 1673, die Ruine blieb aber bis 1804 im Besitz der Familie, bis Henri van Sypesteyn sie um 1900 zurückkaufte.

Unterschiedliche Ansichten

Als letzter männlicher Nachkomme seines Geschlechts gestaltet er *Sypesteyn* in einem bewusst gewählten historisierenden Stil. Er errichtete das Schloss als Familienmonument und als Museum, für das er bereits 1902 die Van Sypesteyn Stiftung gründete.

Diese Stiftung verwaltet den Landsitz nach wie vor. Er entwarf auch den Garten selbst. Dabei ließ er sich von Gartenformen aus der Zeit um 1600 inspirieren, da er, als Ausgangspunkt für den Wiederaufbau, vom Bestand des Schlosses kurz vor der Zerstörung von 1589 ausging. Seine Wahl wurde auch durch seine Abneigung gegen Gartenentwürfe des 19. Jahrhunderts bestimmt. Diese seien »erbärmlich und engstirnig«, so Henri. Die Umgestaltung vieler älterer Gärten in Landschaftsgärten, die überall vorgenommen wurde, ging ihm sehr zu Herzen und führte zu vielen Diskussionen mit »modern« denkenden Zeitgenossen. So ist z.B. eine heftige polemische Auseinandersetzung zwischen dem damals gefeierten Gartenarchitekten Leonard Springer und jemandem, der seine Artikel mit den Initialen S.v.H. unterschrieb, bekannt. Dieser warf Springer

Als letzter männlicher Nachkomme seiner Familie gestaltete Henri van Sypesteyn den Landsitz zu Beginn des 20. Jahrhunderts in einem bewusst gewählten historisierenden Stil. 1902 gründete er die Van Sypesteyn Stiftung, die noch heute den Landsitz verwaltet.

Unwissenheit und mangelndes historisches Bewusstsein vor. Die Forschung konnte nachweisen, dass S.v.H. die umgekehrten Initialen von Henri van Sypesteyn sind.

Es gäbe über diese faszinierende Persönlichkeit und sein Lebenswerk viel zu erzählen, aber auch über seine Bemühungen, anderes Kulturerbe zu erwerben. Dank seiner Bemühungen ist der außergewöhnliche Landsitz *Hofwijck* von Constantijn Huygens in Voorburg erhalten geblieben. Unter seiner Führung wurde der dortige Garten wieder in dem Stil gestaltet, wie Huygens ihn ursprünglich angelegt hatte.

Amsterdam als Produktionsort für Porzellan

Van Sypesteyn wurde 1857 in Den Haag geboren. Als wohlerzogener, adliger junger Mann erbte er von seinem Vater das Interesse an Ahnenforschung und Heraldik sowie an Medaillen, Münzen und allem, was mit seinen eigenen Vorfahren zu tun hatte. In seinem Geburtshaus finden sich viele Familienporträts und ein umfangreiches Hausarchiv mit Familiendokumenten. Diese Sammlung bildete später die Grundlage für die reichhaltige Kunstsammlung auf *Sypesteyn*, zu der auch die bedeutendste niederländische Sammlung von Loosdrechter Porzellan gehört.

ADRESSE

Nieuw-Loosdrechtsedijk 150
1231 LC
NIEUW-LOOSDRECHT

www.sypesteyn.nl/
info-in-deutsch

 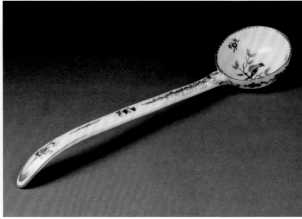

Objekte aus der reichen Sammlung des Loosdrechter Porzellans

Dieses hochwertige Porzellan wurde in Loosdrecht unter der
Leitung des sozial engagierten Pfarrers Johannes de Mol hergestellt. Mit dieser Manufaktur versucht er, in dieser armen Gegend
Arbeitsplätze zu schaffen. De Mol hoffte, dass sein Sohn Huibert
sein Nachfolger würde, aber dieser zog es vor, sich mit anderen Angelegenheiten zu befassen. 1783 freite er eine 19-jährige Dame aus
der Nachbarschaft und floh mit ihr nach Deutschland. Finanziell
war die Porzellanherstellung nie besonders erfolgreich, warum de
Mol die Manufaktur 1782 schließlich an vier Amsterdamer Regenten
verkaufte. Dies waren John Hope, Joachim Rendorp, Abraham Dedel
und Cornelis van der Hoop Gijsbertszn. Um 1820 endete die Amsterdamer Porzellanproduktion.

Sehen und Erleben
Auf *Sypesteyn* können Sie ohne Weiteres einen ganzen Tag verbringen. Das Museum im Schloss ist vor allem für das Loosdrechter Porzellan bekannt. Sie können im Garten spazieren gehen. Dieser sieht
alt aus, stammt aber aus der Zeit Anfang des 20. Jahrhunderts. Sie
finden unter anderem ein Labyrinth, einen Umfassungsgraben und
einen Obstgarten. Haben Sie sich verliebt? *Sypesteyn* ist ein offizieller Ort für Eheschließungen.

Gastronomie
Im Restaurant *Op Sypesteyn* können Sie etwas trinken, einen Nachmittagstee bestellen, Mittag- oder Abendessen, drinnen oder auf
der Terrasse, genießen.

Nette Orte in der Umgebung
Ein Besuch auf *Sypesteyn* kann leicht mit einem Besuch der Loos-
drechtse Plassen kombiniert werden, wo Sie segeln, schwimmen
oder anderen Wassersportarten nachgehen können. Weitere Informationen finden Sie unter www.vvvwijdemeren.nl.

DEN GANZEN SOMMER?
Die Entfernung zwischen
vielen Landsitzen und
Amsterdam war binnen eines
Tages leicht zu bewältigen.
Manchmal fuhren die Herren
für ihre Geschäfte in die Stadt
und wieder zurück. Es kam
aber auch vor, dass der Er-
nährer der Familie im Sommer
in Amsterdam zurückblieb.
Das bedeutete in vielen
Fällen, dass er gezwungen
war, ins Hotel zu gehen, denn
weil seine Frau und Kinder
mit dem Personal auf dem
Landsitz wohnten, war sein
Stadthaus verweist. Einige
Leute zogen zum Beispiel im
Hotel de l'Europe ein, das zu
dieser Zeit bereits als Hotel
existierte. Bei anderen unter-
zukommen, war keine Option,
denn die meisten Leute, die
etwas auf sich hielten, waren
jetzt außerhalb der Stadt.

SOZIALES LEBEN

Wenn die Städter den Sommer über auf ihren Landsitzen waren, was haben sie dann dort gemacht? In der Sonne liegen und ein Buch lesen, Sport treiben, spazieren gehen? Normalerweise mieden die Damen die Sonne, denn ein weißer Teint war ein absolutes Muss. Eine sportliche Betätigung bestand in der Finkenjagd. Mancher war regelmäßig damit beschäftigt, so bezeugen uns Tagebücher, in denen Fangerträge verzeichnet werden. Auf *Huis te Manpad* in Heemstede sind einige dieser Notizbücher erhalten geblieben, in denen der Vogelfang pro Tag eingetragen wurde. Die Anzahl der Tage, an denen gejagt wurde, ist beeindruckend, ebenso wie die Anzahl gefangener Vögel, die als Delikatesse auf den Tisch kamen.

Die Besitzer konnten auf dem Landsitz ihren Hobbys ungestört frönen, wie zum Beispiel der Dichtkunst, dem Entwerfen und Gestalten von Gärten, Parks und Gebäuden wie Orangerien und Follies, Musizieren oder exotische Pflanzen und Blumen kultivieren. Aber es wurde auch viel gegessen und getrunken. Die Gemüsegärten der Landsitze lieferten im Sommer saisonale Produkte.

NEUIGKEITEN

Die Bewohner haben sich auch gegenseitig besucht. Die Entfernung zum nächstgelegenen Landsitz war in der Regel kurz. Man tauschte Neuigkeiten aus, bewunderte Neubauten oder Gärten und oft wurde gemeinsam gegessen. Kurz gesagt, das soziale Leben war intensiv.

Im 19. Jahrhundert machten viele Damen einmal pro Woche Besuche. Dann wurde die Kutsche eingespannt und die Dame des Hauses machte sich auf den Weg, um manchmal binnen eines Tages zehn Häuser mit ihrer Anwesenheit zu beehren. War die Person, der dieser Besuch galt, nicht anwesend, wurde eine Visitenkarte ausgestellt, um anzuzeigen, dass eine Verpflichtung erfüllt wurde. Alle Besuche wurden auch erwidert. Die Dauer eines Besuches war klar festgelegt. Wenn jemand mit einer niedrigeren sozialen Stellung besucht wurde, waren es oft kurze formelle Begegnungen, die Anerkennung ausdrücken sollten. Jeder kannte seinen Platz und benahm sich nach den Gepflogenheiten seines eigenen sozialen Hintergrundes. Die gesellschaftlichen Rangordnungen wurden strikt eingehalten.

Dirck Hals, De Buitenpartij, 1627. Impression einer fröhlichen Begegnung mit einem Landsitz im Hintergrund. Die Botschaft des Bildes ist, dass es auf dieser Welt mehr gibt als Essen, Trinken und Feiern. So steht der angekettete Affe (Vordergrund in der Mitte) für den sündigen Menschen, der sich freiwillig von seinen niederen Begierden gefangen nehmen lässt. Öl auf Holz, 77,6 cm x 135,7 cm.

Het Gooi

Obwohl sich dieser Führer auf die historischen Landsitze in Nord- und Südholland konzentriert, gehören *Soestdijk* und Schloss *Groeneveld* in der Provinz Utrecht als am Stadtrand von Amsterdam gelegen dazu. Beide gehen auf die Bemühungen der Amsterdamer Patrizier zurück und haben eine beeindruckende Geschichte.

HOBBYARCHITEKTEN

Bereits im 17., vor allem aber im 18. Jahrhundert widmeten sich viele reiche Kaufleute allen möglichen Hobbys. Man konnte sich für seine Steckenpferde viel Zeit nehmen: Das Kapital war in Pachtland, Mietwohnungen, Plantagen oder in Handelsbeteiligungen angelegt.

Manche taten nichts lieber, als Gedichte zu schreiben oder Musik zu machen. Andere malten oder zeichneten und wieder andere legten umfangreiche Sammlungen von Tieren, Pflanzen und/oder Kunst an. Auf *De Hartekamp* in Heemstede war George Clifford jr. ein Beispiel dafür und auf *Velserbeek* erntete die Kunstsammlung von Johan Goll van Franckenstein großes Lob.

In die verschiedenen Liebhabereien wurden viel Zeit und Energie investiert, auch in den Erwerb von Wissen und Fachkenntnissen. Im 18. Jahrhundert nannten sich die Menschen selbst Amateure oder Liebhaber, obwohl einige von ihnen dieses Niveau mühelos übertrafen.

Die Hobbygarten- und Architekturliebhaber bilden eine eigene Gruppe. In der Geschichte der niederländischen Landsitze tauchen solche Enthusiasten immer wieder auf, im 19. Jahrhundert unter anderem Cornelis Backer, der auf *Larenberg* einen Garten mit einem »Schweizer Chalet« anlegte und eine spezielle Sammlung von Agaven zusammenbrachte, Johannes Ruijs, der auf dem *Zwaluwenberg* einen Aussichtsturm und ein Gästehaus baute und Joannes van Rossum, der auf *Berghuis* eine Kuppel (nach dem Vorbild der Hauptmoschee von Lucknow in Indien) und eine Klosterruine errichten ließ. Mit Hilfe von erfahrenen Bauunternehmern und Gärtnern gestalteten sie ihre eigenen Paradiese.

Pieter Rendorp war der berühmteste Amateurarchitekt unter den Eigentümern von Landsitzen in Amsterdam. Für die Stadt Amsterdam entwarf er unter anderem das Altherren- und Frauengästehaus, und auch das Haus und der Garten seines Landsitzes *Marquette* (siehe S. 157 ff.) wurden nach seinen Zeichnungen realisiert.

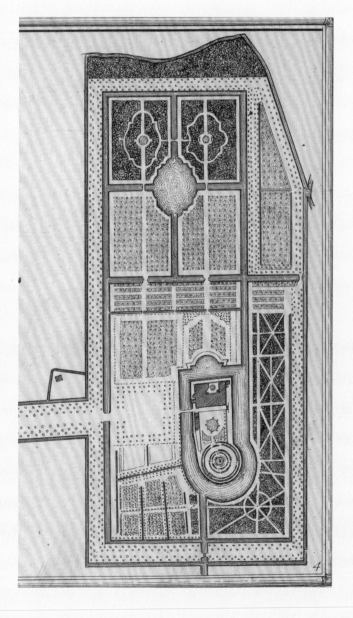

Hendrik de Leth, Karte von *Marquette* (Detail), um 1732. Die runde Form in der unteren Hälfte der Karte ist die mittelalterliche Rundbefestigung (Rondell). Es war bereits um 1630 eine Ruine und wurde im 18. Jahrhundert als Garten genutzt. Das Rondell wurde um 1800 abgerissen.

Groeneveld, Baarn

Schloss *Groeneveld* ist einer der am besten erhaltenen Amsterdamer Landsitze. Hier kommt die alte Grandeur von Haus und Garten noch zur vollen Geltung. Der umliegende Park ist ein beliebtes Wandergebiet.

Genau wie das Schloss *Keukenhof* in Lisse wurde *Groeneveld* als *kasteel* (Schloss) bezeichnet. Diese Bezeichnung ist eigentlich ungerechtfertigt, denn beides sind Amsterdamer Landsitze, die nicht aus einer »ridderhofstede« (gewissermaßen ein Rittergut) hervorgegangen sind. Sie wurden auch beide bis ins 20. Jahrhundert ganz normal als Landhaus verwendet.

Bemerkenswert ist die Form des Grundstücks, auf dem *Groeneveld* errichtet wurde. Die Breite variiert zwischen 200 und 300 m, die Länge beträgt 3,5 km. Der gesamte Park hat eine Größe von 130 ha. Bevor der Landsitz angelegt wurde, gab es hier feuchte Torfpolder. Das Haus mit den zwei Nebengebäuden ist komplett von einer Gracht umgeben und liegt auf einer langgestreckten Insel, wobei der Sandaushub der Gracht genutzt wurde, um die Ufer für eine bessere Aussicht zu erhöhen.

Das Wohnhaus

Karte von Herman Stoopendaal von *Groeneveld*, 1763. Das Haus mit unmittelbarer Umgebung ist etwas links der Mitte abgebildet, oberhalb der Vorderansicht. Westen ist hier auf der rechten Seite, wo sich das Gelände in das höher gelegene, unbebaute Gebiet, die »Wildnis«, ausbreitet.

Außerhalb der Gracht, vom Haus aus gesehen rechts, steht der Bauernhof De Ossenstal. Die Produkte dieses Hofes wurden in der Vergangenheit nur vom Besitzer, seiner Familie und seinen Gästen genutzt. Es gibt auch einen Eiskeller und einen riesigen Gemüsegarten mit Obstmauern.

Quer durch das Haus verläuft eine lange Sichtachse. Leider steht heute am östlichen Ende ein großes Mehrfamilienhaus, das die beeindruckende Wirkung der Achse beeinträchtigt.

Zwei halbkreisförmige Flügel

Als Andries Mamuchet 1696 hier ein Stück Land kaufte, tat er das, um einen Landsitz anlegen zu können. Er starb kinderlos und sein Besitz wurde an Arent van der Waeyen verkauft. Er erwies sich dabei als wahrer Kaufmann, indem er das Gut fünf Jahre später an Cornelis Hasselaer verkaufte – für den doppelten Betrag, den er dafür bezahlt hatte. Hasselaer starb recht bald nach dem Kauf, woraufhin sein Sohn Pieter Cornelis den Landsitz erbte. Dieser Kaufmann lebte jedoch auf viel zu großem Fuß und musste seinen Besitz schließlich veräußern. Er ging nach Niederländisch-Indien, um dort schließlich ein neues Vermögen aufzubauen.

Wie alle bisherigen Besitzer stammten auch die neuen Besitzer Bruno und sein Bruder Jan Lucas van der Dussen aus Amsterdam. Sie erwarben *Groeneveld* 1755 und gaben ein Vermögen für seine Verschönerung aus. Sie versahen das quadratische Hauptgebäude mit zwei halbkreisförmigen Flügeln. Runde architektonische Formen sind teuer und verleihen einem Gebäude eine ganz eigene Ausstrahlung. Die halbrunden Säle von *Groeneveld* wurden als Musikzimmer und Bibliothek eingerichtet. Der linke Flügel verfügt über Stuckarbeiten mit Musikinstrumenten, während der rechte Flügel mit meterhohen Fenstern versehen wurde, so dass Innen und Außen fast ineinander übergehen.

Bruno, seine Frau Johanna Maria Chalon und der unverheiratete Jan Lucas bewohnten diesen Landsitz. Als Bruno 1760 starb, entstand

ADRESSE

Groeneveld 2
3744 ML BAARN

www.kasteelgroeneveld.nl

Groeneveld von der rückwärtigen
Parkseite aus gesehen

sofort ein Konflikt zwischen der Witwe und ihrem Schwager über die
von beiden Brüdern jeweils in den Landsitz investierte Summe. Jan
Lucas, der niemals einem Konflikt aus dem Weg ging, brachte die
Angelegenheit vor Gericht und gewann den Prozess. Wir können davon ausgehen, dass Johanna Maria den Landsitz verlassen hat.

Ein beeindruckendes Ensemble

Nach dem Tode Jan Lucas' im Jahr 1774 wurde *Groeneveld* wieder verkauft und Pieter Cornelis Hasselaer kehrte gerade in diesem Jahr aus
Niederländisch-Indien zurück. Dort hatte er erneut ein Vermögen
erworben, so dass er die geforderten 71.000 Gulden für sein gelieb-
tes *Groeneveld* problemlos auf den Tisch legen konnte. Dieser Betrag

war doppelt so hoch wie der Betrag, den er beim Verkauf im Jahre 1755 erhalten hatte. Die Erweiterungsbauten werden diese Geldsumme aber gerechtfertigt haben. Sowohl von Hasselaers Stadthaus als auch von *Groeneveld* wurden umfangreiche Inventarlisten erstellt. So wissen wir heute, was in den einzelnen Räumen stand und somit auch, wofür die einzelnen Zimmer verwendet wurden.

Hasselaars Erben verkauften *Groeneveld* bei einer öffentlichen Versteigerung an Joan Huydecoper aus Maarsseveen. Zusammen mit dem Landschaftsarchitekten J.D. Zocher jr. legte er den Grundstein für den heutigen Landsitz: ein beeindruckendes Ensemble aus einem stattlichen Haus und einem weitläufigen Park im Landschaftsstil.

Huydecopers Witwe Johanna L. van Tets lebte hier bis zu ihrem Tod 1864. Danach kam das Anwesen durch Erbschaft in andere Familien, bis Agneta M.C. Taets van Amerongen-van Reenen das 92 ha große Anwesen im Februar 1940 an die staatliche Forstbehörde verkaufte. Ein paar Monate später begann der Zweite Weltkrieg in den Niederlanden.

Groeneveld als Künstlerwerkstatt

Berühmt ist die Zeit, in der *Groeneveld* von jungen Künstlern wie Karel Appel, Cees Nooteboom und Willem de Ridder bewohnt wurde. Sie nutzten das leerstehende Schloss als Künstlerdomizil, in dem viele Talente ein- und ausgingen. In dieser Zeit fanden auch Fern-

In der Spitze der Fassade über dem Eingang des Haupthauses von *Groeneveld* können Sie das Familienwappen der Hasselaers sehen: ein Schild mit zweiköpfigem silbernen Adler. Es ist auf beiden Seiten von Akanthusranken umgeben. Die Figuren auf dem Gesims symbolisieren Frieden und Krieg. Die Keule und der Bogen, Attribute von Kampf und Krieg, stehen dem Ölzweig und dem Palmzweig gegenüber, welche Versöhnung, Triumph und Freude symbolisieren.

sehaufzeichnungen statt. Die treibende Kraft hinter der Künstlerkolonie waren der Fotograf Joop Colson und später seine Tochter,
bis die Sache nach der Produktion eines Pornofilms entgleiste und
die staatliche Forstbehörde auf *Groeneveld* das Nationale Zentrum für Wald, Natur und Landschaft gründete. Das Ministerium
für Wirtschaft, Landwirtschaft und Innovation (EL & I) wurde der
nachfolgende Nutzer. Das Ministerium machte *Groeneveld* zu
einem Zentrum für Diskussionen und Vorträge zu Nachhaltigkeit,
Ernährung und Energie. Schloss *Groeneveld* wuchs in diesen Jahren
zu einem Landsitz für Stadt und Land heran. Das Ministerium veranlasste auch eine großangelegte, teure Renovierung. Aber just zu
der Zeit, als die Renovierungsarbeiten dem Ende entgegengingen,
wurde der Mietvertrag abrupt beendet und die Forstbehörde führte
ihr schönstes Eigentum wieder in eigener Regie.

Sehen und Erleben

Auf *Groeneveld* gibt es viel zu erleben. Im wunderschönen Park,
der in den 1980er-Jahren vom Landschaftsarchitekten Michael van
Gessel restauriert wurde, können Sie spazieren gehen und die vielen Besonderheiten dieses Landsitzes genießen. Es gibt Führungen
durch das Haus sowie eine Route durch den Garten. Mehrmals im
Jahr finden auf *Groeneveld* Konzerte statt und es gibt Dauerausstel-
lungen. Im Untergeschoss des Schlosses befindet sich ein Geschäft
mit Wanderkarten, Büchern, DVDs und CDs sowie Geschenkartikeln
für Haus und Garten.

Gastronomie

Im ehemaligen Kutscherhaus befindet sich das Grand Café Groeneveld, wo Sie an sechs Tagen in der Woche (außer montags) zwischen 11 und 17 Uhr etwas trinken oder ein Mittagessen genießen
können. Die Küche verwendet lokale Bio-Produkte. Das Grand Café
verfügt über eine geräumige Terrasse auf dem Vorplatz des Schlosses. (www.grandcafegroeneveld.nl)

Nette Orte in der Umgebung

Südlich des Haupthauses ist *Hoeve Ravenstein* (Ravensteinselaan 3,
Baarn, www.hoeveravenstein.nl) fußläufig zu erreichen. Hier können Sie eine große Auswahl an landwirtschaftlichen, glutenfreien
und regionalen Produkten kaufen. Exkursionen und Führungen werden angeboten.

Groeneveld liegt in der Nähe der 1.200 ha großen Boswachterij De Vuursche, Teil des Utrechter Heuvelrug, einer Moräne, die in
der Eiszeit entstand und heute ein langgestrecktes, leicht erhöhtes
Waldgebiet bildet. De Vuursche ist ein attraktives Rad- und Wandergebiet.

Nahe gelegener Landsitz

Soestdijk (S. 92 ff.).

STAATSBOSBEHEER (DT. DIE STAATLICHE FORSTBEHÖRDE)

Staatsbosbeheer verwaltet das grüne Erbe der Niederlande – 265.000 ha – und kümmert sich auch um den Erhalt und die Stärkung des kulturhistorischen Wertes dieser Stätten. Dies ist Teil des gesetzlichen Auftrags.

Das bedeutet, dass die Organisation sehr sorgfältig abzuwägen hat. Auf einem Landsitz bedeutet es konkret, dass der kulturhistorische Aspekt den Rahmen vorgibt und die Natur sich darin bewegen kann. Neben dem Ensemble aus Häusern und Nebengebäuden, Gärten und Parks ist auch der immaterielle Aspekt für die Forstbehörde wichtig: die Geschichte. Und bei einem Landsitz ist das stets »eine größere Geschichte«, denn der Ort und seine Siedlungshistorie haben auch Bezug zur Stadt – schließlich hatte man sie verlassen, um im Grünen zu verweilen. Von den in diesem Buch beschriebenen Landsitzen befinden sich *Groeneveld* sowie der Park von *Elswout* in Overveen bei Haarlem im Eigentum der Forstbehörde.

Einst waren die großen Landsitze der Vergnügungsplatz der städtischen Elite. Bei der staatlichen Forstbehörde gehören sie heute »allen Niederländern«, sie sind in öffentlicher Hand. Staatsbosbeheer tut alles, um sie möglichst unbeschadet an zukünftige Generationen weiterzugeben.

www.staatsbosbeheer.nl

Soestdijk, Soest

Viele Niederländer assozi-ieren *Soestdijk* mit Königin Juliana, ihrem Familienleben und den Defilés, die sie dort über viele Jahre an ihrem Geburtstag, dem 30. April, abnahm. Davor verbrachte Königinmutter Emma die Sommer hier. Nach ihrem Tod im Jahr 1934 folgte eine Phase der Öffnung. Besucher zahlten 25 Cent Eintritt für das Schloss und 50 Cent für den Garten.

Im Jahr 1937 bezogen die Jungvermählten, Prinzessin Juliana und Prinz Bernhard, das Schloss. Zuvor wurden großangelegte Um-bauarbeiten durchgeführt, darunter die Einrichtung eines Kino-saals, den die Niederländische Kinogesellschaft dem jungen Paar schenkte. Im Park wurden auf Wunsch von Juliana viele blühende Bäume, Rhododendren und Azaleen gepflanzt. Mit Unterbrechun-gen in den Jahren 1940–1945 lebte das Paar weiterhin in Soestdijk, wo beide 2004 verstarben.

Ursprünglich ein Amsterdamer Landsitz

Es ist jedoch vielen nicht bekannt, dass *Soestdijk* ursprünglich ein »normaler« Landsitz war, der um 1650 dem Amsterdamer Bürger-meister Cornelis de Graeff gehörte. Der Vormund von Prinz Wil-lem III. baute in diesem feuchten Moorgebiet an einer Dammstraße ein Gehöft: die »hofstede aan de Zoestdijck« (dt. die Hofstätte am Soestdamm). Das zentrale Haus hatte eine blockartige Form.

Statthalter Willem III.

Im Jahre 1674 verkauft Jacob de Graeff die Soester Besitztümer an Statthalter Willem III. Nach dem Katastrophenjahr 1672 hatte die-ser seine Autorität dauerhaft gefestigt und nunmehr das Bedürf-nis, dies zu unterstreichen. Unter anderem tat er das durch pres-tigeträchtige Landerwerbungen und umfassende Bauarbeiten an bestehenden Landsitzen. Es ist möglich, dass de Graeff sich nach der statthalterlosen Zeit, für die Amsterdam in besonderer Weise verantwortlich war, beim neuen Statthalter beliebt machen wollte.

Willem III. ging auf *Soestdijk* hauptsächlich auf die Jagd. Er plante zwar den Landsitz zu renovieren, aber die Zeit fehlte ihm dafür. Der Landsitz blieb nach seinem Tod 1702 in den Händen der Oranier. Die Truppen Napoleons beschlagnahmten den Landsitz und schenkten ihn dann dem niederländischen Volk, doch bald darauf wurde er vom neuen König Ludwig Napoleon in Gebrauch genommen. Nach der französischen Herrschaft zog Kronprinz Willem (der spätere König Willem II.) mit seiner Frau Anna Paulowna in *Soestdijk* ein.

Der Soester und der Baarner Flügel

Das heutige *Soestdijk* stammt aus der ersten Hälfte des 19. Jahrhun-derts. Willem und Anna Paulowna erweiterten das Gebäude mit den halbkreisförmigen Kolonnaden. Den linken Flügel nennt man Soester und den rechten Baarner Flügel. Unweit von *Soestdijk* liegt der Landsitz *Groeneveld* (S. 86 ff.), der bereits im 18. Jahrhundert mit Flügeln ausgestattet wurde. Möglicherweise führte dies zur Nachahmung auf *Soestdijk*. Tatsache ist, dass nur wenige Landsitze solche Flügel als Erweiterungsbauten bekamen. Der Garten wurde

ADRESSE

Amsterdamsestraatweg 1
3744 AA SOEST

www.paleissoestdijk.nl

Im rückwärtigen Teil von *Soest-dijk* dominiert der englische Land-schaftsstil mit u. a. einem Teich und verschiedenen Durchblicken. Der Garten wurde Anfang des 19. Jahrhunderts von Jan David Zocher sen. und jr. entworfen.

Das Erscheinungsbild des heutigen *Soestdijk* stammt aus der ersten Hälfte des 19. Jahrhunderts, als Kronprinz Willem, der spätere König Willem II., hier zusammen mit seiner Frau, der russischen Zarentochter Anna Pawlowna, einzog und die beiden halbrunden Erweiterungsflügel bauen ließ. Gemälde von J.A. Kruseman, 1839

von Jan David Zocher Jr. im englischen Landschaftsstil umgestaltet. Willem II. und Anna Paulowna nutzten *Soestdijk* als Sommerhaus. Nach dem Tod von Anna Paulowna 1865 erbte Prinz Hendrik, der Bruder König Willems III., den Besitz.

Mähen, oder nicht mähen!

Viele Anekdoten sind über das Leben der königlichen Familie in *Soestdijk* bekannt. Zum Beispiel nahm Juliana das Gemüse, das auf *Soestdijk* angebaut wurde, jedes Jahr mit in die italienische Sommerresidenz, weil sie fand, dass es am besten schmeckte. Auf Wunsch von Juliana durfte im Garten auch nicht mit Dünger gearbeitet und im Frühjahr nicht gemäht werden. Prinz Bernhard gefiel das überhaupt nicht, weil er kurz gehaltenen Rasen liebte. Der Kompromiss war, dass jedes Jahr vor seinem Geburtstag im Juni alles gemäht wurde.

Das gegenüber dem Schloss gelegene Denkmal (in Erinnerung an die Schlacht von Waterloo) befindet sich in einer mit Buchen umsäumten, zentralen Sichtachse zum Schloss. Diese Achse stammt aus der Zeit Willems III. Seit 1971 gehörte *Soestdijk* dem niederländischen Staat, der diesen Landsitz 2017 an einen Projektentwickler verkaufte, der hier unter anderem ein Hotel errichten und Events organisieren will

Sehen und erleben

Paleis Soestdijk und der Park sind freitags, samstags und sonntags für die Öffentlichkeit zugänglich. Sie erhalten eine Führung im Haus. Der Garten ist als Landschaftsgarten angelegt, mit gewundenen Alleen, Teichen, Brücken, romantischen Ansichten und schönen Baumgruppen. Schloss und Garten sind auch regelmäßig Schauplatz kultureller Veranstaltungen.

Soestdijk bekommt in naher Zukunft ein neues Konzept. Die Projektentwicklungsfirma MeyerBergman Erfgoed Ontwikkeling hat dafür den Plan Made by Holland entwickelt. Dieser Plan macht Soestdijk zu einer Plattform für die innovativen Niederlande. Mehr Informationen auf www.mbeontwikkeling.nl und www.madebyholland.nl.

Da das Schloss eine neue Funktion bekommt, ist es ratsam, die Öffnungszeiten vor Ihrem Besuch zu überprüfen.

Gastronomie

Freitags, samstags und sonntags können Sie im Restaurant Oranjerie Soestdijk eine Tasse Kaffee, ein Kaltgetränk oder eine leichte Mahlzeit genießen.

Nahe gelegener Landsitz

Groeneveld (S. 86 ff.).

Nette Orte in der Umgebung

Boswachterij De Vuursche, siehe S. 90.

Haarlem befindet sich in Kennemerland, zu jener Zeit eine beliebte Gegend für den Bau von Landsitzen. War das Land zunächst im Eigentum wohlhabender Haarlemer, so kauften im Laufe des 17. Jahrhunderts immer mehr Amsterdamer diesen Grundbesitz auf. Die Gegend war von Amsterdam aus relativ leicht erreichbar (zum Beispiel über den Kanal zwischen Amsterdam und Haarlem) und der schmale Landstreifen zwischen den Dünen und den Seen Wijkermeer und Haarlemmermeer bot wunderschöne Ansichten. Beide Seen wurden im 19. Jahrhundert trockengelegt. Im Allgemeinen sind die Landsitze hier etwas extravaganter als im Watergraafsmeer, entlang der Flüsse Amstel und Vecht.

Das Gebiet zwischen Lisse und dem Nordseekanal kann eine Reihe gut erhaltener Landsitze vorweisen, von denen einige (teilweise) zugänglich sind. *Beeckestijn* hat ein Museum, einen wunderbaren Garten und ein Café-Restaurant, *Velserbeek* hat einen schönen Garten und ein Teehaus, *Elswout* einen prächtigen Park und eine Orangerie, wo Sie (am Sonntag) etwas trinken können, auf *Leyduin* gibt es regelmäßig interessante Veranstaltungen, *Huis te Manpad* ist eingeschränkt zugänglich und bietet die Schönheit der Ruhe eines Landsitzes und auch auf *De Hartekamp* können Sie spazieren gehen.

Auffällig an dieser Region ist, dass viele Amsterdamer im 17. Jahrhundert den Haarlemern Land, Obstgärten, Wiesen und sogar (wenn auch bescheidene) Landhäuser abkauften. Offenbar gaben die Haarlemer dem »großen Geld« aus Amsterdam nach.

In der Nähe von Amsterdam, am Fluss Spaarne, liegt die Stadt Haarlem. Hier lebten im 17. Jahrhundert u. a. der Maler Frans Hals und im 15. Jahrhundert Laurens Janszn. Coster. Lange wurde angenommen, dass letzterer die Druckerpresse erfunden hätte, inzwischen aber wird Johannes Gutenberg auch in den Niederlanden als Vater des Buchdrucks anerkannt. Der junge Mozart soll während seines Aufenthalts in den Niederlanden auf der großen Orgel der beeindruckenden Grote Kerk oder St. Bavokerk gespielt haben. Neben attraktiven Ladengeschäften verfügt Haarlem über zahlreiche Höfe, die von wohlhabenden Städtern gebaut wurden, um Armen, Witwen und Waisen Wohnraum zu verschaffen.

Der Leidsetrekvaart (dt. Leidener Treidelkanal) mit Lastkahn in der Nähe von *Huis te Halfweg* bei Lisse. Die Strecke von Amsterdam nach Haarlem und weiter nach Leiden war eine wichtige Verbindung zwischen den Grachtenhäusern der reichen Kaufleute und ihren Landsitzen. Zeichnung von Samuel Ireland, zweite Hälfte 18. Jahrhundert. Aus Samuel Ireland: *A picturesque tour through Holland, made in autumn of 1789*

Links: Herrliche Entspannung an einem sonnigen Sonntag bei der Orangerie von *Elswout*, Overveen

Rechts: Ausschnitt aus einer topographischen Militärkarte, 1850–1864, mit Angabe des seinerzeit geplanten Verlaufs des Nordseekanals. Verzeichnet sind hier u. a. die noch erhaltenen Landsitze *Akerendam (1)*, *Scheijbeek (2)*, *Velserbeek (6)*, *Waterland (8)* und *Beeckestijn (9)* und die in Folge des Kanalbaus verschwundenen Landsitze *Vliet (3)*, *Wijkeroog (4)*, *Meershoef (5)* und *Meervliet (7)*.

Der Treidelkanal

Wichtig für die Entwicklung der Landsitze im Kennemerland war der Bau des Treidelkanals zwischen Haarlem und Leiden in 1656–1657. Die ersten Pläne stammten aus dem Jahre 1640, aber sie scheiterten am Widerstand von Gouda. Sowohl Gouda als auch Leiden hatten ein Interesse daran, dass die Handelsströme von Amsterdam Richtung Süden über ihre Stadt verliefen. Schließlich stand viel auf dem Spiel: Die Stadt, die die Auseinandersetzung um die Verbindungswege gewann, hatte schließlich eine solide Monopolstellung, zusätzliche Einnahmen aus Zollgebühren, Verbrauchsteuern und viel Handelsverkehr.

Als Gouda und Amsterdam 1655 beschlossen, einen Treidelkanal zwischen den beiden Städten zu bauen, schlossen sich Leiden und Haarlem zusammen, um ihre eigenen Pläne für einen solchen Kanal umzusetzen. Da bestehende Wasserwege genutzt werden konnten, wurde die Arbeit in unvorstellbar kurzer Zeit realisiert, nämlich in acht Monaten. Von Haarlem aus konnte man nun problemlos über den Haarlemer Trekvaart (dt. dem Haarlemer Treidelkanal) nach Amsterdam fahren. Übrigens wurden viele dieser Kanäle zunächst nur für den Transport von Personen, Post und Kleinpaketen genutzt. Die wirtschaftlichen Interessen, die mit den alten Routen zusammenhingen, waren dafür doch ein wenig zu groß. Zu denken ist dabei etwa an Reparaturwerften und Lieferanten von Proviant und anderen Waren.

Wijkermeer

Wegen der leichten Zugänglichkeit von der Seeseite her wurde das westliche Ufer des Wijkermeer Sees ein beliebter Ort für den Bau von Landsitzen, darunter *Beeckestijn* und *Akerendam* (kann nicht besichtigt werden). Unter normalen Wetterbedingungen gelangt man mit dem Boot in etwa zwei Stunden von Amsterdam auf diese Seite des Sees. Bis zum Bau des Nordseekanals, zwischen Amsterdam und Ijmuiden (an der Nordseeküste) im Jahr 1865, gab es entlang der Seeufers ein Band von Landsitzen. Durch den Kanal, die Trockenlegung des Wijkermeers und neue Bahnverbindungen wurde die Umgebung der Landsitze stark verändert. Dennoch gehören *Beeckestijn* und *Akerendam* nach wie vor zu den schönsten Landsitzen in der Provinz Nordholland.

HAARLEM: ÜBERNACHTUNGEN, GASTRONOMIE UND SEHENSWÜRDIGKEITEN

Alles über Unterkünfte, Restaurants und Sehenswürdigkeiten finden Sie auf www.haarlem marketing.nl.

Das Stadtzentrum von Haarlem mit zahlreichen Geschäften und Restaurants ist definitiv einen Besuch wert. Vergessen Sie nicht, einen oder mehrere der intimen Haarlemer Höfe zu besuchen. Dies sind zusammenhängende Reihen von kleinen Häusern, oft um einen Hofgarten. Die meisten wurden im 17. und 18. Jahrhundert von wohlhabenden Bürgern für die Unterbringung von Armen, Alten, Witwen und Waisen gestiftet. Im 17. Jahrhundert hatte Haarlem rund 40 Höfe, von denen 22 bis heute erhalten sind. Jeder Hof ist eine Oase der Ruhe. Die Höfe werden immer noch hauptsächlich von alleinstehenden Frauen ab 50 Jahren bewohnt. Weitere Informationen unter www.hofjesinhaarlem.nl und www.haarlemmarketing.nl.

Frans Hals ist zusammen mit Rembrandt einer der berühmtesten holländischen Maler des 17. Jahrhunderts. Ersterer ist untrennbar mit Haarlem verbunden. Alles über ihn und seine Gemälde erfahren Sie im Frans-Hals-Museum (www.franshalsmuseum.nl/en).

Teylers Museum ist das erste und älteste Museum in den Niederlanden. Es wurde 1784 eröffnet, zu einer Zeit, als Wissenschaftler und Künstler die ganze Welt entdecken und katalogisieren wollten. Bis weit in das 20. Jahrhundert hinein wurden in den Laboren des Teylers Museums wissenschaftliche Experimente durchgeführt. Der älteste Teil des Gebäudes hat sich seit der Eröffnung nicht verändert und strahlt eine ganz besondere Atmosphäre aus. www.teylers museum.nl/de/

Ein ganz anderes Museum widmet sich einem typisch niederländischen Thema: dem Kampf gegen das Wasser, in diesem Fall die Trockenlegung des Haarlemmermeeres, eines großen Binnensees, der sich bis Mitte des 19. Jahrhunderts zwischen Amsterdam, Haarlem und Leiden erstreckte. Im Haarlemmermeermusem Cruquius erfahren Sie alles über diesen enorm großen Polder, der Mitte des 19. Jahrhunderts mit dampfgetriebenen Pumpen trockengelegt wurde. www.haarlemmermeermuseum.nl/en

Welgelegen, Haarlem

Der Sitz der Provinzregierung von Nordholland befindet sich auf einem Landsitz, der Ende des 18. Jahrhunderts im Besitz eines »merchant prince« war. Henry Hope umgab sich hier mit allem, was er schön fand.

Welgelegen wurde zwischen 1785 und 1789 an der Nordseite des Haarlemer Waldes errichtet und vom wohlhabenden und einflussreichen Amsterdamer Bankier Henry Hope in Auftrag gegeben. Der Name des Landsitzes wurde von einem gleichnamigen Bauernhof übernommen, der dem Neubau weichen musste.

Vom Bankier Hope und seiner Familie (er war das jüngste von elf Kindern) ist viel zu erzählen. Zu dieser Zeit besaß seine Familie den große Landsitz *Groenendaal en Bosbeek* in Heemstede und Schloss *Nederhorst den Berg*. Der unermessliche Reichtum entstand aus der Kombination von Handelsaktivitäten und Geldverleih. Zeitgenossen charakterisieren Henry Hope als einen sensiblen, intelligenten Kaufmann mit einem ausgezeichneten Geschmack für Kunst und Kultur. Mit *Welgelegen* erhielt sein Wunsch eine konkrete Form, sich mit allem zu umgeben, was ihn in seinem Leben faszinierte oder inspirierte. Er war das, was die Engländer einen »merchant prince«, einen Handelsherrn nennen.

Ein finanzielles Genie

Seine Kunstsammlung war im In- und Ausland bekannt, und um die Sammlung optimal auszustellen, entschloss er sich zum Bau von *Welgelegen*. Ursprünglich stammte die Hope-Familie aus Schottland, von wo aus sie im 16. Jahrhundert mit Frankreich und den Niederlanden handelte. Archibald Hope wurde 1664 in der schottischen Kirche von Rotterdam getauft. In dieser Stadt gab es seit jeher einen lebhaften Schottland-Handel. Im Jahre 1694 heiratete er Anna Claus. Ihr Vater hatte in Amsterdam als Knopfmacher ein Vermögen gemacht. Nach Höhen und Tiefen im Handelsgeschäft landete ihr Sohn Henry in Boston, wo er ein erfolgreiches Handels-

Welgelegen 1825 (kolorierter Kupferstich, 30 x 42 cm). Die hier gezeigte Sichtachse ging weiter in den öffentlich zugänglichen Haarlemer Wald.

ADRESSE

Dreef 3
2012 HR HAARLEM

www.noord-holland.nl/welgelegen

haus aufbaute. Dort wurde 1730 sein Sohn geboren, der ebenfalls Henry hieß und der spätere Erbauer von *Welgelegen* war.

Nach einer vorwiegend englischen Jugend wurde er 1762 in die Handelsgesellschaft seiner Onkel Thomas und Adriaan Hope aufgenommen. Er entwickelte sich schnell zum talentierten und schließlich tonangebenden Miteigentümer. Er besaß ein geniales Gespür in Bezug auf Finanzgeschäfte. So schaffte er es, die russische Zarin Katharina die Große zu Krediten in Höhe von mehr als 53 Millionen Gulden zu verführen. Für ihn ein lukratives Geschäft. Seine Beteiligung an der russischen Staatsfinanzierung verlieh russischen Staatsanleihen sogar noch bis 1917 ein gewisses Maß an Verlässlichkeit. Er lebte in Amsterdam an der Keizersgracht, in der Nähe des Molenpad. Im benachbarten Gebäude hatte die Firma Hope & Co ihren Sitz. Aufgrund der Bedrohung durch das revolutionäre Frankreich wich Henry Hope 1794 nach London aus. Seine enorme Kunstsammlung wurde ebenfalls nach England verschifft. Er war ein ausgesprochener Orangist (Anhänger der Oranier-Partei), sagenhaft reich, und finanzierte die Feinde Frankreichs. Grund genug zur Flucht vor den Franzosen. Als er 1811 starb, hinterließ Henry Hope ein Vermögen von mehr als 14 Millionen Gulden. Interessanterweise fand der Bau von *Welgelegen* in einer unsicheren Zeit statt, in der die sozialen Spannungen zwischen den Oraniern und den Patrioten zunahmen.

Eine öffentliche Sichtachse auf Kosten von Hope

Weil die Hofstätte *Welgelegen* direkt gegenüber des Haarlemer Waldes lag und Hope zwischen 1780 und 1785 die kleineren Landsitze *Ouden Hout* und *Hout en Baan* erwarb, bezog er auch den Wald in

Welgelegen

Zwei Figuren auf der Dachbalustrade

Detail des ehemaligen Musiksalons, heute der Sitzungssaal des Provinzparlaments. Ludwig Napoleon nutzte diesen Saal als Privatkapelle.

die Gestaltung des neuen Landsitzes ein. Es schien, als sei dieser Wald Teil des neuen Landsitzes. Hope erhielt von der Stadtregierung die Erlaubnis, in diesem öffentlichen Wald Sichtachsen anzulegen, sofern dies auf seine Kosten geschehe. Entwurf und Gestaltung stammten vom Gartenarchitekten Johann Georg Michael, der bereits einen entscheidenden Einfluss auf die Realisierung des Landschaftsgartens von *Beeckestijn* (Velsen) gehabt hatte. Aufgrund seiner Lage in der Nähe der Spaarne und des Leidener Treidelkanals war *Welgelegen* mit dem Boot von Amsterdam aus leicht erreichbar.

Museum Welgelegen

Noch vor Fertigstellung des Hauses zog das neue Gebäude bereits große Aufmerksamkeit auf sich. Das neoklassizistische Design war extrem revolutionär und *Welgelegen* gehört nach wie vor zu den wichtigsten Baudenkmälern in den Niederlanden. Über die Planungsphase ist leider wenig bekannt und es sind keine Baupläne erhalten geblieben. Im Jahr 1788 besuchte Thomas Jefferson – einer der Gründungsväter der Vereinigten Staaten und zu dieser Zeit US-amerikanischer Botschafter in Frankreich – die Baustelle. Er schrieb: »Es wird gesagt, dieses Haus werde vier Tonnen Silber kosten, oder vierzigtausend Pfund Sterling.« Außerdem äußerte sich Jefferson ausführlich zur bemerkenswerten Gestaltung des Hauses. Die Zeitgenossen stellten sich die Frage, was Hope nur mit derart vielen Zimmern und Sälen anfangen wollte. Man verstand zunächst nicht, dass hier eigentlich ein Museum gebaut wurde.

Bei der Gestaltung und Einrichtung spielte auch die Repräsentation eine Rolle: Gäste wurden auf hohem Niveau empfangen! Ein Highlight war hierbei die prachtvolle Musikhalle (heute das »Blaue Zimmer«). Gerade wegen der Betonung von Repräsentation und Zeremoniell könnte man es auch als »Palast Welgelegen« bezeichnen. Zur Zeit von Ludwig Napoleon wurde *Welgelegen* als »königlicher Pavillon« bezeichnet.

Welgelegen als Kriegsbeute

Im Jahr 1807 kommt *Welgelegen* in den Besitz von Henrys Adoptivsohn John William Hope, der den mit großer Sorgfalt eingerichteten und vielgeliebten Landsitz seines sehr anti-französischen Stiefvaters nur ein Jahr später an König Ludwig Napoleon verkaufte, inklusive zahlreicher Möbel. Der König kam jedoch selten hierher und nach seinem Fortgang aus den Niederlanden wurde *Welgelegen* Eigentum der französischen Krone und blieb zunächst unbewohnt. Nach der französischen Besatzungszeit erwarb der niederländische Staat *Welgelegen* und stellte es der Mutter von König Wilhelm I., Wilhelmina von Preußen, zur Verfügung, die hier bis zu ihrem Tod im Jahr 1820 viele Sommer verbrachte. Von 1827 bis 1923 fungierte *Welgelegen* als Museum. So war hier bis 1885 das Museum für »Lebende Niederländische Meister« untergebracht. Seit 1930 dient das Gebäude als Sitz der Regierung der Provinz Nordholland.

Sehen und erleben

Welgelegen fungiert als Sitz der Provinzregierung und ist an Werktagen während der Bürozeiten geöffnet. Sie können sich dann die Ausstellung zeitgenössischer Kunst anschauen oder mit der historischen Ausstellung weiter in die Geschichte des Gebäudes und seiner ehemaligen Bewohner eintauchen. Gruppenbesuche sind auf Anfrage möglich (Besichtigung des Pavillons und der Repräsentationsräume). Der Garten hinter dem Provinzhaus ist frei zugänglich.

Nette Orte in der Umgebung, Gastronomie

Das Haarlemmerhout (dt. der Haarlemer Wald), der Stadtwald von Haarlem, ist gegenüber von *Welgelegen*. Sie finden unter anderem einen Streichelzoo und ein Pfannkuchenhaus (Nurks in de Hout). In diesem Parkwald gibt es auch zahlreiche Skulpturen zu sehen. Viele haben einen Bezug zur niederländischen Literaturgeschichte.

Oben: Im zentralen Treppenhaus befinden sich drei große Gemälde, die Guy Head (1753–1800) für Henry Hope anfertigte. Es sind Kopien von Werken von Guido Reni und Annibale Carracci, darunter auch die Hochzeit von Bacchus und Ariadne. Die Arbeiten sind Maßanfertigungen, so dass sie in den Rahmen passten. Dies sind die einzigen Gemälde aus der Hope-Sammlung, die noch auf *Welgelegen* zu sehen sind. Nach Henrys Tod in London versteigerte die Familie sein Hab und Gut.

Rechts: Dieser junge Apoll ist eine der zwölf Statuen, die Francesco Righetti im Auftrag von Henry Hope für sein Landhaus *Welgelegen* anfertigte. Es waren alles Bleikopien berühmter klassischer Statuen und sie waren ursprünglich weiß bemalt, um ihren Vorbildern aus Marmor zu gleichen.

Musik in der Orangerie von Elswout.

Elswout, Overveen

Über die früheste Geschichte von *Elswout* ist nur wenig bekannt. Bekannt ist, dass das erste Haus wie eine klassische römische Villa ausgesehen haben muss. Das Haus war von einem Wassergraben umgeben, mit Gartenmauern ausgestattet und hatte einen tiefergelegenen Garten, in dem zahlreiche klassische Statuen aufgestellt waren. Dieser Architekturstil entsprach dem Interesse der intellektuellen Elite in der Zeit der jungen Republik. Man interessierte sich für jedwede künstlerische Ausdrucksform aus Italien. So zahlte man auf den Auktionen in Amsterdam oft astronomische Beträge für Gemälde italienischer Herkunft.

Großes Interesse bestand auch an architektonischen Traktaten von italienischen Architekten wie Giacomo Vignola, Palladio und Vicenzo Scamozzi. Diese hatten sich ihrerseits ausgiebig mit den Schriften und Bauten des römischen Architekten Vitruv befasst. Die Architekten der Renaissance betrachteten ihn als ihren großen Inspirator und in ganz Europa folgte man den Abhandlungen zur klassischen Architektur, die sich an seinem Werk orientierten. Amsterdam spielte bei dieser Internationalisierung eine herausragende

Elswout ist einer der schönsten Landsitze der Niederlande, mit einem herrschaftlichen Torhaus, einer beeindruckenden Auffahrt, verblüffenden Staffagebauten, einem prächtigen Park mit verschiedenen Höhenniveaus, einer Orangerie und einem prachtvollen Haupthaus.

Gemälde von *Elswout* aus der Vogelperspektive (um 1665) von Jan van der Heyden (1637–1712) Deutlich sichtbar ist, dass das Haus durch den Sandabbau in der Umgebung leicht erhöht steht.

Blick auf eine kleine Brücke im Park von *Elswout* (1779) und eine ähnliche Brücke heute (rechts)

Rolle. Die reichen und baufreudigen Kaufleute lasen diese Bücher aber auch selbst. Sie bezogen daraus ihre eigene Inspiration für die Entwürfe ihrer Landsitze. Es ist bekannt, dass die in Schweden lebenden Familien de Geer und Trip innerhalb und außerhalb Stockholms zahlreiche Gebäude entwerfen ließen, bei denen man die klassische sowie die holländische Architektur zum Vorbild nahm.

Insolvenzen durch den Ersten Englisch-Niederländischen Krieg

Carl du Moulin war der erste Besitzer von *Elswout*. Dieser Name tritt erstmals 1659 in Erscheinung, ein paar Jahre nachdem er den Landsitz notgedrungen verkaufen musste. Du Moulin stammte aus einer flämisch-lutherischen Familie. Er verdiente sein Vermögen mit dem Handel mit Russland, wo er auch lange lebte. Seit 1631 wohnte er in Haarlem. Es wird vermutet, dass der berühmte Architekt Jacob van Campen und möglicherweise auch Pieter Post am Bau von *Elswout* beteiligt waren.

Beide waren von italienischer Architektur beeinflusst. Das Design des ersten *Elswout* wies auch einige Ähnlichkeiten mit dem Landsitz *Randerbroek* bei Amersfoort auf, das van Campen gehörte.

ADRESSE

Elswoutslaan 20
2051 AE Overveen

www.staatsbosbeheer.nl

Als die Republik in den Ersten Englisch-Niederländischen Krieg (1652–1654) verstrickt wurde, kostete er vielen Kaufleuten ihr Vermögen, einschließlich du Moulin.

Gabriel Marselis kaufte *Elswout* aus der Insolvenzmasse. Dieser Remonstrant (Mitglied einer protestantischen Religionsgemeinschaft in den Niederlanden) vergrößerte das Anwesen beträchtlich und erwarb mit dem Kauf auch gleichzeitig die bereits bestehende und lukrative Konzession zum Sandabbau für Amsterdam. Der Ausbau des Amsterdamer Grachtengürtels im 17. Jahrhundert, für den große Mengen Sand benötigt wurden, trug zur allmählichen Veränderung des Landschaftsbildes hinter der Küste bei, etwa in Het Gooi und in 's-Graveland. Wegen des Sandabbaus liegt das Haus *Elswout* an einer Böschung.

Elswout als Touristenattraktion des 17. Jahrhunderts

Gabriel Marselis gewann seinen Reichtum mit Eisenminen und Kupferhandel in Schweden und Russland. In Aarhus in Dänemark besaß er viel Land und einer seiner Söhne lebte dort auf einem Landsitz mit dem Namen *Marselisborg*. Heute nutzt die dänische Königsfamilie es als Sommerresidenz.

In dieser Zeit muss *Elswout* bereits ein bedeutender Landsitz gewesen sein, denn 1660 ist hier kein geringerer als der neunjährige Prinz Willem III. zu Besuch. Danach wird der Landsitz zu einer beliebten Touristenattraktion. Ausländische Reisende besuchen *Elswout* gerne, wie auch das *Huis Honselersdijk* bei Den Haag. Die Popularität von *Elswout* dürfte auch die Existenz einiger Gemälde und Drucke erklären, die von diesem Landsitz gemacht wurden. Auf dem Gemälde von Jan van der Heyden sind die klassischen Formen von Haus und Garten gut erkennbar.

Schweizer Brücken

Im Jahr 1781 gelangte *Elswout* in die Hände von Jacob Boreel, einem hohen Beamten der Admiralität in Amsterdam. Er ließ das nahe gelegene hügelartige Dünengebiet erschließen und einen Garten im Landschaftsstil errichten. Rustikale »Schweizer« Brücken führen über die Täler hinweg, ein runder Tempel erhebt sich als Blickfang im Park und eine Einsiedelei soll das Interesse des Spaziergängers wecken. Der Entwurf stammt wahrscheinlich vom bekannten Landschaftsarchitekten Johann Georg Michael.

Eigentümer wider Willen

Auch im 19. Jahrhundert änderte sich das Erscheinungsbild von *Elswout* oft und tiefgreifend. Im Jahr 1805 wurde *Elswout* Eigentum des Maklers und Bankiers Willem Borski. Er engagierte den Architekten Bartholomeus Ziesenis, der wenige Jahre später das Amsterdamer Rathaus am Dam-Platz zum königlichen Palast für König Ludwig Napoleon umgestaltete. Auf *Elswout* fügte er dem Haus eine zusätzliche Etage hinzu und Hendrik van Zutphen überarbeitete den Park. Nach dem Tode von Willem Borski im Jahr 1814 wurde seine Witwe Johanna Borski-van de Velde zum Familienoberhaupt. Diese talentierte Geschäftsfrau entwickelte sich, mit Hilfe ihres Prokuristen Willem Stoop, zur reichsten Frau in den Niederlanden. Ihr Unternehmen spielte eine wichtige Rolle bei der Gründung und Finanzierung von De Nederlandsche Bank, der niederländischen Zentralbank, sowie von Investmentgesellschaften, wie etwa der 1806 gegründeten Associatie Cassa (die spätere Kas-Associatie).

Johannas Enkel, Willem Borski III., ließ ein neues Haus errichten. Nach Fertigstellung des Baukörpers starb Borski jedoch und das Projekt wurde auf Eis gelegt. Der Gartenplan blieb ebenfalls weitgehend unrealisiert. Die noch heute bestehende majestätische Orangerie (die größte in den Niederlanden) und ein Bauernhof in Form eines Schweizer Chalets wurden dagegen noch fertiggestellt. Das Ganze wurde Borskis Schwester Anna van der Vliet-Borski übertragen. Sie hatte allerdings gerade ein Haus in der Nähe von Duinlust gebaut und interessierte sich kaum für das neue Haus auf *Elswout*. Um es bewohnt erscheinen zu lassen, ließ sie Gardinen auf die Fensterscheiben malen. Bis heute ist das Haus nie wirklich bewohnt worden. Während des Zweiten Weltkriegs nutzte die Wehrmacht das

Haus als Funküberwachungszentrum. Danach war hier lange Zeit eine Schule untergebracht.

1970 erwarb der niederländische Staat *Elswout* von der Gemeinde Bloemendaal, überließ aber die Pflege des Landsitzes dem Staatsbosbeheer, der staatlichen Forstbehörde. Zwischen 2004 und 2014 wurde das Landhaus von einem neuen Besitzer restauriert und renoviert, teilweise auf der Grundlage der Entwürfe von 1882–1884 von Constantijn Muysken. Heute sind hier Büros untergebracht. Das 85 ha große Landgut ist Eigentum des Staatsbosbeheer.

Sehen und Erleben

Zu *Elswout* gehört ein außergewöhnlich schöner Park im englischen Landschaftsstil. Unmittelbar nachdem *Elswout* 1781 Eigentum von Jacob Boreel wurde, veranlasste er den Entwurf für einen neuen

Blick in die Kuppel der Haupthalle
im Haupthaus

Park in diesem Stil, denn dies war die Gartenform, die man Ende des 18. Jahrhunderts haben musste, um in den höheren Kreisen anerkannt zu sein: verschlungene Pfade, viel Grün mit Lichtungen durchsetzt, Pavillons, Staffagebauten und überraschende Ansichten. Boreel ließ tiefe Teiche ausheben. Das gewonnene Sandmaterial ließ er zu enormen Hügeln mit steilen Hängen modellieren, zwischen denen Bäche flossen. Es kann alles nach wie vor angeschaut und erlebt werden. Das Haupthaus dient als Bürogebäude und ist nicht öffentlich zugänglich.

Gastronomie

Das Restaurant Orangerie Elswout befindet sich in der ehemaligen Orangerie. Es wird hauptsächlich als Veranstaltungs- und Tagungsstätte genutzt, ist aber sonntags für die Öffentlichkeit zugänglich (www.orangerie-elswout.nl).

Unmittelbar westlich von *Elswout* liegt Kraantje Lek mit einem Spielplatz (www.kraantjelek.nl). Direkt hinter Kraantje Lek betreten Sie das Dünengebiet Nationalpark Zuid-Kennemerland. Mit einer Fläche von 3.800 ha ist es eines der weitläufigsten Dünengebiete in den Niederlanden. Hier können Sie wunderbar wandern und Rad fahren (www.np-zuidkennemerland.nl/de). Auf dem niederländischen Teil der Website finden Sie eine Broschüre über Landsitze in der Region westlich von Haarlem.

Gabriel Marselis und seine Frau Maria van Arckel,
gemalt von Bartholomeus van der Helst (1655)

Das neugotische Gartenhaus,
eines der vielen Follies und
Häuser auf *Elswout*

Duin en Kruidberg, Santpoort-Noord

Die Oranier waren im 17. Jahrhundert Großgrundbesitzer, auch im holländischen Küstenstreifen. Um Den Haag besaßen sie verschiedene Landsitze, von denen *Huis Honselersdijk* wohl der schönste war. Der Lustgarten erstreckte sich bis zur Küste und in die Einrichtung von Haus und Garten wurde viel Geld investiert. 1682 kaufte König-Statthalter Willem III. die Hofstelle *Kruidberg* bei Santpoort.

Kruidberg war seit 1644 im Besitz von Amsterdamer Kaufmannsfamilien. In dieser unberührten Gegend, die sich gut für die Jagd eignete, erhoben sich zahlreiche Landgüter. Dies gab der Region den Namen »holländisches Arkadien«. Willem III. erwarb *De Kruidberg* aus dem Nachlass des verstorbenen Besitzers Daniel Jean Bernard und dessen Tante Sophia Trip. Beide besaßen große Handelsunternehmen in Amsterdam und zählten zu den einflussreichsten Kaufmannsfamilien. 1677 kauften sie *De Kruidberg* dem Amsterdamer Kaufmann Balthasar Coymans ab, der es mit gutem Geschmack und viel Geld zu einem der schönsten Landsitze der Gegend machte.

Princenbosch

Nach dem Erwerb durch Willem III. nannten Einheimische das Anwesen bald *Princenbosch* (dt. Prinzenwald). Willem plante, hier ein neues, großes Jagdschloss zu errichten. Sein plötzlicher Tod 1702 vereitelte diesen Plan. Er starb übrigens an einer Lungenentzündung, die wiederum eine Komplikation infolge eines Schlüsselbeinbruchs nach einem Sturz vom Pferd war. Das Pferd war über einen Maulwurfshaufen gestolpert. Über Willems Erbe kommt es zu langanhaltenden Konflikten. Der englische Thron, seine Familie in Friesland, die Generalstaaten und zahlreiche deutsche Cousins und Cousinen erhoben Ansprüche. Am Ende fiel *De Kruidberg* 1732 an den niederländischen Staat, der beinahe ein Jahrhundert lang Eigentümer blieb und es vermietete (und verfallen ließ).

Nordseekanal

Als Mitte des 19. Jahrhunderts *De Kruidberg* und der Landsitz *Duin en Berg* zusammengelegt wurden, folgte der Abriss eines Großteils des Herrenhauses auf *De Kruidberg*. Die neue Zeit hielt Einzug, wodurch diese Region viel von ihrer ursprünglichen Schönheit verlor, zum Beispiel durch den Bau des Nordseekanals, bei dem die breiten Dünen in der Nähe von Velsen abgetragen und zahlreiche Landsitze in diesem Gebiet abgerissen wurden. Auch in *Duin und Kruidberg* kam es zu einigen Veränderungen. So mussten ein imposanter Obstgarten und ein Teich dem Bau der Eisenbahnlinie Haarlem-Beverwijk weichen und wegen des Baus neuer Straßen durch dieses Gebiet ist das jahrhundertealte Kompliment »holländisches Arkadien« heute nicht mehr zutreffend.

ADRESSE

Duin en Kruidbergerweg 60
2071 LE Sandpoort-Noord

www.duin-kruidberg.nl/de

Themse

Duin en Kruidberg

Im Jahr 1895 kaufte der Kolonialminister und Direktor der Niederländischen Handelsgesellschaft (NHM), Jacob Theodoor Cremer,
das Land. Er beauftragte die Architekten Johan Nieukerken und
seine Söhne Adrianus und Johan, ein neues Landhaus zu bauen, das
zwischen 1907 und 1909 fertiggestellt wurde: das heutige Haus. Der
Entwurf dieser Architekten war im niederländischen Renaissancestil gehalten. In Amsterdam bauten sie u. a. das Königliche Tropen-
institut an der Mauritskade. Zu jener Zeit war es üblich, dass Architekten auch die Gestaltung des Interieurs übernahmen, was auch in
Duin en Kruidberg geschah. Auf der Rückseite von *Duin en Kruidberg*
entstand ein Wasserlauf, der beim Haus recht breit begann und auf
der anderen Seite hinter einigen Büschen spitz zulief. Dies geht auf
eine Bitte der Frau von Cremer, Annie Hogan, zurück, die in England
in der Nähe der Themse geboren wurde. Bei diesem Haus wollte sie
gerne einen Wasserlauf sehen, der sie an ihre glückliche Kindheit
erinnern sollte.

    Nach 1942 wurde das Haus mehrmals unterschiedlich genutzt.
So wurde daraus ein Ferienhaus für Mitarbeiter des NHM und der
Nachfolgeorganisation ABN. Im Jahr 1975 wurde ein großer Teil des
Landes Eigentum des Vereins Naturmonumente. Die Großbank ABN
AMRO richtete die Villa 1994 als Tagungsstätte ein. Dafür wurden
ein unterirdischer Erweiterungsbau realisiert und im Jahr 2000 ein
neuer Hotelflügel errichtet. Seit 2002 steht *Duin en Kruidberg* auch
Privatgästen offen.

Die Ruine von *Brederode*

KULTUR UND NATUR

Jede Provinz in den Nieder-
landen hat einen Land-
schaftsverband. In den
Provinzen Nordholland und
Südholland sind dies die Land-
schap Noord-Holland bzw.
Zuid-Hollands Landschap.
Diese Organisationen be-
fassen sich nicht nur mit dem
Naturschutz, sondern unter-
halten auch kulturhistorische
Objekte in den von ihnen
verwalteten Gebieten. In
Nordholland ist *Leyduin* (siehe
S. 127 ff.) ein gutes Beispiel
dafür, in Südholland sind es
Warmond und *Berbice* (siehe
S. 243 ff. und 271 ff.).

**WEITERE
INFORMATIONEN:**

www.landschapnoord
holland.nl

www.zuidhollands
landschap.nl

Sehen und Erleben

Duin en Kruidberg liegt am Rande des Nationalparks Zuid-Kennemerland. Der Wanderweg Duin en Kruidberg führt vom Landgut
zum Strand und zum Meer. Entlang des Weges werden Sie Relikte
aus der Zeit der Landhäuser wie den Eiskeller und romantische Alleen entdecken. Von *Duin en Kruidberg* selbst werden auch Spaziergänge in Kombination mit einem Nachmittagstee organisiert. Es ist
zudem ein offizieller Ort für Eheschließungen. Bisweilen finden hier
auch Konzerte oder Messen statt.

Hotellerie und Gastronomie

Landgoed Duin & Kruidberg verfügt über 75 Hotelzimmer, die sich
auf das alte Haus und den neuen Flügel verteilen. Es gibt verschiedene Arten von Zimmern, von Luxus-Suiten bis hin zu Familienzim-
mern. Man kann auch verschiedene Pakete buchen.

An Sommertagen können Sie auf der wunderbaren Terrasse hinter dem Haupthaus mit Blick auf das Wasser zu Mittag essen. Die
anderen Restaurants sind: De Vrienden van Jacob (www.devrienden-
vanjacob.nl) und Brasserie & Loungebar Denk (www.brasseriedenk.
nl), beide befinden sich im Hauptgebäude.

Nette Orte in der Nähe

In der Nähe befindet sich die Ruine von *Brederode*, imposante Überreste einer Burg aus dem 13. Jahrhundert. Sie wurde von Willem van
Brederode gebaut, dem Nachkommen einer mächtigen Familie, die
im späten Mittelalter und der Frühen Neuzeit in der niederländischen Geschichte eine bedeutende Rolle spielte. Bei der Belagerung
von Haarlem im Jahr 1573 wurde die Burg von den Spaniern zerstört.
Seitdem ist sie eine Ruine, allerdings keine verwaiste Ruine, sondern
eine lebendige, denn es gibt hier regelmäßig Veranstaltungen, von
mittelalterlichen Reenactments bis zu Kaffeekonzerten.
www.ruinevanbrederode.nl

Beeckestijn, Velsen-Zuid

Die Geschichte dieses Landsitzes beginnt im 17. Jahrhundert mit der bäuerlichen Hofstelle der Familie Beeckestijn am See Wijkermeer. Zu Beginn des 18. Jahrhunderts erhielt das Ehepaar Jan Trip jr. und Petronella van Hoorn das Anwesen als Geschenk des Vaters des Bräutigams, Jan Trip sr., der selbst auf *Berkenrode* in Heemstede lebte. Die neuen Eigentümer ließen das Haus vollständig umbauen. Ausführender Bauunternehmer war Jan van der Streng aus Amsterdam.

Bevor das Paar Trip-Van Hoorn nach Beverwijk zog, verbrachte es die Sommer auf der Hofstelle *Woestduin* in der Nähe von Heemstede. Die Entscheidung, *Beeckestijn* einzubeziehen, könnte auf den Wunsch nach einem repräsentativeren Landbesitz zurückzuführen sein. Möglicherweise spielte auch die Anwesenheit vieler Familienmitglieder in der Umgebung eine Rolle. Gerrit Corver, ein Schwager, sowie dessen Bruder Joan waren Nachbarn zur Linken und zur Rechten. Durch das Zusammenleben in der Nachbarschaft konnte man sich im Sommer oft und einfach treffen, ohne weit reisen zu müssen.

Die charakteristische Fassade im Stil des französischen Hochbarock, die vom Allianzwappen Trip-Van Hoorn gekrönt wird, stammt aus dieser Zeit, genau wie die beiden Spielhäuser in der Mauer auf dem Vorplatz. Von dort aus muss der Schiffsverkehr auf dem Wijkermeer deutlich sichtbar gewesen sein, während man Kaffee oder Tee trank und sich angeregt über vorbeifahrende Reisende und den Schiffsverkehr unterhielt. Trip ließ zur Linken und zur Rechten des Haupthauses eine Orangerie bzw. ein Kutscherhaus errichten. Damit erhielt *Beeckestijn* ein für diese Zeit typisches Erscheinungsbild.

Van Logteren, Vater und Sohn: Große, aber unbekannte Künstler

Der Stukkateur und Bildhauer Ignatius van Logteren entwarf 1717–1718 für *Beeckestijn* die komplette Dekoration. Er lieferte viele wunderbare figurative Stuckarbeiten, darunter zwei lebensgroße weibliche Figuren, die die gegensätzlichen Luxuria und Temperantia darstellen. Sie bekamen einen Ehrenplatz in der Haupthalle des Haupthauses, wo sie noch heute zu sehen sind. Die Plastiken werden die Eigentümer und ihre Besucher ständig daran erinnert haben, dass das Leben kurz ist, dass Wohlstand vorübergehend sein kann und dass Mäßigung (Temperantia) eine Tugend ist – im Gegensatz zur Wollust (Luxuria). Aufgrund dieser zufriedenstellenden Ausführung stand van Logteren nun die Tür in die Welt der Amsterdamer Auftraggeber offen. Jan Trip jr. war sein erster Mäzen.

Ignatius und später sein Sohn Jan van Logteren waren talentierte Künstler, die sich mit anderen prominenten Künstlern ihrer Zeit, wie etwa Daniel Marot, Jean-Baptiste Xavery und Jacob de Wit, messen

Beeckestijn ist gut erhalten geblieben und bietet Ihnen einen guten Eindruck von der Einheit, die Haus und Garten auf vielen Landsitzen bildeten. Der Garten ist ein wunderbares Beispiel für den Übergang von der streng geometrischen Konstruktion hin zu landschaftsbildenden Formen. Sie können hier spazieren gehen und das Museum besuchen.

ADRESSE

Rijksweg 134
1981 LD Velsen-Zuid

www.buitenplaats
beeckestijn.nl

www.vriendenvan
beeckestijn.nl

www.beeckestijn.nl

www.hendrickdekeyser.nl

konnten. Mit der Arbeit für *Beeckestijn* begann eine Periode, in der sie die Amsterdamer Stadthäuser ihres wachsenden Kundenkreises mit dekorativen Stuckarbeiten, Plastiken und Sandstein-Statuen, gestalteten Fassaden, Treppendekorationen und anderen architektonischen Zierornamenten versahen. Für die gleichen Kunden dekorierten sie auch zahlreiche Landsitze. Beide Künstler starben jung an Staublungen, da sie ständig mit Sandstein arbeiteten. Werke von Ignatius van Logteren sind u. a. auf dem Landsitz *Frankendael* in Amsterdam und von Jan van Logteren im *Huis te Manpad* in Heemstede zu sehen.

Das Aufkommen von Landschaftsgärten

Die heute leicht hervorspringenden Seitenflügel wurden 1755 im Auftrag von Jacob Boreel realisiert, der auch den Park anlegen ließ. Er gilt als der bedeutendste Eigentümer in der Geschichte dieses Landsitzes, den er 1742, nach dem Tod von Jan Trip erwarb. Aufgrund seiner vielen Leitungspositionen wurde er sehr wohlhabend. Im nach wie vor beeindruckenden Garten tauchen recht unterschiedliche Stilmerkmale auf. Von der geometrischen Gartengestaltung, die noch aus dem 17. Jahrhundert stammt, blieb eine lange, auf den

Spiegelteich ausgerichtete Sichtachse erhalten. Im 18. Jahrhundert experimentierte man mit dem englischen Landschaftsstil. Diese romantische Gestaltungsform zeichnet sich u. a. durch mäandernde Wege und waldgesäumte Wiesen mit natürlich wirkenden Ansichten aus. Verantwortlich für die Gestaltung zeichnete der Deutsche Johann Georg Michael (1738–1800), der hier als Gärtner lebte und arbeitete. Wahrscheinlich war dies in der Tat der erste Landschaftsgarten in den Niederlanden.

Die Entstehung und die Beliebtheit von Landschaftsgärten auf Landsitzen sollten nicht getrennt von wirtschaftlichen Faktoren betrachtet werden. Die Anlage und Pflege der geometrischen Gärten des 17. und 18. Jahrhunderts waren aufgrund der Teiche, der Blumenbeete und Dutzender Hecken, die jährlich mehrmals zurückgeschnitten werden mussten, sehr arbeitsaufwendig und daher teuer. In Landschaftsgärten wurden natürliche Elemente in die Gestaltung einbezogen, die weniger Pflege erforderten, so dass Personal eingespart werden konnte. Es ist denkbar, dass die Eigentümer der Landsitze bei ihrer Entscheidung zum Landschaftsgarten, neben der Mode und dem sich ändernden Geschmack, auch Kosteneinsparungen berücksichtigten.

Des Weiteren sehen Sie auf *Beeckestijn* eine sich schlängelnde Mauer (die einen Kräutergarten umschließt), eine »Berceau« (einen Laubbogengang), die längste Eichenallee Europas (entlang der Nordseite des Gartens) und schöne Gartenfiguren. Von den ursprünglichen Nebengebäuden ist nur das neugotische Kapellenhaus

Der Stukkateur und Bildhauer Ignatius van Logteren entwarf 1717–1718 die komplette Dekoration für *Beeckestijn*, einschließlich dieser Deckengestaltung.

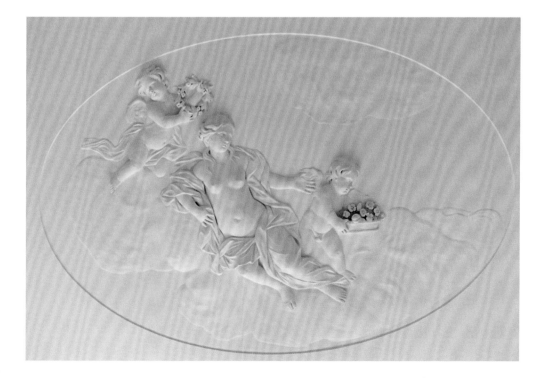

Der Garten von *Beeckestijn* im Jahre 1772, gezeichnet von Johann Georg Michael. Der Unterschied zwischen den geometrischen Gartenanlagen und dem Landschaftsgarten ist deutlich erkennbar. Wer heutzutage durch *Beeckestijn* geht, kann diesen Unterschied noch erleben.

erhalten. Das Gärtnerhaus, eine Einsiedelei, die Menagerie und die Orangerie sind verschwunden.

Gefährdet und wieder hergestellt

Die Landsitze *Waterland* und *Beeckestijn* wurden vom 1865 gegrabenen Noordseekanal verschont. Auch *Scheijbeek*, *Akerendam* und *Velserbeek* überstanden diese Infrastrukturmaßname. Durch den Bau der Wasserstraße verschwanden u. a. die Landsitze *Watervliet*, *Meerestein*, *Wijkeroog*, *Meershoef* und *Meervliet*.

Während des Zweiten Weltkriegs wurde *Beeckestijn* von der deutschen Wehrmacht beschlagnahmt. Im jahrhundertealten Park wurden jetzt Bunker gebaut und das Haus und die Nebengebäude in grünen Tarnfarben gestrichen. Die wenig liebevolle Nutzung führte nach 1945 zum Verfall, wobei Vandalismus, Lecks in der Wasserleitung und das Wetter ihr Übriges taten. 1952 übernahm die Gemeinde Velsen den Landsitz von der Familie Boreel, die *Beeckestijn* mehr als zwei Jahrhunderte lang besessen hatte. In den 60er-Jahren fand eine Restaurierung statt, bei der der Bunker in der Nähe des Hauses unter Sand verschwand. Wie auch beim Landsitz *Nijenburg* in Heiloo ist der Verein Hendrick de Keyser geschäftsführender Eigentümer der denkmalgeschützten Gebäude. Der Verein Naturmonumente pflegt heute den Park und den Wald.

Sehen und erleben

Sowohl das Haus als auch der Garten von *Beeckestijn* sind öffentlich zugänglich. Das Ganze ist gut erhalten geblieben und bietet Ihnen einen guten Eindruck von der Einheit, die Haus und Garten auf vielen Landsitzen bildeten. Am besten, Sie flanieren hier einfach nach Lust und Laune. Es sind allerdings auch Wanderrouten ausgezeichnet.

Das Museum im Haupthaus enthält einige schöne historische Räume und konzentriert sich hauptsächlich auf moderne Kunst. Es ist von Donnerstag bis Sonntag von 11 Uhr bis 16 Uhr geöffnet. Die Gärten sind permanent offen.

Gastronomie

In der Brasserie Beeckestijn in der ehemaligen Orangerie können Sie eine Tasse Kaffee oder ein Mittagessen genießen. (www.brasserie-beeckestijn.nl)

Nette Orte in der Umgebung

Das alte Dorf Velsen-Zuid am Nordseekanal mit der Engelmundus-Kirche aus dem 12. Jahrhundert ist nur einen kurzen Spaziergang entfernt. Das kleine Dorf zählt nicht weniger als 60 denkmalgeschützte Gebäude.

Nach etwa 10 Minuten Fahrtzeit kommen Sie zum Erholungsgebiet Spaarnwoude. Dies ist ein 3.000 ha großer grüner Puffer zwischen Haarlem, Amsterdam und Velsen. In einem Gebiet mit breiten Poldern und Wäldern können Sie Rad fahren, wandern, schwimmen, aber auch klettern, Golf spielen, Ski und Kanu fahren. Darüber hinaus gibt es jährlich eine große Anzahl von Veranstaltungen. www.spaarnwoude.nl

Radfahren

Die Radtour »Landsitze in der IJmond-Region« führt Sie u. a. nach *Beeckestijn, Akerendam, Marquette* und *Assumburg*. www.vvvijmuidenaanzee.nl/de (Suchen Sie nach »Landsitze«).

Nahe gelegener Landsitz

Velserbeek (S. 122 ff.).

BEISPIELBÜCHER FÜR DEN BESITZER

Das Buch *Het Zegepralent Kennemerland*, das 1728/29 veröffentlicht wurde, war eine wichtige Inspiration für den Bau der Gärten der Landsitze. Dieses Buch enthält einhundert Kupferstiche und Beschreibungen von Landsitzen im Kennemerland.

Andere Bücher dienten ebenfalls als Quelle der Inspiration. So gab etwa Gijsbert van Laar seit 1802 eine Schriftenreihe heraus, welche die Leser abonnieren konnten. In diesen Büchern finden sich alle Arten von Baubeispielen. Wenn jemand einen chinesischen Tempel bauen wollte, einen Triumphbogen, Brückengeländer, eine Grabkapelle oder gar seinen kompletten Garten neu organisieren wollte, dann bot van Laar eine Lösung. Van Laar wiederum bezog seine Inspiration aus ähnlichen, vorwiegend ausländischen Publikationen. Auf diese Weise führte er auch europäische Modeerscheinungen in den Niederlanden ein.

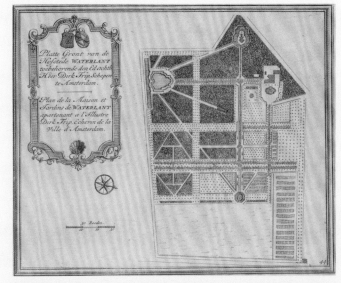

Hendrik de Leth, Karte des Landsitzes *Waterland* bei *Beeckestijn* aus dem Buch *Zegepralent Kennemerland* (um 1730)

Velserbeek, Velsen-Zuid

Viele Einwohner von Velsen machen sonntags gerne einen Spaziergang auf *Velserbeek*, trinken eine Tasse Tee und lassen die Kinder auf dem Spielplatz toben. Weniger bekannt ist, dass die Fußball-Nationalmannschaft Uruguays diesem Landsitz nationale Berühmtheit verschaffte.

Bereits im 16. Jahrhundert gab es auf dem Gelände des späteren *Velserbeek* ein Gehöft mit einem Obstgarten. Jeremia van Collen (auch bekannt als van Keulen) ist der erste Amsterdamer, der 1639 mit dieser Hofstelle in Verbindung gebracht werden kann. Er erweiterte das Anwesen beträchtlich und legte einen geometrischen Garten an. Seine Familie kam ursprünglich aus Deutschland, das man aus religiösen Gründen verließ. Nachdem er sich in Amsterdam niedergelassen hatte, konzentrierte sich van Collens auf den Handel mit Spanien, Italien und dem Westen. Jeremia war dabei allerdings nicht sehr erfolgreich. 1668 war er bankrott und er und seine Familie (mit 15 Kindern) gerieten in finanzielle Schwierigkeiten. *Velserbeek* musste verkauft werden, um die Gläubiger zu befriedigen.

Auch der folgende Eigentümer, Hendrik Tersmitten, hatte Wurzeln im Ausland. Mit der Aufhebung des Edikts von Nantes wurden die Protestanten in Frankreich geächtet, woraufhin sein Vater nach Amsterdam auswanderte. Hendrik kaufte *Velserbeek* im Jahr 1699 und sein gleichnamiger Sohn erweiterte das Anwesen im Jahr 1742 durch die Verschmelzung mit dem benachbarten Landhaus *'s-Gravenlust*.

Ein dritter Ausländer

Auch ein dritter Besitzer aus Amsterdam stand für den kosmopolitischen Charakter dieser Stadt. Sein Name war Johann Goll, er stammte aus Frankfurt und war sehr reich. Aus wirtschaftlichen Gründen ließ er sich 1750 als Bürger von Amsterdam registrieren. Dieser Kaufmann und Bankier erbrachte Finanzdienstleistungen,

Velserbeek, 1793, mit allerlei Geflügel im Vordergrund, zweifellos Teil der Menagerie

Velserbeek heute

unter anderem für die österreichische Regierung. Aus diesem Grund
verlieh ihm Kaiserin Maria Theresia einen Adelstitel, woraufhin die
Familie den Zusatz »van Franckenstein« hinter ihren Namen setzte.
1781 übernahm Johann *Velserbeek* von seiner Tochter. In der Folge
wurden weder Kosten noch Mühe gescheut, um den Landsitz zu verschönern.

Ein Trinkhäuschen und eine Kunstsammlung

Im Garten gab es allerlei Arten von Gebäuden, zum Beispiel einen chinesischen Pavillon, ein sog. Geneverhäuschen (ein Minia-
tur-Gasthaus, wo Wacholderschnaps getrunken wurde), eine Einsiedelei und eine Menagerie für Golls Sammlung exotischer Tiere.
Die Kunstsammlung von Goll van Franckenstein (hauptsächlich
Zeichnungen holländischer Meister zum Thema Landschaften) war
zu jener Zeit weithin bekannt und weckte großes, internationales
Interesse an *Velserbeek*.

Sein Sohn Johann erbte den Landsitz 1785 und verwandelte den
Garten in einen Landschaftspark. So ließ er verschlungene Pfade
anlegen, die durch ein sanft hügliges Terrain führten, sowie einen
mäandernden Wasserlauf, der von rustikalen Brücken überspannt
wurde und, durch unterschiedlichen Böschungsbewuchs, einem natürlichen Flusslauf glich. Der Wanderer wurde dabei immer wieder
mit Staffagebauten konfrontiert, die den Blick auf sich zogen.

ADRESSE

Velserbeek 1
1981 LA Velsen-Zuid

Das Geneverhäuschen
(Jeneverhuisje)

Das Ehepaar Tuyll van Serooskerken-Willink, das *Velserbeek* 1835 kaufte, ließ den Park vom Landschaftsarchitekten Jan David Zocher jr. umgestalten. Außerdem ließ man ein Wildgehege vor dem Haus anlegen, so dass die alte Sichtachse verloren ging und das Haus eine neue Ausrichtung und einen neuen Eingang bekam (der aktuelle, in Richtung Parkweg). Die Tuylls ließen im Park auch seltene Baumarten anpflanzen. In der Mitte des 19. Jahrhunderts galt *Velserbeek* als der schönste Landsitz in der Region. Der Bau des Nordseekanals sowie der Bau der Eisenbahnlinien hatte Folgen für die Landgüter in diesem Gebiet. Katastrophal war der Bau der Eisenbahnlinie Haarlem-Beverwijk, die den Landsitz 1867 in zwei Hälften teilte.

Uruguay verhilft Velserbeek zu Ruhm

Im Jahr 1918 geriet *Velserbeek* in die Hände zweier Fabrikanten, die dort eine Fabrik errichten wollten. Das Unternehmen sollte aus dem Erlös des Holzverkaufs finanziert werden, nachdem alle Bäume auf dem Landsitz gefällt worden wären. Durch den Erlass eines kompletten Verbots zum Fällen der Bäume wurde dieser Plan jedoch von der Gemeinde vereitelt. 1924 übernahm sie schließlich den Landsitz. Das Gelände wurde teilweise als öffentlicher Park ausgewiesen. Ein anderer Teil wurde für den Bau einer Wohnsiedlung verwendet. Das Haupthaus vermietete man an einen Hotelbetreiber, der sehr von den Olympischen Spielen 1928 profitierte: Auf *Velserbeek* quartierte sich die Fußballnationalmannschaft Uruguays ein, die bei den Spielen Olympiasieger wurde. Dies kam dem Bekanntheitsgrad des Hotels sehr zugute.

In den 30er-Jahren wurde die Orangerie zur Teestube umgebaut, es wurden Tennisplätze und eine Menagerie mit exotischen Tieren

sowie ein Wildtiergehege, ein Musikpavillon, eine Voliere, ein chinesischer Pavillon, ein Spielplatz und ein Streichelzoo errichtet. Kurz gesagt: *Velserbeek* wurde für die Öffentlichkeit hergerichtet.

Nach dem Zweiten Weltkrieg richtete die Gemeinde hier ihre Abteilung für den öffentlichen Baudienst ein. Seit 1995 wird das Hauptgebäude von einer Anwaltskanzlei genutzt.

Detail einer Ansicht von *Velserbeek* von Hermanus Numan, 1797. Zu sehen sind eine Kutsche mit vier Pferden und die Begrüßung vor dem Haupthaus.

Sehen und erleben

In *Velserbeek* können Sie spazieren gehen und die Gestaltung des Parks aus dem späten 18. Jahrhundert genießen. Der chinesische Pavillon, eine Kopie des alten Trinkhäuschens, sowie das Wildtiergehege sind nach wie vor vorhanden. Kinder werden sich über den Streichelzoo und den Spielplatz freuen. Das Haupthaus wird als Bürogebäude genutzt und ist nicht für Besucher zugänglich.

Auch heute noch können Sie die Sinnesfreuden von *Velserbeek* genießen. Es ist eine wunderbare Gegend zum Wandern und Entspannen.

Gastronomie

In der ehemaligen Orangerie befindet sich De Theeschenkerij. Das Lokal bietet auch Möglichkeiten für Hochzeiten, Partyabende, Buffets und dergleichen (www.theeschenkerij.org).

Nette Orte in der Umgebung

Siehe *Beeckestijn* (S. 115 ff.). *Velserbeek* ist nicht weit von IJmuiden aan Zee entfernt, wo es einen breiten Sandstrand und einen Yachthafen gibt. Nähere Informationen darüber, was hier alles zu sehen und zu erleben ist, finden Sie auf der Website des Tourismusbüros: www.vvvijmuidenaanzee.nl/de.

Nahe gelegener Landsitz

Beeckestijn (S. 115 ff.).

»OBERGÄRTNER«

Der Gemüsegarten war traditionell die Domäne des »Tuinbaas« (zu Deutsch etwa der »Gartenchef« oder »Obergärtner«) und seiner Knechte. Der Obergärtner konsultierte die Hausherrin, was in einem Jahr angebaut werden sollte. Zusammen mit seinen Leuten kümmerte er sich um den Park mit seinen Blumenbeeten, dem lebendigen Inventar, wie den Hühnern, Hasen und Gänsen. Auch die Pflege der Sammlung tropischer Pflanzen wurde (und ist) ihm anvertraut. Diese werden im Winter auch heute noch in Orangerien untergebracht. Der Obergärtner konnte sich oft bei der Gestaltung und dem Bau von Blumenbeeten selbst verwirklichen. Es ist bekannt, dass es manchmal einen erbitterten Wettstreit zwischen den verschiedenen Landsitzen gab, welcher das schönste Blumenbeet geschaffen hatte. Von besonderer Schönheit müssen Blumenbeete des 19. Jahrhunderts gewesen sein, die oft aus kombinierten Sammlungen

Ein Obergärtner inmitten des Reichtums aus dem Gemüsegarten und der Orangerie. Im Vordergrund links eine Ananas

von Sukkulenten und einjährigen Pflanzen bestanden. Die Sukkulenten hielten sich über Jahre und wurden im Winter in der Orangerie untergebracht. Der Obergärtner bestimmte auch den Zeitpunkt der Ernte und stimmte mit der Küche des Hauses ab, wann der Überschuss an Gemüse zum Einmachen geliefert werden sollte.

In den Niederlanden gibt es heute sogar eine Gilde der »tuinbazen«, der Obergärtner, mit über hundert Mitgliedern, die alle auf niederländischen Landsitzen arbeiten (siehe www.gildevantuinbazen.nl).

Leyduin, Vogelenzang

Leyduin (auf der Lee-Seite, also der dem Wind abgewandten Seite der Dünen) liegt in einer abwechslungsreichen und alten Wald- und Dünenlandschaft. Park und Wald besitzen zahlreiche Elemente, die die goldene Zeit der Landsitze verkörpern. Es gibt eine Kaskade, wo Quellwasser über eine »Treppe« nach unten fließt (die Leybeek, ein alter Bachlauf in den Dünen), ein wunderschön restauriertes Belvedere (obwohl der Blick mittlerweile durch die hohen Bäume versperrt ist), Follies, einen alten Eiskeller, ein monumentales Kutscherhaus und schließlich Reste einer »vinkenbaan«, einer Einrichtung für den Fang von Singvögeln. Sogar eine Pferderennbahn ist erhalten geblieben.

Leyduin ist ein Landsitz von großem natürlichen und kulturellen Reichtum. Hier sind viele Elemente erhalten geblieben, die traditionell zu einem Landsitz gehören. Dank seines öffentlichen Charakters ist *Leyduin* einfach zu besuchen.

Das vor ein paar Jahren restaurierte Belvedere auf *Leyduin*

ADRESSE

2de Leijweg 1
2114 BG VOGELENZANG

www.landschapnoord
holland.nl

Zwischen 1717 und 1804 gehörte *Leyduin* der Familie van Loon. In Amsterdam besitzt die Familie ein großes Haus an der Keizersgracht, in dem sich heute das Museum Van Loon befindet. Hier können Sie sich einen guten Eindruck davon machen, wie früher in einem Amsterdamer Grachtenhaus gelebt wurde.

Die Verwaltung des Landsitzes liegt in den Händen der Landschaft Nordholland. Diese Organisation versucht, in *Leyduin* Natur und Kultur in Einklang zu bringen. Ein lebendiger Teil ist der Bio-Gemüsegarten der Stiftung De Nieuwe Akker. Freiwillige der Stiftung produzieren wöchentlich frisches Gemüse, Kräuter, Früchte und Blumen für ihre Teilnehmer. In der Vergangenheit waren fast alle Landsitze mit einem Gemüsegarten ausgestattet. Auch Schlösser deckten den eigenen Bedarf oft aus einem Nutzgarten, der als Küchengarten (nl. »Keukenhof«) bezeichnet wurde.

Ein Bruder und zwei Schwestern entspannen sich auf *Leyduin*

Die Geschichte von *Leyduin* beginnt 1630, als der Bürgermeister von Haarlem, Gerard van Teylingen, hier einen Landsitz bauen ließ, dessen Haus bis 1803 erhalten blieb. Im Jahr 1657 wurde der Leidener Treidelkanal angelegt, wodurch *Leyduin* mit dem Boot von Amsterdam aus erreichbar wurde.

Es dauerte jedoch bis 1698, bis sich hier der erste Amsterdamer niederließ. Dies war Johan Romswinckel, der durch den Handel mit Russland reich geworden war. Allerdings tauschte er *Leyduin* 1717 für den prestigeträchtigeren Landsitz *Elswout* in der Nähe von Overveen.

Nach seinem Verkauf kam das Anwesen in die Hände von Nicolaas van Loon, der hier zusammen mit seinen zwei unverheirateten Schwestern Emerentia und Cornelia die Sommer verbrachte. Diese wohlhabende Familie behielt *Leyduin* 80 Jahre lang in ihrem Besitz und gab große Summen aus, um es zu erweitern und zu verschönern. In Amsterdam besitzt die Familie nach wie vor das Gebäude an der Keizersgracht 672, das heutige Museum Van Loon, wo Sie sich einen Eindruck vom früheren Leben in einem Amsterdamer Grachtenhaus verschaffen können. Das Haus auf *Leyduin* wurde 1804 abgerissen. Wie es ausgesehen haben mag, ist leider nicht bekannt.

Das Haus einer Jungfer

Mit der Übernahme von *Leyduin* 1805 durch David van Lennep trat diese Familie in die Geschichte des Landsitzes. Van Lennep war ein persönlicher Freund von König Ludwig Napoleon, der wie er die landwirtschaftliche Erneuerung förderte. Van Lennep baut *Leyduin* fortwährend aus, um mit dem Anbau von beispielsweise Kartoffeln zu experimentieren. Nach dem Tod seines Vaters erbte er zusammen mit seinem älteren Halbbruder Jacob 1813 auch das nahe gelegene *Huis te Manpad*, das er als Sommersitz nutzte. Erst 1874 entstand in *Leyduin* ein neues Haupthaus.

In *Leyduin* gibt es seit Anfang des 19. Jahrhunderts auch ein sogenanntes Zwillingshaus. Zu welchem Zweck dieses Holzhaus mit zwei identischen Giebeln errichtet wurde, ist nicht bekannt. Zu jener Zeit wurde es von einer Schwägerin von van Lennep zusammen mit ihrer Schwester bewohnt. Vielleicht ist dies der Grund, warum das Haus »Het Juffershuis« (dt. das Jungfernhaus) genannt wurde. Seit 2017 wird es als Gastronomie genutzt.

Die van Lenneps besaßen mehrere Landsitze im südlichen Kennemerland und besuchten einander hier regelmäßig. Rechts, an die Säule gelehnt, Henrick Samuel van Lennep, der 1874 das Haus *Leyduin* errichten ließ, dessen Veranda auf diesem Bild zu sehen ist.

Weibliche Streitkräfte

Im Jahr 1921 erwarben Petrus Dorhout Mees und seine Frau *Leyduin*. Sie ließen durch den Architekten Andries A. de Maaker an anderer Stelle ein neues Landhaus im historisierenden Stil bauen, das heutige Haupthaus. De Maaker baute in gleichem Stil auch die Villa auf dem Landsitz *Vinkenduin*, der 1919 von *Leyduin* abgetrennt wurde. Sein Archiv ist verloren gegangen, so dass nur wenig über diesen Architekten sicher bekannt ist.

Die Eheleute Dorhout Mees mit ihren fünf Kindern waren die letzten privaten Bewohner auf *Leyduin*. Während des Zweiten Weltkriegs wurde das Haus von den Deutschen beschlagnahmt; eine Tochter von Dorhout Mees zog infolgedessen ins Jungfernhaus um. Von 1948 bis 1951 mietete die Marine-Frauenabteilung (MARVA) das Haupthaus und richtete hier ein Ausbildungsinstitut ein (die Idee, den Streitkräften weibliche Hilfstruppen zur Seite zu stellen, kam ursprünglich aus England). Danach wurde das Haus als Internat für Mädchen genutzt, die eine hauswirtschaftliche Ausbildung machten, und als Residenz für Gefängniswärter des Haarlemer Kuppelgefängnisses. Zu dieser Zeit war die Provinz Nordholland bereits Eigentümerin (1962). Die Familie Dorhout Mees stellte beim Verkauf die Bedingung, dass *Leyduin* für weitere 15 Jahre als Landsitz bestehen bleiben sollte.

Im Jahr 1963 wurde das Anwesen für die Allgemeinheit geöffnet. Es wurden Parkplätze angelegt und Wege asphaltiert. 1997 übernahm die Landschaft Nordholland die Leitung, verbunden mit der

Im ehemaligen Gemüsegarten von *Leyduin* wurde vor einigen Jahren ein Bio-Garten der Stiftung De Nieuwe Akker eingerichtet. Spender der Stiftung können hier unter anderem Saisongemüse kaufen.

Aufgabe, das Zusammenspiel von Natur und Kultur zu bewahren und wiederherzustellen sowie diese Qualitäten einem breiten Publikum sichtbar zu machen.

Leyduin ist ein aktiver Landsitz und organisiert regelmäßig Veranstaltungen und Tage der offenen Tür.

Sehen und erleben
Das Haus auf *Leyduin* ist regelmäßig geöffnet und wird für Ausstellungen sowie für öffentliche und private Veranstaltungen genutzt. Wald und Park auf dem Gelände sind frei zugänglich und es gibt mehrere Wanderwege. Auf dem Parkplatz finden Sie ein kleines Besucherzentrum (De Kakelye), wo Sie mehr über *Leyduin* erfahren können.

Wenn Sie hier spazieren gehen, vergessen Sie nicht, sich das Belvedere anzusehen, die Leybeek (also den Bach) und den Bio-Gemüsegarten (www.denieuweakker.nl).

Gastronomie und Übernachtung
Im 2017 restaurierten Jungfernhaus befindet sich die Gasterij Leyduin. Hier können Sie etwas trinken, zu Mittag essen und im Bed & Breakfast übernachten (www.gasterijleyduin.nl).

Nahe gelegener Landsitz
Huis te Manpad (S. 132 ff.).

Huis te Manpad, Heemstede

Das *Huis te Manpad* ist ein Beispiel für einen gut erhaltenen Landsitz aus dem 18. Jahrhundert: Haus und Garten bilden eine schöne Einheit. Hier wurde auch die Amsterdamer Dünenwasser-Gesellschaft aus der Taufe gehoben.

Die Wurzeln des Landsitzes reichen bis ins 16. Jahrhundert zurück. Zu jener Zeit gab es hier das (mittlerweile verschwundene) Gehöft *Klein Manpad*. Dieses Haus, von dem man nur wenig weiß, stand an einer ungepflasterten Straße, die heute Manpadslaan heißt. Es wurde 1675 abgerissen. Der Wanderweg schlängelte sich vom Herenweg in die Dünen hinein. Zu jener Zeit wurde ein unbefestigter Pfad auch als Mannpfad bezeichnet, womit der Name dieses Landsitzes interpretiert werden kann (nl. Manpad/ dt. Mannpfad).

Bartholomeus van der Helst besucht *Huis te Manpad*

Genau wie im nahe gelegenen *Hartekamp* kaufte auch hier ein Amsterdamer Kaufmann, Cornelis Mattheuszn. Heuts, Land und errichtet zwischen 1634 und 1640 einen Landsitz. Seine Frau war Hester du Pire. Sie ist verwandt mit dem Amsterdamer Maler Bartholomeus van der Helst, der mit ihrer Cousine Anna du Pire verheiratet war. Man kann sich somit leicht vorstellen, dass dieser große Maler *Huis te Manpad* oft besuchte.

Nach dem Tod der Witwe du Pire verkauften die Erben *Huis te Manpad* 1666 an Daniel Lestevenon. Er machte sein Vermögen mit dem Handel nach Spanien. Kurz nach dem Kauf starb der neue Besitzer. Offenbar warf die Witwe aber nicht die Flinte ins Korn, denn zwei Jahre später kaufte sie auch das Gehöft *Klein Manpad* und fügte die beiden Landsitze für immer zusammen.

Die längste Schlangenmauer Europas

In der Geschichte von *Huis te Manpad* sind einige Jahreszahlen wichtig. Im Jahr 1721 begann der neue Besitzer Wigbolt Slicher jr. mit einer großangelegten Renovierung von Haus und Garten. Im Garten ließ er eine 240 m lange Schlangenmauer mit tiefen Fundamenten sowie noch weitere Obstmauern anlegen. Nirgendwo in Europa gibt es eine ähnliche Mauer dieser Länge. Außerdem wurden eine Orangerie und eine Menagerie gebaut. Zu dieser Zeit entstand auch die lange Sichtachse zum Leidener Kanal, die heute noch erhalten ist. Slicher jr. könnte sich dabei von seinem Nachbarn Clifford, der auf *De Hartekamp* lebte, inspiriert haben lassen.

Ein echtes Husarenstück war, das Fundament des Hauses mechanisch um etwa einen Meter zu erhöhen, damit die neu konstruierte Sichtachse in der Beletage besser zur Geltung kam. Auf diese Weise gewann man auch noch einen zusätzlichen Keller mit Küchenbereichen und Lagerraum. Auch der Grundriss des Hauses änderte sich mit einer neuen Treppe. Diese Renovierung bestimmte weitgehend das Aussehen von *Huis te Manpad*, wie wir es heute kennen. Genau wie Lestevenon erlebte auch Slicher jr. aufgrund seines frühen Todes nicht mehr, wie sich die Renovierungen auswirkten.

Auf diesem Bild erkennen Sie die Sichtachse, die gewissermaßen durch das Haus hindurchführt. Das Foto zeigt auch die Einheit, die Haus und Garten zusammen bilden.

ADRESSE

Herenweg 9
2105 MB HEEMSTEDE

www.huistemanpad.nl

Seine noch jugendliche Witwe Bregitta Rendorp setzte die Arbeiten fort. Was Rendorp tat, war nicht außergewöhnlich. Zu jener Zeit leiteten mehrere Frauen Bauprojekte. So baute Margaretha Turnor, zusammen mit einem Amsterdamer Baumeister, Schloss *Amerongen* wieder auf, nachdem die Franzosen es 1673 zerstört hatten und ihr Ehemann als Diplomat lange Zeit im Ausland war.

Die van Lennep-Familie
Mit dem Kauf im Jahr 1767 durch David van Lennep trat nunmehr diese Familie in die Geschichte von *Huis te Manpad* ein. Der Landsitz sollte bis 1953 über diverse Erbgänge in Familienbesitz bleiben.

David erweiterte das Haupthaus auf der Rückseite um ein Drittel. Dies schaffte mehrere neue Räume, darunter ein Esszimmer, das auch für repräsentative Empfänge verwendet wurde. Für den Saal bestellte er sechs dekorative Wandgemälde vom erfolgreichen Amsterdamer Wandmaler Jurriaan Andriessen. Die Malereien haben noch immer ihren ursprünglichen Platz im *Huis te Manpad*. Es handelt sich dabei jeweils um arkadische Darstellungen.

Auch der Schriftsteller und Politiker Jacob van Lennep verbrachte hier einen Teil seiner Jugend, erbte den Landsitz aber nicht. Im Jahr 1860, mit dem Tod seiner Stiefmutter Anna C. van Lennep-Van de Poll, ging der Landsitz an seinen Halbbruder Aernout van Lennep.

Amsterdam bekommt Wasser aus den Dünen

Dem *Huis te Manpad* verdankt Amsterdam eine wesentliche Verbesserung der Lebensqualität. Denn von hier ging die Gründung der Amsterdamer Dünenwasser-Gesellschaft aus. Noch 1848 wütete in Amsterdam eine Cholera-Epidemie, aber auch viele andere lebensbedrohliche Krankheiten traten in der überfüllten Stadt auf, teilweise aufgrund des schlechten Trinkwassers. Man sagt, Jacob van Lennep auf dem *Huis te Manpad* hätte die Idee entwickelt, Amsterdam mit sauberem Dünenwasser zu versorgen. Er wusste, dass London bereits ein solches System besaß. Nach einem erfolglosen Versuch, Geld für den Bau eines 20 km langen Rohrsystems zu sam-

Die Schlangenmauer des *Huis te Manpad* ist die längste in Europa. Wenn die Sonne in die geschwungenen Bögen der Mauer scheint, entsteht ein warmes Mikroklima – ideal für Spalierobst.
Unten: Die Mauer von oben

DUIN-WATERLEIDING.

COMMISSARISSEN en DIRECTEUREN der DUIN-WATER-MAATSCHAPPIJ berigten bij deze, dat zij, uit aanmerking der tijdsomstandigheden, besloten hebben

HET DUINWATER

tijdelijk verkrijgbaar te stellen, dagelijks, te beginnen met MAANDAG 12 DECEMBER e. k., van des morgens acht tot des namiddags vier ure, aan de Fontein buiten de Willemspoort alhier, tegen betaling van

EEN CENT PER EMMER.

Niemand zal meer dan Twee Emmers te gelijk kunnen bekomen.

Amsterdam, 9 December 1853.

Commissarissen en Directeuren der Duinwater-Maatschappij,

ARTHUR R. ADAMS,   J. VAN LENNEP,
Commissaris.   *Voorzitter.*
                        J. C. JÄGER,
                        Secretaris.

NB. Er wordt geen Geld gewisseld.

Sauberes Trinkwasser für Amsterdam stammt aus dem Dünengebiet hinter den Landsitzen im südlichen Kennemerland.

SECHS SPINDELN HEBEN EIN GANZES HAUS AN

Nicht nur *Huis te Manpad*, sondern auch *Scheijbeek* in Beverwijk und *Over-Holland* an der Vecht in Breukelen wurden »aufgebockt«. Bei *Huis te Manpad* wurden das gesamte Gesims und das Dach zur Vorbereitung auf die Anhebung des Gebäudes entfernt, einschließlich aller Schornsteine bis zu den Pfetten. Außerdem wurden das alte Treppenhaus abgebrochen, alles Blei und alle Türzargen aus dem Gebäude entfernt und die Marmorplatten aus den Böden gehoben. Somit mussten die Arbeiter nur noch vier aufrechte Mauern und einige Holzböden anheben. Nach dem »Entkernen« des Hauses ging man mit sechs großen Spindeln zu Werke. Nachdem das Haus manuell um einen Meter angehoben wurde, wurden möglichst alle entfernten Teile wieder in die Konstruktion eingesetzt.

meln, waren es schließlich englische Investoren, die das Projekt 1851 anschoben, und so konnte die Amsterdamer Dünenwasser-Gesellschaft gegründet werden.

Das Wasser fließt von der Oranjekom in den Dünen über die Leybeek durch den Landsitz *Leyduin* zur noch bestehenden Dampfpumpstation am Leidener Kanal. Mit hohem Druck wurde das Dünenwasser durch die Rohre gepumpt, so dass am 12. Dezember 1853 die Fontäne des Brunnens an der Amsterdamer Haarlemerpoort zu springen begann und sich die Amsterdamer sauberes Frischwasser für »einen Cent pro Eimer« holen konnten. Seither ist es in der Hauptstadt der Niederlande kaum mehr zu stark ansteckenden Epidemien gekommen.

Sehen und erleben

Im *Huis te Manpad* können Sie einen Rundgang durch den Park machen (1. Feb. bis 15. Okt., Sa 10.00 Uhr, 1. Feb. bis 31. Mai auch Di 14.00 Uhr). Während des Spaziergangs werden Sie von diesem gut erhaltenen Landsitz, der insbesondere im 18. Jahrhundert seine heutige Form erhalten hat, zweifellos beeindruckt sein. Die Figuren im Park drücken dem *Huis te Manpad* einen besonderen Stempel auf. Den ganzen Frühling über blühen hier zahlreiche Stinsenpflanzen, darunter Blausterne, Buschwindröschen, Primeln, Eisenhut und der Knöllchen-Steinbrech, der hier als »Haarlemer Glockenspiel« kultiviert vorkommt. Aus der einheimischen Flora ist das Große Springkraut eine charakteristische Pflanze. Auch Orchideen gedeihen auf *Huis te Manpad*. Auf der Obstanbauwiese des ehemaligen Küchengartens, mit Spalierobst und vielen hoch- und niederstämmigen Obstbäumen, steht ein Gewächshaus mit Weinreben, darunter ein hundertjähriger Weinstock (Frankenthaler). Eine Käfigkonstruktion verhindert, dass die Vögel von den Beeren naschen, darunter Johannisbeeren, japanische Weinbeeren und Erdbeeren. Während der Rundwanderung sehen Sie auch die 240 m lange Schlangenmauer, die längste in Europa.

Das Haupthaus, das Kutscherhaus und die Orangerie werden privat bewohnt und sind für die Öffentlichkeit nicht zugänglich.

Nette Orte in der Nachbarschaft

Schräg gegenüber dem *Huis te Manpad*, etwas nördlich, liegt *Groenendaal*, ein Überbleibsel des ehemaligen Landsitzes *Bosbeek-Groenendaal*. Im ehemaligen Kutscherhaus befindet sich das Restaurant Landgoed Groenendaal (www.landgoedgroenendaal.nl). Für die Kinder gibt es (gleich in der Nähe) einen Spielplatz (www.speeltueringoenendaal.nl) und einen Streichelzoo (www.kinderboerderijheemstede.nl).

Der Spielplatz Linnaeushof (www.linnaeushof.nl/en) befindet sich schräg gegenüber von *De Hartekamp*, 10 Minuten weiter in Richtung Bennebroek. Mit mehr als 350 (mechanischen) Spielgeräten und Attraktionen ist es der größte Spielplatz in Europa.

Gastronomie

Pannenkoekenhuis De Konijnenberg befindet sich ca. 750 m nach Norden am Herenweg. Hier können Sie eine typisch holländische Leckerei ganz neu kennenlernen (www.dekonijnenberg.nl), Restaurant Landgoed Groenendaal (siehe S. 136).

Nahe gelegene Landsitze

De Hartekamp und *Leyduin* (S. 138 ff. und 127 ff.).

Bei einem Spaziergang durch die Gärten von *Huis te Manpad* kommen Sie auch an der Menagerie aus dem 18. Jahrhundert vorbei.

Im Jahr 2014 wurden die Gartenskulpturen von *Huis te Manpad* restauriert. Sie wurden vom Bildhauer und Stuckkünstler Jan van Logteren geschaffen. Wie sein Vater Ignatius arbeitete er viel für wohlhabende Amsterdamer Kaufleute und dekorierte sowohl ihre Häuser in der Stadt als auch ihre Landsitze. Hier eine Darstellung von Bacchus, am Beginn der Sichtachse.

De Hartekamp, Heemstede

Schräg gegenüber dem Landsitz *De Hartekamp* spielen jedes Jahr während der Sommermonate Tausende Kinder auf dem größten Spielplatz Europas, dem Linnaeushof. Dass dieses Kinderparadies nach dem Botaniker Carl von Linné aus dem 18. Jahrhundert benannt wurde, ist kein Zufall.

Bis Ende des 17. Jahrhunderts war *De Hartekamp* ein relativ einfaches Gebäude. Um 1700 ließ der damalige Besitzer, der Amsterdamer Postmeister Johan Hinloopen, ein neues Haus errichten, das immer noch den Kern des heutigen Hauses bildet. Er begann auch mit dem Bau eines geometrischen Gartens. In 15 Jahren hat er aus *De Hartekamp* einen ansehnlichen Landsitz gemacht, auf dem die Cliffords weiterbauen konnten.

Menagerie, Volieren, Orangerie, Labyrinth ...

George Clifford sen. (1657–1727) war Direktor der Surinam-Gesellschaft, einem privaten Kolonialhandelsunternehmen. Bei einem Besuch in diesem karibischen Land entwickelte er eine lebenslange Liebe für Gärten, tropische Pflanzen und exotische Tiere. Auf *De Hartekamp* konnte er diesem Hobby ausgiebig frönen. Denn bald nachdem er den Landsitz 1709 gekauft hatte, erweiterte er ihn durch Landzukäufe und baute eine Menagerie, Volieren, einen Gartenpavillon und eine Orangerie. Er ließ auch ein Labyrinth anlegen, erschuf eine Grotte und ließ einen Springbrunnen bauen.

Kurz vor seinem Tod kaufte er auch das Grundstück gegenüber von *De Hartekamp*, *De Overplaats*. Das Gelände des Linnaeushofs befindet sich auf einem Teil dieses ehemaligen Landsitzes. Der Grund für den Kauf war einfach. Von einer Gartenkuppel auf einer Düne aus genoss Clifford den Blick auf sein eigenes Grundstück und das Haarlemermeer, dessen Ufer bis 1852 fast an sein Grundstück grenzte.

Herrschaftliche Sitzgelegenheit im Park von *De Hartekamp*

Ein weltberühmter Botaniker in Heemstede

Nach dem Tod seines Vaters im Jahr 1727 erbte George jr. alle Ver-
mögenswerte, einschließlich des Wohnsitzes der Familie an der
Herengracht 472. Auf *De Hartekamp* stellte George den schwedi-
schen Botaniker Carl von Linné ein. Linné arbeitete hier einige Jahre
für Clifford als Privatarzt und als botanischer Forscher. Er stellte
eine Bibliothek für seinen Arbeitgeber zusammen und schaffte viele
neue Pflanzen und Bäume für den Garten an. Die gut ausgestattete
Bibliothek war seinem Auftraggeber sicherlich nützlich bei seiner
Arbeit für den Amsterdamer Hortus Botanicus, dessen Kommissar
er war. Auf *De Hartekamp* schrieb Linné das Werk »Hortus Cliffortianus«, ein Buch über das Herbarium und die lebende Pflanzensammlung von George Clifford. Clifford besaß übrigens auch eine
Menagerie mit Tigern, Affen, Axishirschen aus Indien, afrikanischen
Wildhunden und vielen anderen exotischen Tieren. Eine Besonderheit war, dass hier zum ersten Mal in der niederländischen Geschichte ein Bananenbaum zur Blüte gebracht wurde.

    Am 23. Mai 1907, dem 200. Geburtstag Linnés, wurde dieser
große Wissenschaftler mit einer Bronzebüste geehrt, die sich noch

Die beiden Seitenflügel mit Flach-
dach (links ist eins sichtbar) kamen in den 20er-Jahren hinzu und
beherbergten die Kunstsammlung
der damaligen Besitzerin Catalina
von Pannwitz-Roth.

ADRESSE

Herenweg 5
2105 MB Heemstede

Die moderne Interpretation der alten, heute verschwundenen Kuppel auf einem Hügel in Sichtweite des Hauses. Das »Gebäude« ist zu einem Wahrzeichen von *De Hartekamp* geworden. Das Design stammt von Marjolein van Eig vom BureauVanEig, die 2014 den Abe-Bonnema-Preis für junge Architekten gewann.

auf *De Hartekamp* befindet. Eine Untersuchung im 19. Jahrhundert wies übrigens nach, dass von der damaligen Sammlung nur noch eine Ulme und ein Maulbeerbaum aus der Zeit von Linné stammten. Der letzte Eigentümer des Landsitzes *De Hartekamp* aus der Familie Clifford war der Amsterdamer Magistrat Pieter Clifford (1712–1788).

Von Verschuer-Brants

Im Jahr 1816 kam der Landsitz in den Besitz des aus Amsterdam stammenden mennonitischen Kaufmanns Mattheus Pieter Brants. Er beauftragte den Gartenarchitekten Johan David Zocher jr., einen Garten im englischen Landschaftsstil zu schaffen, der heute noch in weiten Teilen erhalten ist. Brants' Tochter, Anna Maria Brants, lebte hier ihr ganzes Leben lang zusammen mit ihrem Ehemann Barthold Baron van Verschuer, bis beide 1901 auf *De Hartekamp* starben. Im Jahr 1900 ließ das Ehepaar in Bennebroek einen kleinen Hof für bedürftige, ältere Menschen bauen (das heutige Hofje van Verschuer-Brants). Vorrang hatten hier jene Altgewordenen, die lange Zeit in Diensten des Ehepaars gewesen waren.

Kaiser Wilhelm II.

Das Erscheinungsbild des heutigen Hauses stammt aus dem Jahr 1921. In diesem Jahr kaufte die reiche jüdische Witwe Catalina von Pannwitz-Roth (1876–1959) *De Hartekamp*. Der Grund, warum sie

sich hier niederließ, lag darin, dass der deutsche Kaiser Wilhelm II. 1918 in die Niederlande fliehen musste und sie und ihr Mann ihm folgten. Dies brachte auch ihre reiche Kunstsammlung in die Niederlande. Sie umfasste Gemälde u. a. von Rembrandt van Rijn, Lucas Cranach und vielen anderen großen Meistern. Aufgrund der Größe dieser Kunstsammlung musste das Haus um zwei Seitenflügel erweitert werden. Diese Erweiterung und Umgestaltung sollte den Kaufpreis von seinerzeit 421.858 Niederl. Gulden um das Dreifache übersteigen.

Zu jener Zeit wurde *De Hartekamp* zum Treffpunkt für deutsche Aristokraten, Diplomaten und Museumsdirektoren. Unter ihnen war auch Prinz Bernhard. Kaiser Wilhelm II. aber war der Stammgast mit über 100 Besuchen. Von Pannwitz, die nichts mit den Nazis zu tun haben wollte, überlebte den Zweiten Weltkrieg. Bereits 1940 verhandelte sie mit Reichsmarschall Hermann Göring über freie Ausreise in die Schweiz. Im Tausch für ein Ausreisevisum und 390.000 Gulden verkaufte sie sechs Top-Exponate aus ihrer Gemäldesammlung. Von der Schweiz aus reiste sie nach Argentinien, wo ihre Familie große Ländereien besaß. Wegen der vielen Rinder, die die Familie dort hielt, wurde Catalina in den Niederlanden auch »die Viehbaronin« genannt.

1953 kaufte der Orden der Büßer des Heiligen Franziskus den Landsitz, um hier ein Pflegeheim für Menschen mit geistiger Behin-

Kaiser Wilhelm II. bei seinem 75. Besuch auf *De Hartekamp*. Zu seiner Rechten, mit dem Blumenstrauß in der Hand, steht Catalina von Pannwitz-Roth. Die Frau mit Pelz ist Prinzessin Hermine von Preußen.

Links: Büste Carl von Linnés

Rechts: Titelseite des *Hortus Cliffortianus*, der Arbeit, die Linné auf *De Hartekamp* erstellte. Der Bananenbaum ist auf der rechten Seite zu sehen.

derung einzurichten. Auch heute noch wird der Landsitz als Pflegeeinrichtung genutzt, mittlerweile innerhalb der Hartekamp-Gruppe. Das Hauptgebäude wird als Büro verwendet. In naher Zukunft werden hier jedoch Wohnungen untergebracht. Auch der inzwischen etwas vernachlässigte Südstreifen des Geländes soll saniert werden.

Sehen und Erleben

Auf *De Hartekamp* wurde das Haupthaus vor einigen Jahren komplett restauriert und erstrahlt wieder in altem Glanz. Es wird (teilweise) als Büro der Hartekamp-Gruppe verwendet, einer Pflegeeinrichtung für Menschen mit geistiger Behinderung, die an anderer Stelle auf dem Gelände untergebracht sind.

Die alte Orangerie fungiert heute als Empfangsgebäude für die Bewohner und ihre Gäste. Auf dem Gelände gibt es auch eine Büste Linnés und einige andere Objekte. Gegenüber dem Haus, auf einem Hügel des ehemaligen Landsitzes *Overplaats*, steht heute eine moderne Interpretation der damaligen Gartenkuppel. Ein Teil des ehemaligen Gartengestaltungs- und Wegesystems ist noch intakt. Sie können hier gerne spazieren gehen.

Nette Orte in der Umgebung

Spielplatz Linnaeushof (www.linnaeushof.nl/en). Mit über 350 Spielgeräten und Attraktionen der größte Spielplatz Europas.

Nahe gelegene Landsitze

Huis te Manpad (S. 132 ff.), *Leyduin* (S. 127 ff.) und *Keukenhof* (S. 144 ff.).

WANDERN IM SÜDLICHEN KENNEMERLAND

Der »Buitenplaatspad« (dt. Landsitzepfad) der Landschaft Nordholland besteht aus drei Rundwegen, die zusammen 16 km Wandervergnügen bescheren. Ausgangspunkt aller Routen ist der Informationspunkt De Kakelye an der Manpadslaan 1, Vogelenzang (am Eingang zu *Leyduin*), auf der Westseite der Eisenbahnlinie und des Leidener Kanals (Parkmöglichkeiten). Die drei Wanderwege sind mit runden Aufklebern gekennzeichnet.

SUCHEN SIE AUF

www.landschapnoordholland.nl nach ›Buitenplaatsenpad‹ und laden Sie die Route herunter.

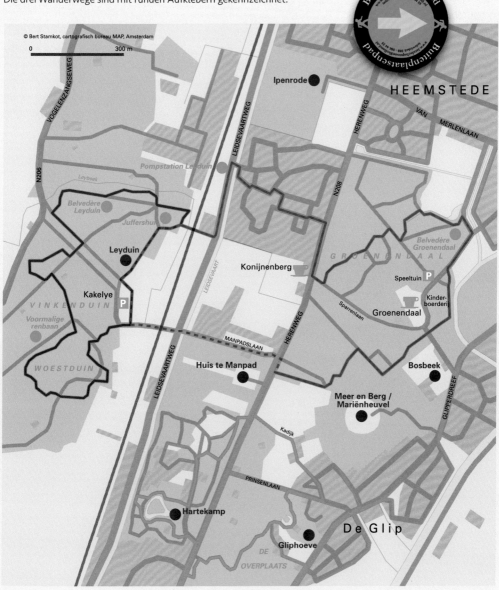

© Bert Stamkot, cartografisch bureau MAP, Amsterdam

0   300 m

Keukenhof, Lisse

Nicht zuletzt aufgrund der Lage von *Keukenhof* standen die verschiedenen Eigentümer jeweils Amsterdam, Den Haag oder Leiden nahe. Seit 2003 werden das Schloss und der Grundbesitz von der Graaf Carel van Lynden Stiftung verwaltet. Dies wurde vom letzten privaten Eigentümer von Keukenhof, Carel Graf van Lynden, testamentarisch bestimmt.

Der Name *Keukenhof* leitet sich von der Bezeichnung Keukenduin ab, dem Dünengebiet, in dem im Mittelalter gejagt wurde. Gartenprodukte wurden auch für die Küche des nahe gelegenen Schlosses *Teylingen* angebaut. Als der Amsterdamer Adriaen Maertenszn. Block, ein hoher Funktionär der VOC, hier 1638 einen Landsitz anlegte, berücksichtigt er bei der Benennung die frühere Funktion des Gebiets: Keukenhouff (dt. Küchengarten).

1746 erwarb Willem Röell den Landsitz. Dieser wohlhabende Arzt und Sohn eines friesischen Pastors lebte in Amsterdam an der Keizersgracht. Sein Kapital investierte er in Kaffee-, Kakao- und Baumwollplantagen in Berbice, einer niederländischen Kolonie an der Nordküste Südamerikas. Er unterrichtete Anatomie und war Dozent für Chirurgie am Amsterdamer Atheneum Illustre. Er beriet auch das Amsterdamer Gericht. Röell interessierte sich für Pflanzen und diese Leidenschaft lebte er auf *Keukenhof* voll aus. Vermutlich kam er durch die Vorlesungen von Herman Boerhaave zu diesem Hobby, dem berühmten Leidener Arzt, Anatom, Botaniker und Chemiker, bei dem Röell promovierte. Zu dieser Zeit war es üblich, Erkenntnisse aus der Botanik für medizinische Zwecke zu verwenden.

1768 beschloss Röell, *Keukenhof* im Zuge einer öffentlichen Versteigerung zu verkaufen. Dies führte beinahe zum Untergang dieses Landsitzes, denn die Käufer waren die berüchtigten Amsterdamer Gesellschafter Frederik Kaal und Jan Nieuland, die eine ganze Reihe holländischer und Utrechter Landsitze abrissen. Ihr Geschäftsmodell bestand darin, die durch den Abbruch gewonnenen Baumaterialien zu verkaufen, die angekauften großen Grundstücke aufzuteilen und die so entstandenen kleineren Parzellen einzeln zu verkaufen. Der Ertrag aus dem Verkauf vieler kleiner Parzellen überstieg deutlich die Investition für das große Grundstück. Insbesondere in einer

Anonymes Gemälde des Landsitzes *Keukenhof* um 1700. In dieser Zeit gehörte *Keukenhof* Hendrik van Hoven de Jonge aus Amsterdam, der es zu einem großen Landsitz machte, unter anderem durch Landtausch und den Ankauf angrenzender Ländereien.

ADRESSE

Keukenhof 1
2161 AN LISSE

www.kasteelkeukenhof.nl

Gegend, in der viel Gartenbau betrieben wurde, waren diese kleineren Grundstücke gut verkäuflich.

Glücklicherweise beschlossen die neuen Besitzer nach kurzer Zeit, *Keukenhof* mit einem Gewinn von 2.000 Gulden weiterzuverkaufen, bevor ein echter Schaden verursacht werden konnte.

Seeländer im *Keukenhof*

Im Jahr 1809 kam *Keukenhof* zusammen mit dem benachbarten Landsitz *Zandvliet* in den Besitz von Johan Steengracht van Oostcapelle, der die beiden Landsitze kurz darauf zusammenlegte. Dieser Kauf hielt den allmählichen Niedergang dieses Landsitzes auf. Steengracht van Oostcapelle stammte aus einer Adelsfamilie aus der Provinz Seeland, die überall in den Niederlanden Grundbesitz hatte. Er erbte auch zahlreiche Herrlichkeiten, darunter das Schloss *Moyland* in Nordrhein-Westfalen, das heute als Museum besichtigt werden kann.

1804 heiratete er Cornelia van Nellesteyn, die Tochter des Bürgermeisters von Utrecht. Das Paar lebte in den Wintermonaten im Haus an der Lange Vijverberg 3 in Den Haag. Dieses Haus sollte angesichts der kostbaren Sammlung von Gemälden und Zeichnungen holländischer Meister des 17. Jahrhunderts bald den Namen Museum Steengracht bekommen. Das Herrenhaus in Oostcapelle in Seeland wurde 1805 geräumt und die meisten Möbel kamen unter den Hammer. Die Gemäldesammlung bestand noch mehrere Generationen weiter und wurde durch Neuanschaffungen vergrößert.

Das Rijksmuseum hatte das Nachsehen

Wegen seiner Bildung und seiner Liebe zur Malerei ernannte König Willem I. 1816 Steengracht van Oostcapelle zum ersten Direktor der Königlichen Gemäldegalerie. Es war eine ehrenamtliche Arbeit, denn mit dieser Position war kein Gehalt verbunden. Heute ist diese Sammlung im Mauritshuis in Den Haag zu sehen. Der Kunstmaler Jan Willem Pieneman wurde zum stellvertretenden Direktor ernannt. Seine Hauptaufgabe bestand darin, die Schäden der aus Paris zurückkehrenden Gemäldesammlung des Statthalters zu beheben, die 1795 von den Franzosen als Beutekunst entwendet wurde. Zwar sind die meisten erbeuteten Gemälde nach 1815 zurückgekehrt, es fehlten aber praktisch alle Rahmen und viele Gemälde waren durch unvorsichtige Handhabung beschädigt worden.

Das Museum öffnete seine Türen im Jahr 1822 und zeigte 305 Gemälde. Die Sammlung wurde in den folgenden Jahren, dank König Willem I. und Museumsdirektor Steengracht van Oostcapelle, regelmäßig erweitert. Ein bedeutender Zugewinn war die Ansicht von Delft von Johannes Vermeer. Zeitweise drohte dieses wichtige Werk in das Amsterdamer Rijksmuseum verbracht zu werden. Schließlich wurde es aber zu einem der absoluten Meisterwerke des Mauritshuis. Steengracht van Oostcapelle kommt das Verdienst zu, den ersten illustrierten niederländischen Museumskatalog veröffent-

LISSER KUNSTMUSEUM

Die Kunstwerke des Lisser Art Museums, das 2018 auf dem Gelände von *Keukenhof* eröffnet wurde, stehen alle in einem Zusammenhang mit Essen, Konsum und Shopping. Diese Alltagsthemen waren für Künstler aller Zeiten eine Quelle der Inspiration. Dass die Wahl darauf fiel, war übrigens nicht überraschend, denn der Initiator hat sein Vermögen mit einer Supermarktkette gemacht.

www.lamlisse.nl

licht zu haben, der zwischen 1826 und 1830 entstand. Als später der bei Haarlem gelegene und verwaiste Landsitz *Welgelegen* als Museum für Werke zeitgenössischer niederländischer Meister diente, wurde er zum stellvertretenden Direktor ernannt und *Welgelegen* wurde wieder so genutzt, wie der ehemalige Besitzer Henry Hope es sich ursprünglich vorgestellt hatte. *Keukenhof* war nicht mehr die Heimat des Ehepaares Steengracht van Oostcapelle, sondern wurde vermietet. Lange nach dem Tod des Sammlers Johan Steengracht van Oostcapelle und unmittelbar nach dem Tod seines Enkels Henricus Adolphus Steengracht van Duivenvoorde kam die bedeutende Gemäldesammlung von Steengracht unter den Hammer. Das Mauritshuis ersteigerte dabei u. a. das berühmte Gemälde: *Wie die Alten sungen, so pfeifen's die Jungen* von Jan Steen.

Keukenhof bekommt ein altes Erscheinungsbild

1837 endete die Zeit der Vermietung. Carel van Pallandt und seine Frau Cecilia Steengracht van Oostcapelle zogen in *Keukenhof* ein. Cecilia wohnte hier bis zu ihrem Tod im Jahre 1899. Das Paar versah *Keukenhof* mit seinen charakteristischen Ecktürmen und anderen historisierenden Bauelementen. Durch diese Eingriffe verlor das Haus seine ursprünglich rechteckige Form und sah nunmehr aus wie ein altes Schloss. Auch in Den Haag erhielten einige Gebäude eine neugotische Form. Dies sprach insbesondere auch König Willem II. an: Er besaß mehrere Gebäude in diesem Stil.

Johan Steengracht van Oostcapelle machte den Garten bereits zu einem Landschaftspark, die neuen Besitzer aber gaben dem Park einen ganz neuen Charakter, wobei weder Kosten noch Mühe gescheut wurden. Die Arbeit begann mit der Erweiterung und Renovierung der Mauern rund um den nördlich gelegenen Gemüse- und Blumengarten. Der elfjährige Sohn Frederik legte einen Gedenkstein in diese Mauer. Bald sollte im Blumengarten auch ein sog. Schweizer Spielhaus errichtet werden, in das Tochter Cornelia einen Gedenkstein legen durfte. Für die Umgestaltung und Renovierung des Gartens wurden Vater und Sohn Zocher beauftragt; man vermutet, dass sie diesen Auftrag bekamen, weil Verwandte, die auf dem Landsitz *Beerschoten* bei Utrecht lebten, die kunstvolle und professionelle Arbeit dieser beiden Gartenarchitekten sehr zu schätzen wussten. Die Zochers gestalteten den Garten zwischen 1857 und 1860, wobei sie sich vom sanften Geländeabfall, den ihnen die (Dünen-)Landschaft vorgab, leiten ließen. Die Rechnung für die geleisteten Arbeiten belief sich schließlich auf 18.700 Gulden. Es muss also ein sehr großer Auftrag gewesen sein.

Frederikshof

Ein Teil des ummauerten Gartens wurde von Anfang an nach dem Sohn Frederik benannt: Frederikshof. Das Kind verbrachte viel Zeit in Abgeschiedenheit und lebte mit einigen Betreuern im Schweizer Spielhaus. Es ist nicht genau bekannt, was ihm fehlte. In jedem Fall

Das sog. Schweizer Spielhaus
im Frederikshof

war er psychisch unausgeglichen. Er absolvierte ein akademisches
Studium in Leiden. Möglicherweise nahm die Krankheit zu dieser
Zeit eine ungünstige Wendung und es offenbarte sich Schizophre-
nie; er kehrt nach *Keukenhof* zurück. Im Alter von 39 Jahren starb er
im damals so genannten »Institut für Schwachsinnige« in Meerenberg in Santpoort-Zuid. Die Familie schämte sich für diese Umstände und versuchte, seine Existenz zu verschweigen. Zu jener Zeit
war dies in Familien der Oberschicht durchaus üblich. Frederik starb
einsam in Meerenberg. Ein Postbote und ein Polizist unterschrieben
seine Sterbeurkunde.

Chinesisches Porzellan

In einem der Turmzimmer befindet sich ein einzigartiges Porzellankabinett mit ca. 250 Stücken, hauptsächlich chinesischem Porzellan.
Woher diese Sammlung kommt oder wer sie zusammengebracht
hat, ist leider unbekannt. Entlang der Spiegel werden Schalen und
Figuren auf unzähligen kleinen Konsolen gezeigt. Der Kaminsims in
diesem Raum ist möglicherweise ein Entwurf von Daniël Marot und
offenbar dazu gedacht, Porzellan- und Steingutobjekte zu präsen-
tieren.

Teil der schönen Sammlung
chinesischen Porzellans auf
Schloss *Keukenhof*

Auffällig ist in diesem Raum die Gold-Leder-Tapete. Schon vor
dem 19. Jahrhundert war die Gestaltung dieses Raumes außergewöhnlich, da diese altholländische Formensprache seinerzeit bereits aus der Mode gekommen war. Dass dieser Raum mit seinem
Interieur aus dem frühen 18. Jahrhundert erhalten geblieben ist und
auch den wechselnden Innenraumgeschmack der folgenden Besitzer überlebt hat, ist einzigartig.

Ein weltberühmter Garten

Der Name *Keukenhof* ist heute international bekannt, vor allem wegen der Ausstellung von Zwiebel- und Knollenpflanzen im Frühjahr,
die 1949 zum ersten Mal hier auf einem Stück Land stattfand, das
seinerzeit noch zum Landsitz *Zandvliet* gehörte. Dies macht *Keukenhof* zum bekanntesten Landsitz der Niederlande, obwohl nur
wenige wissen, dass der Garten Teil eines alten Landsitzes ist. Jedes
Jahr genießen in einem Zeitraum von zwei Monaten ungefähr eine
Million Besucher die sieben Millionen Tulpen, Narzissen, Hyazinthen
und anderen Frühlingsblumen.

Auf Besucher, die sich die Mühe machen und die Straße über-
queren, warten ganz andere Überraschungen, denn auch rund um

Der Meerzicht-Hügel stammt aus dem Jahr 1694 und ist heute Teil der Nieuwe Plantagie (dt. Neuen Plantage), die vom Landschaftsarchitekten Michael van Gessel umgestaltet wurde. Der Hügel dient immer noch als Aussichtspunkt, allerdings nicht mehr auf das Haarlemermeer, sondern auf Haus und Garten.

das Schloss werden der Garten und der Park umfassend gehegt und verschiedene historische Entwicklungen sind zu beobachten. Im Frühjahr blühen hier Stinsenpflanzen (verwilderte Wurzel-, Knollen- und Zwiebelgewächse) und die blühende Pfingstrosensammlung erregt Ende Mai viel Aufmerksamkeit.

Ein anderer sehenswerter Teil des Schlossparks ist die vom Landschaftsarchitekten Michael van Gessel umgestaltete Nieuwe Plantagie (dt. Neue Plantage), wobei er sich von der Arbeit der Landschaftsgärtner Zocher inspirieren ließ. Der Hügel Meerzicht, der sich hier seit 1694 befindet, bot damals einen Blick auf das angrenzende Haarlemermeer. Jetzt führt eine Stahltreppe genau in der Hauptachse des Parks nach oben, von wo aus Sie einen phänomenalen Blick auf *Keukenhof* mit seinen alten Strandmauern, dem Schloss und den Statuen haben.

Sehen und erleben

Im Garten und im Wald von *Keukenhof* können Sie einen schönen Spaziergang machen. Es gibt mehrere Routen, darunter auch der sog. Stiefelpfad. Der Weg kann trocken sein, er wird aber auch nicht ohne Grund so genannt: Robuste und wasserdichte Schuhe sind nach Regenwetter sehr zu empfehlen.

Das Landgut veranstaltet regelmäßig alle möglichen Aktivitäten, vom jährlichen Weihnachtsmarkt bis zum Schlossfest und von Konzerten bis zu Pilzexkursionen. Es gibt auch einen Skulpturengarten. Das Haus kann nur im Rahmen einer Führung besichtigt werden. Einer der Höhepunkte ist das chinesische Porzellankabinett.

Gastronomie

Das Restaurant Hofboerderij im alten Bauernhaus ist empfehlenswert für eine Tasse Kaffee, Mittagessen, Nachmittagstee oder Aperitif. Etwas außerhalb des Parks ist das Restaurant Het Tussenstation (www.hettussenstationlisse.nl), das sich im ehemaligen Bahnhof von Lisse befindet.

Radfahren

Keukenhof liegt an der Kastelenfietsroute (dt. Schlösser-Rad-Route) der Landschaft von Südholland.

Nette Orte in der Umgebung

Schloss *Keukenhof* kann mit einem Besuch des Museums De Zwarte Tulp in Lisse (www.museumdezwartetulp.nl) kombiniert werden, das die Geschichte des Bollenstreek, also der Blumenzwiebelregion, zeigt. Im Frühling können Sie natürlich die Schönheit des Parks von *Keukenhof* genießen: Jedes Jahr blühen hier etwa sieben Millionen Zwiebelblumen, insbesondere natürlich Tulpen. Darüber hinaus können Sie Blumenshows, inspirierende Gärten, Kunstwerke und Veranstaltungen genießen. *Keukenhof* ist in der Regel von Ende März bis Ende Mai geöffnet (www.keukenhof.nl).

Oben: Auch für Kinder gibt es auf *Keukenhof* viel zu erleben, zum Beispiel beim Imker.

Unten: *Keukenhof* ist ein offizieller Ort für Eheschließungen und viele Paare veranstalten hier auch die Feier.

Nahe gelegener Landsitz

Dever (siehe S. 152 ff.).

Huys Dever

Nur ein Wohnturm aus dem 14. Jahrhundert ist noch vom alten *Huys Dever* erhalten. Die zugehörige Vorburg ist im 19. Jahrhundert eingestürzt und im Laufe der Zeit durch Vernachlässigung verschwunden. Der Turm und einige Fundamente sind die letzten Überreste des einst wehrhaften *Huys Dever*, das von 1974 bis 1978 vollständig restauriert wurde.

Huys Dever wurde am Rande eines Sumpfes am östlichsten Strandwall gebaut. Die Dünen, die hier früher lagen, wurden im Laufe der Zeit abgetragen: Viel Sand wurde im 17. Jahrhundert nach Amsterdam transportiert, der Stadt, die ständig expandierte und viel Bausand benötigte. Die erste urkundliche Erwähnung von *Dever* stammt aus dem Jahr 1370. Reinier d'Ever übereignete darin seine Güter dem Lehnsherrn Jan van Bloys, von dem er die Besitzungen als Lehen zurückerhielt. In jener Zeit war dies die gängige Praxis zwischen einem Lehnsherrn und einem Lehnsmann. *Dever* bestand damals aus einem gemauerten Wohnturm (oder Donjon) mit einer Vorburg und einem Bauernhof. Die ganze Anlage stand auf einer Insel, die von einer 15–20 m breiten Gracht umgeben war, während sich zwischen der Vorburg und dem Wohnturm ebenfalls ein Graben befand. Das Haus war nur über eine Holzbrücke erreichbar. Zusammen mit den Wänden, die 1,80 bis 2 m dick waren, sollte dies alles den Besitzer angemessen geschützt haben, wenn die Zeiten unruhig wurden.

Bauhistorisch ist *Huys Dever* wegen der Halbkreisform des Turmes eine Besonderheit. Der Grundriss ähnelt dem Buchstaben D. Überall sonst sind solche Türme gewöhnlich quadratisch. Vielleicht wurde diese wenig verbreitete Form gewählt, um durch die Konstruktion ein gewisses Maß an Wohlstand zum Ausdruck zu bringen. Runde Konstruktionen waren schließlich teuer. Möglicherweise hat die auffällige Form auch etwas mit der Lage des Turms zu tun, denn die gerade Seite grenzt an einen Sumpf und musste nicht verteidigt werden, während die runde Seite wegen ihrer Form weniger anfällig für feindlichen Beschuss war.

Mauern als stumme Zeugen

In den Niederlanden gab es vermutlich einige Tausend Wohntürme. Von diesen sind nur noch 47 übrig, die noch als Turm zu erkennen sind. Einige wurden in eine neue Burg oder eine spätere Schlossanlage integriert. So konnten die Gesamtkosten für einen Bau erheblich gesenkt werden. Dadurch verloren viele dieser Türme ihre ursprüngliche Erscheinungsform bzw. Funktion. Dies ist bei *Huys Dever*, das nach wie vor aus drei Gebäudeebenen besteht, nicht geschehen. Das Besondere ist, dass sich die Küche im Untergeschoss befindet, während sie bei den meisten anderen Wohntürmen im ersten Stock liegt.

Die Stockwerke selbst sind über eine Steintreppe erreichbar. Diese ist eine Aussparung in der Außenmauer. Mehrere Besitzer von *Huys Dever* haben hier auch gewohnt. Irgendwann beschloss man aber, die Vorburg zu vergrößern bzw. zum Haus umzubauen. Dies schaffte ein beeindruckendes Ganzes – bis die Anlage im 19. Jahrhundert allmählich verfiel und das Haus komplett einstürzte. Die

ADRESSE

Heereweg 349A
2161 CA LISSE

www.kasteeldever.nl

Litho von P.J. Lutgers. Aus: *Gezigten in de omstreken van 's Gravenhage en Leyden* (1855). Rechts der Wohnturm, im Vordergrund die Vorburg, die Mitte des 19. Jahrhunderts stark verfallen war und abgerissen wurde

Ruine wurde geräumt und das Abrissmaterial wurde für den Deich- und Straßenbau verwendet. Der alte Wohnturm blieb stehen als ein stummer Zeuge all dessen, was sich hier abgespielt hat.

Feindbesitz

Im 17. Jahrhundert kam es um *Dever* zu einem langjährigen Streit, dessen Kern darin lag, dass der Besitzer, Johan van Matenesse, kein Testament hinterlassen hatte. Es ist der Beginn eines langen Tauziehens um die Eigentumsrechte. In der Zwischenzeit war das Haus vermietet, manchmal stand es aber auch geraume Zeit leer. Von 1718 bis zu seinem Tod 1733 war Willem Six, Bürgermeister von Amsterdam, Pächter des Hauses. Er gehörte einem Familienzweig an, der sich selbst Six van Hillegom nannte und in dieser Gegend viele Ländereien und Landsitze besaß. Im 20. Jahrhundert fiel *Huys Dever* durch Erbschaft an die ursprünglich niederländische, aber in Deutschland eingebürgerte Familie Heereman van Zuydtwijck. Dies führte dazu, dass der niederländische Staat das Haus 1945 im Zuge des Zweiten Weltkriegs als feindliches Eigentum konfiszierte. Vier Jahre später wurde es der Gemeinde Lisse übertragen, und seit Mitte der 90er-Jahre wurde die Pflege dieses robusten Baudenkmals der Stiftung »Freunde des Huys Dever« übertragen.

Sehen und erleben

Huys Dever ist als Museum eingerichtet, das die Geschichte des Schlosses erzählt. Es ist auch ein Ort für Hochzeiten und Feiern; gelegentlich gibt es Konzerte. Das Haus ist mittwochs bis sonntags

von 14 bis 17 Uhr geöffnet, der Garten ist permanent zugänglich. Hier finden Sie auch den »Garten der Sinne«, das Ergebnis eines Wettbewerbs, der 2012 auf Wunsch der Stiftung »Freunde des Huys Dever« ausgeschrieben wurde. »Entwurf eines spätmittelalterlichen Gartens für Dever«, lautete der Auftrag. Charakteristische mittelalterliche Elemente sind: Wasser, Soden und Blumenbeete aus Weidengeflecht. Wenn die Bepflanzung etwa 2019 ausgewachsen ist, hat Dever einen echten geschlossenen, mittelalterlichen Garten, in der Kunst auch *Hortus Conclusus* genannt.

In *Huys Dever* befindet sich ein Museum einschließlich einer Sammlung von Glas, das im und um das Schloss herum gefunden wurde.

Radfahren

Dever liegt an der Kastelenfietsroute (dt. der Schlösser-Fahrrad-Route) der Landschaft Südholland. Diese 45 km lange Route führt an mehreren Landsitzen im Bollenstreek vorbei, darunter *Huis te Warmond*, *Huys Dever* und *Keukenhof*. Am schönsten ist diese Radroute im Frühjahr, wenn die Tulpenfelder blühen. Suchen Sie nach »Kastelenroute« auf der Website www.zuidhollandslandschap.nl.

Nette Orte in der Nachbarschaft

Kombinieren Sie *Huys Dever* mit einem Besuch des Museums De Zwarte Tulp in Lisse (www.museumdezwartetulp.nl), welches die Geschichte des Bollenstreek zeigt. Im Frühjahr können Sie nach einem Besuch von *Dever* die blühenden Tulpenfelder besuchen.

Vor *Huys Dever* steht eine Skulptur eines Wildschweins. Diese wurde von Clair Witjens aus Lisse geschaffen

Nahe gelegener Landsitz

Keukenhof (siehe S. 144 ff.).

Andernorts in Nordholland

Drei Landsitze sind regional weniger leicht zu klassifizieren. Dies sind *Marquette* in Heemskerk, *Nijenburg* in Heiloo und *Oude Hof* in Bergen, alle drei nördlich des Nordseekanals.

Marquette, Heemskerk

Die Geschichte von *Marquette* als Landsitz beginnt im Jahr 1717, als der Bierbrauer Joachim Rendorp das Schloss kaufte. Die Familie Rendorp stammte ursprünglich aus Lüneburg und wurde durch den Handel in der Ostsee und mit Russland sowie durch den Betrieb einer Seifensiederei in der Warmoesstraat in Amsterdam zu einer sehr reichen Familie.

Die ursprüngliche Burg wurde in der ersten Hälfte des 13. Jahrhunderts erbaut. Es war damals eine Wehranlage mit einer Ringmauer als Teil einer Reihe von Burgen, die die Grafen von Holland in ihrem Kampf gegen die (West-)Friesen errichtet hatten. Die Burg wurde von den Herren von Heemskerk bewohnt, die die Verwaltung und Rechtsprechung in der Gegend Heemskerk-Castricum ausübten.

Im Jahr 1610 kaufte der Hennegauer Jonkheer Daniël de Hertaing die Burg. Hertaing war Herr von Marquette in der heute im Süden Belgiens gelegenen Provinz Hennegau (franz. Hainaut) und gab daher seinem neuen Besitz den Namen *Marquette*. Später nannte sich der erste Rendorp, der das Anwesen gekauft hatte, »Freiherr von Marquette«.

Ein bauender Bürgermeister

Als Joachims Sohn Pieter Rendorp 1730 die Verantwortung für *Marquette* bekam, war er schon zum Vorsitzenden der Brauerzunft in Amsterdam aufgestiegen. Die Brauerei »In den Haan« an der Gelderse Kade gehörte der Familie bereits in dritter Generation. Anscheinend blieb genug Zeit für eine Vielzahl weiterer Aufgaben. Während seiner beruflichen Laufbahn war er unter anderem Kommissar des Hortus Medicus, Kastellan und Deichwart des Diemermeers und Kurator am Athenaeum Illustre sowie an den Lateinschulen. Achtmal wurde er zum Bürgermeister gewählt. Das Bürgermeisteramt war Teil eines Rotationssystems. Die Amtszeit betrug ein Jahr, wobei es jeweils ein Kollegium von vier amtierenden Bürgermeistern gab.

Darüber hinaus war Pieter Rendorp ein versierter Amateurarchitekt. Die Pläne für das Oudemannen- und Vrouwengasthuis (dt. Altherren- und Frauengästehaus) in Amsterdam stammen aus seiner Hand. Diese Häuser bieten bedürftigen älteren Menschen Unterkunft. Auch an *Marquette* arbeitete er, sowohl am Haus als auch am Garten (siehe auch S. 15 ff.). Zusammen mit seinem Sohn Joachim II. verlieh er dem Landsitz sein heutiges Erscheinungsbild aus dem 18. Jahrhundert. Im Wegesystem des Gartens sind die von den Rendorps geschaffenen, geometrischen Muster noch erkennbar. Die mittelalterliche Ringmauer wurde um 1800 von Willem Rendorp geschleift.

Marquette sieht aus wie eine alte Burg, und das hier gelegene Restaurant nennt sich sogar Château Marquette. Die Geschichte dieses Landsitzes reicht bis etwa 1225 zurück.

Anonyme Zeichnung des Hofes von *Marquette* von 1804. Wer heute an derselben Stelle wie der Zeichner steht, wird feststellen, dass sich seit 1804 nur wenig verändert hat

Die Familie Gevers

Mit dem Tod von Paulina Johanna im Jahr 1909 endete die Zeit der Rendorps von Marquette. Sie war die Witwe von Jonkheer Jan Hugo Gevers. Ihr Sohn Hugo war von 1888 bis 1907 Bürgermeister von Heemskerk. Zusammen mit seiner Frau Paulina Adriana van Lennep wertete er das Haus auf und passte es modernen Anforderungen an. Bürgermeister Gevers hatte ein gutes Verhältnis zur königlichen Familie und regelmäßig waren die Royals zu Gast in Heemskerk.

1979 kam die private Nutzung des Landsitzes *Marquette* definitiv zu einem Ende. 1980–1981 wurde der Komplex restauriert, danach wurde das Schloss als Veranstaltungsort und Restaurant genutzt. Der zum Landsitz gehörende Bauernhof übernahm fortan die Funktion eines Hotels. Der Landsitz *Marquette* wird heute von der Trinkwasserfirma PWN (www.pwn.nl) verwaltet.

Sehen und erleben

Wer *Marquette* wirklich erleben will, muss hier am besten heiraten. Es ist ein offizieller Ort für Eheschließungen der Gemeinde Heemskerk. Aber auch diejenigen, die nicht planen, in näherer Zukunft zu heiraten, können dieses Schloss genießen: Sie können im Restaurant, das im Schloss untergebracht ist, etwas essen oder einen köstlichen Nachmittagstee genießen. Im Juli gibt es auf *Marquette* während des Sommerfestivals in Heemskerk viel zu erleben (www.zomerpodiumheemskerk.nl). Wer lieber spazieren geht, kann durch die umliegenden Wälder und Weiden wandern

oder das Vogelschutzgebiet De Kampen erkunden (www.dekampen.com).

Gastronomie und Hotellerie

Das Restaurant Marquette befindet sich im Hauptgebäude (www.nh-hotels.de). Der Landsitz beherbergt auch das Hotel NH Marquette, das von den Hotelzimmern aus einen schönen Blick auf den Wald bietet (www.nh-hotels.de).

Nette Orte in der Nachbarschaft

Etwa 4 km südöstlich von *Marquette* liegt Schloss Assumburg. Es stammt wahrscheinlich aus dem 13. Jahrhundert, wurde aber 1546 umgebaut. Es ist nach der alten Ortschaft Assum benannt. Das Schloss wird als Herberge genutzt und kann nicht besichtigt werden. Der Garten ist jedoch frei zugänglich.

Um 1700 fasste der Amsterdamer Regent, Kaufmann und Bankier Jean Deutz (1655–1719) die Burg Assumburg ins Auge. Er ließ das Schloss aufwendig umbauen, um es als Landsitz nutzen zu können, und ließ einen schönen, symmetrischen Barockgarten anlegen, der seiner sozialen Stellung und den Schönheitsidealen der Zeit entsprach. Im Jahr 1729 wurde ein Kupferstich des Gartens angefertigt, der viele Jahre später, zwischen 2000 und 2011, dem Architekten des neuen Gartens, Nico Brantjes, als Vorlage diente, um dem Garten wieder den alten Glanz zu verleihen. Der war im Laufe der Zeit völlig verloren gegangen (www.kasteeltuinassumburg.nl).

Auf diesem Luftbild von Assumburg können Sie den restaurierten Garten und die Umgebung sehr schön sehen. Die Bepflanzung ist noch jung, wird aber in ein paar Jahren ausgewachsen sein

ADRESSE

Marquettelaan 34
1968 JT HEEMSKERK

www.nh-hotels.nl

Nijenburg, Heiloo

Im 18. Jahrhundert liebte man Ausblicke und Aussichtstürme. Viele Landsitze erhielten auch Sichtachsen. Die von *Nijenburg* ist dabei sehr spektakulär, denn hier geht seit Jahrhunderten, immer am 21. Juni jedes Jahres, die Sonne genau am Ende der Sichtachse vor dem Haus unter.

Der Aussichtshügel schräg gegenüber dem Haupthaus ist ein beliebter Ort, um sich für eine Weile auszuruhen.

Bevor die Landschaftsgärten Mitte des 18. Jahrhunderts in Mode kamen, wurden auf Landsitzen oft enge Sichtachsen angelegt. So konnten die Bewohner die umliegende Natur vom Haus aus optimal erleben. Viele Sichtachsen verliefen sogar durch das Haus hindurch und schafften so noch mehr Länge. Viele Eigentümer von Landsitzen legten auch künstliche Hügel in ihrem Park oder Wald an (Belvedères), so dass sie den Blick auf ihren eigenen Grundbesitz und die Umgebung genießen konnten. Auf den Landsitzen in der Küstenregion nutzte man dafür auch häufig eine Düne. Manchmal lag ein solcher Aussichtspunkt genau in der Sichtlinie. Auf *Nijenburg* geht die Sonne am längsten Tag des Jahres genau am Ende der Sichtachse unter, die vom Haus durch den Wald zu einer Düne führt. Dies ist schon seit langer Zeit ein überraschendes Phänomen, sofern es zu diesem Zeitpunkt wolkenlos ist.

Krieg spielen auf *Nijenburg*

Das Anwesen wurde zu Beginn des 18. Jahrhunderts von der Familie van Egmond van de Nijenburg gegründet, kam aber 1743 in den Besitz der Familie van Foreest, die dort bis 2007 wohnte. Das heutige Haus stammt aus der Zeit um 1707. Die Lage des Hauses ist charakteristisch für die Landhäuser im Kennemerland: am östlichen Rand des Strandwalls, mit Blick auf das weite Poldergebiet. Als der Bau vollendet war, wurde die Gartengestaltung mit den vielen bemerkenswerten Gebäuden und ornamentalen Verzierungen weithin gerühmt. Teiche und Gräben wurden ausgehoben, zahlreiche

besondere Bäume gepflanzt und in einer Teichsenke wurde sogar eine Grotte angelegt. Diese schuf der aus Beverwijk stammende Bildhauer Gaspar Swenst, von dem nicht viel bekannt ist. Von seiner Hand sind auch die zwei ausdrucksstarken Gartenskulpturen vor dem Haus, die die antiken Figuren Herkules und Hydra darstellen. Im Teich wurde vor einigen Jahren ein abgetrennter Kopf einer Skulptur des Gottes Pan gefunden. Er steht heute auf einem Podest hinter dem Haus.

Als die Familie van Foreest das Landgut im Jahr 1743 erwarb, wurden weitere Verschönerungen vorgenommen. Um 1820 entstand in *Nijenburg* ein Landschaftsgarten mit Blumengarten, Obstgarten, Hühnerstall und Gartenpavillon. Das Ganze ist von einem üppigen Wald umgeben. Hier finden Sie ein Naturtheater und eine Zusammenstellung verschiedener Geschütze. Dies ist das einzige Beispiel eines »*battlegardens*« in den Niederlanden. Hier wurde eine komplette Schlacht mit Schützengräben nachgeahmt.

ADRESSE

Kennemerstraatweg 278
1851 BG HEILOO

www.natuurmonumenten.nl
www.hendrickdekeyser.nl

Dicker Kees und toter Dirkie

Sowohl die Familie van Egmond van de Nijenburg als auch die van Foreest-Familie waren in der Region (und darüber hinaus) sehr einflussreich. Sie porträtierten sich selbst und ihre Familienmitglieder und im Laufe der Zeit entstand eine bedeutende Porträtsammlung. Die Gemälde hingen in den Wohnräumen der Familie. Einige porträtierte Personen haben einen Spitznamen. So erhielt der militante Patriot Cornelis van Foreest den Spitznamen »Dikke Kees«, während sein Sohn Dirk, der nur wenige Monate lebte, »Dirkie« genannt wurde. Witwe Agatha van Foreest wurde, wegen der Heirat mit ihrem jungen Kutscher Jan Schenk, als »Lady Chatterley of West-Friesland« bekannt. In jener Zeit fand man dies überaus ungehörig, die finanziell unabhängige Agatha setzte sich dennoch durch.

Mit dem Tod von Elisabeth Snethlage-van Foreest im Jahr 2007 endete eine 264 Jahre alte Geschichte. Die Familie hatte den Garten und den Wald bereits 1928 der Stiftung Naturmonumente übertragen. Damit verhinderte sie, dass die Umgebung bebaut wurde und eine drastische Flurbereinigung stattfinden konnte. Nicht zuletzt deshalb ist das ländliche Gebiet gut erhalten geblieben. 1966 wurde auch das Haus Eigentum der Stiftung Naturmonumente, die es 2004 an den Verein Hendrick de Keyser übergab (Elisabeth Snethlage lebte zu der Zeit noch im Haus). Diese Eigentumsübertragung machte die Restaurierung möglich. Der Verein Hendrick de Keyser setzt sich für die Erhaltung architektonisch oder historisch bedeutender Gebäude und deren Innenausstattung ein. Der Verein kauft Gebäude an, restauriert und vermietet sie (www.hendrickdekeyser.nl).

Die 50 Familienporträts in Originalrahmen brachte Frau Snethlage in der Van-Foreest-und-van-Egmond-van-de-Nijenburg-Stiftung unter, die von ihr und zwei Schwestern gegründet wurde. Die Porträts stellte sie der Gemeinde Alkmaar als Dauerleihgabe zur Verfügung. Seit der Restaurierung hängen die Porträts zum Teil im Städtischen Museum Alkmaar, teilweise aber auch an der Stelle, an der sie seit Jahrhunderten zu Hause sind: *Nijenburg*.

Sehen und erleben

Das Haus wird privat bewohnt und dient auch als Ort für geschlossene Versammlungen und Feiern. Kleine kulturelle Veranstaltungen werden ebenfalls abgehalten. Wer das Haus besuchen möchte, wo außer der Ahnengalerie auch ein besonderes Puppenhaus aus dem 17. Jahrhundert zu bewundern ist, kann beim Historischen Verein Oud-Heiloo (www.oudheiloo.nl) eine Führung buchen.

Nijenburg liegt an einem Strandwall und ist von einer typisch holländischen Wiesenlandschaft umgeben. Die Küstenlinie war im Mittelalter stark bewaldet. Während der spanischen Belagerung von Alkmaar 1573 wurden fast alle Bäume abgeholzt. Als nach 1700 mit dem Bau des Landhauses *Nijenburg* begonnen wurde, wurden wieder Bäume angepflanzt: schöne Bäume an stattlichen Alleen.

Zwei Gemälde aus der Porträtsammlung von *Nijenburg*: Johannes Petrus van Horstok, Porträt von Dirk van Foreest (»Toter Dirkie«), 1786 (Öl auf Leinwand, 75 x 62 cm) und Jan de Baen, Porträt von Antoinetta van Foreest, nach 1690 (Öl auf Leinwand, 119,7 x 94,2 cm)

Ein hübscher Spazierweg wird durch den Heilooer Wald um *Nijenburg* ausgewiesen. Sie werden an einem sog. Stolpbauernhaus (verwandt mit der Bauweise des »Haubarg« in Nordfriesland) und einer Kokerwindmühle vorbeikommen. Vom westlichen Rand des Waldes haben Sie einen weiten Blick bis zu den Dünen von Egmond. Im Frühling können Sie die vielen Frühlingsblüher und Stinsenpflanzen im Wald genießen, im Sommer hören Sie unzählige Vögel und im Herbst ist *Nijenburg* ein wahres Pilzparadies. In der Nähe des Haupthauses befindet sich ein Spielplatz, auf dem sich die Kinder austoben können, und es stehen Picknickbänke bereit.

Nette Orte in der Nähe

Nijenburg liegt in der Nähe von Alkmaar. In dieser mehr als 750 Jahre alten Stadt findet von April bis September am Freitagmorgen der weltberühmte Käsemarkt statt (www.kaasmarkt.nl/de). In der Stadt finden Sie Geschäfte, gemütliche Restaurants und schöne Museen, darunter das Städtische Museum, wo ein Teil der Porträtsammlung aus *Nijenburg* zu sehen ist (www.stedelijkmuseumalkmaar.nl/de). Weitere Museen sind das Käsemuseum (www.kaasmuseum.nl/de) und das Biermuseum mit Verkostungsraum (www.biermuseum.nl/de).

Ein Besuch in *Nijenburg* kann auch mit einem Tagesausflug an den Strand bei Egmond aan Zee kombiniert werden.

Weitere touristische Informationen über Alkmaar und Umgebung finden Sie unter www.vvvhartvannoordholland.nl/de.

Eine der Skulpturen im Garten von *Nijenburg*. Sie stellt Herkules dar, der gegen das vielköpfige Schlangenungeheuer Hydra kämpft. Diese Skulptur und einige andere wurden von Gaspar Swenst um 1710 speziell für *Nijenburg* angefertigt. Sie stehen nach wie vor am ursprünglichen Ort.

Oude Hof, Bergen

Dem Künstlerdorf Bergen hat René Descartes sicher einen Besuch abgestattet, schließlich lebte hier sein guter Freund Anthonis Studler van Zurck, Herr von Bergen. Gemeinsam sprachen sie über die Form eines großen Hauses, das hier errichtet werden sollte.

Anthonis Studler van Zurck wurde in Amsterdam geboren, seine Familie stammte aber aus der Schweiz. Er lebt eine gewisse Zeit in der Pension Vieux Prince, in die auch Descartes nach seinem Weggang aus Frankreich eingezogen war. So entstand ihre lebenslange Freundschaft, wobei Studler van Zurck auch regelmäßig als Descartes' Bote, Finanzier und Verleger fungierte. Descartes wiederum half seinem Freund, wo er konnte. Zum Beispiel legte er beim Statthalter ein gutes Wort für ihn ein, in der Hoffnung, dass er Studler van Zurck Jagdrechte erteilte, damit dieser in Bergen auf seiner neu erworbenen Herrschaft jagen konnte.

Als der Kaufmann und Börsenmakler Studler van Zurck Bergen kaufte, gab es dort nur noch die Ruine eines befestigten Hauses, das während des Achtzigjährigen Krieges zerstört worden war. Dennoch war der Besitz sehr attraktiv: Zur Herrrschaft gehörten auch das Dorf Bergen, einige umliegende Weiler, einige große Polder und der See Bergermeer. Das Gebiet umfasste mehr als 2.100 ha, die Dünen und das Ödland nicht mitgerechnet. Dies dürfte dann wohl ein geräumiges Jagdgebiet gewesen sein. Weniger als 200 Menschen lebten damals in der Herrschaft Bergen.

Eine Ruine wird zum Landsitz

Auf dem Gelände der Ruine baute Studler van Zurck ein neues Haus, das von drei Kanälen umgeben war. Ob René Descartes sich aktiv an der Gestaltung von *Oude Hof* in Bergen beteiligte, ist unklar, aber angesichts der engen Freundschaft sehr wahrscheinlich. Es ist möglich, dass Descartes ihn auf die Gärten des Palais du Luxembourg in Paris aufmerksam machte, denn die Gestaltung in Bergen weist gewisse Ähnlichkeiten auf. Das Projekt begann mit der Anlage des Gartens und dem Bau von zwei Nebengebäuden. Das Hauptgebäude wurde nie realisiert, wahrscheinlich weil der Besitzer im Jahr 1666 starb. Teilweise ist der ursprüngliche Entwurf aber noch in der Landschaft zu erkennen, wie etwa in Sichtachsen, Alleen und Spuren verschwundener Gebäude.

Van Reenens: Herr und Bürgermeister von Bergen

Im Jahr 1708 erbte Willem Adriaan Graf von Nassau die Herrschaft. Die Grafen von Nassau-Bergen behielten das Anwesen während des gesamten 18. Jahrhunderts in ihrem Besitz. 1830 wurde das westliche Nebengebäude abgerissen und 1852 folgte eine radikale Umgestaltung des östlichen Gegenstücks. Im Auftrag des damaligen Besitzers Jan van Reenen erhielt das Haus sein heutiges, neoklassizistisches Erscheinungsbild. Sein Sohn Jacob wurde von klein auf als Nachfolger seines Vaters und als Herr von Bergen erzogen. Seine spätere Ernennung zum Bürgermeister von Bergen vereinfachte

DIE BERGENER SCHULE

Bergen ist bekannt für seine Künstlerkolonie. Zwischen 1915 und 1925 blühte hier die Bergener Schule auf, eine Bewegung der holländischen Malerei, die sich durch einen expressionistischen Stil mit kubistischen Einflüssen und dunklen Farbtönen auszeichnet. Zu den interessantesten Künstlern dieser Gruppe gehören Charley Toorop, Leo Gestel und John Rädecker. Ihre Arbeiten sind im Städtischen Museum in Alkmaar zu sehen (siehe S. 163).

seine Aufgabe. Dass die Herrschaft nach dem Tod seiner Eltern ungeteilt in seinen Besitz kam, ist bemerkenswert, denn er war das älteste von zwölf Kindern.

Zusammen mit seiner tatkräftigen Frau Marie Völter, einer Deutschen, gelang es Jakob, große Gewinne aus dem umfangreichen Grundbesitz zu ziehen. Seine Interessen und die des Dorfes Bergen stimmten oft überein. Zusammen mit seiner Frau entwickelte er ein Konzept für den »Badeort« Bergen aan Zee. Bald sollte es hier viele Badegäste aus Amsterdam geben. Er finanzierte das Projekt aus den Gewinnen, die seine Ackerbaukolonien abwarfen. In Bergen selbst entstand ein Villenviertel mit dem Namen Van Reenenpark. Durch die kulturellen Bemühungen des Bürgermeisterpaares wurde Bergen auch für viele Künstler zu einem beliebten Wohn- und Arbeitsort. Einige von ihnen gründeten die Bergener Schule.

Sehen und erleben

Das Waldgebiet rund um den Landsitz ist öffentlich zugänglich, einschließlich des restaurierten und heute wieder genutzten Gemüsegartens. Das Hauptgebäude wird von der Blooming-Gruppe betrieben, die regelmäßig öffentliche Veranstaltungen auf dem Landsitz organisiert. (www.weareblooming.com/de).

De Zwarte Schuur, wo früher ein Sägewerk untergebracht war, wird als Kino (100 Plätze) genutzt, in dem qualitätvolle Filme gezeigt werden (www.cinebergen.nl).

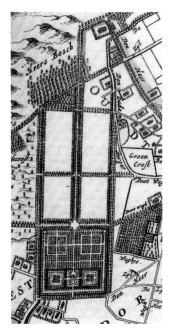

Nette Orte in der Umgebung

Etwa 1 km nordöstlich von *Oude Hof* befindet sich das Museum *Kranenburgh* (Hoflaan 26). Dieses Museum für moderne Kunst und insbesondere für die Kunst der Bergener Schule ist in einer historischen Villa untergebracht und war ursprünglich ein kleiner Landsitz. Jacob und Marie van Reenen-Völter lebten hier. Im architektonisch modernen Anbau gibt es einen Ausstellungsraum und Museumsshop. *Kranenburgh* bezeichnet sich selbst als kultureller Landsitz (www.kranenburgh.nl/deutsch).

Ein Besuch auf *Oude Hof* kann gut mit der Besichtigung des Künstlerdorfes Bergen verbunden werden. Hier gibt es viele Häuser im Stil der Amsterdamer Schule. Mehr Informationen zu diesem typisch niederländischen Baustil finden Sie auf: amsterdamse-school. nl (auch auf Deutsch).

Auf dem Weg zum Strand von Bergen aan Zee (www.vvvhart-vannoordholland.nl/de) durchqueren Sie den nördlichen Teil des Dünenreservats Nordholland, das wie der Nationalpark Süd-Kennemerland ein großes Dünengebiet umfasst (7.300 ha, www. pwn. nl/noord-hollandsduinreservaat).

Der Garten

Wenn Sie auf *Oude Hof* spazieren gehen, werden Sie auf sehr alte Bäume stoßen. Im schönen Gemüsegarten gibt es eine Schlangenmauer aus dem 17. Jahrhundert. Diese Mauer wurde nach Süden ausgerichtet und diente dem Anbau von Spalierobstbäumen. Durch die gerundete Bauform hält sich die Wärme länger in der Mauer, was den Obstbäumen zugutekommt. Manchmal haben solche Mauern metertiefe Fundamente, die verhindern sollen, dass Laubbäume den Obstbäumen das Wasser entziehen. Es gibt auch ein Gärtnerhaus aus dem 18. Jahrhundert und Gewächshäuser aus dem 19. Jahrhundert. Mit der heutigen Gartengestaltung folgt der Landsitz der Mode des 19. Jahrhunderts, als viele Gärten in Landschaftsparks umgewandelt wurden. Östlich des Eingangs befinden sich noch die Reste eines Eiskellers, erkennbar an einem Hügel. Der Wald verteilt sich auf vier rechteckige Grundflächen, durch die einige gewundene Waldwege führen.

Het Oude Hof, Detail aus der Karte *Bergen en omgeving,* 1655 vom Leidener Landvermesser Joannes Dou gezeichnet und 1662 im Weltatlas von Joan Blaeu aufgenommen. Der Ausschnitt lässt deutlich die seinerzeit übliche Einteilung eines Landsitzes erkennen: unten das Haus mit den sorgfältig gestalteten Gärten (drei Inseln), darüber der Park (der weniger detailliert dargestellt ist) und ein Stück weiter der restliche Wald. Übrigens wurde dieser Plan letztlich in vereinfachter Form ausgeführt, allerdings schon nach diesem Grundriss.

ADRESSE

Eeuwigelaan 1
1861 CL BERGEN

ORANGERIE: EXOTISCHE GARTENARBEIT AUF DEN LANDSITZEN

Das Sammeln von exotischen Pflanzen und Bäumen war eine Lieblingsbeschäftigung der Wohlhabenden im 17. und 18. Jahrhundert. Fremdländische Gewächse wurden mit großer Mühe gesammelt und untereinander getauscht.

Lag im 17. Jahrhundert der Schwerpunkt der botanischen Gärten auf der medizinischen Wirkung von Pflanzen, so ging es im 18. Jahrhundert auf den Landsitzen hauptsächlich um das Sammeln von Exoten. Dies erhöhte das Ansehen des Sammlers beträchtlich. Um die tropische und subtropische Pflanzensammlung frostfrei überwintern zu lassen, wurden Orangerien gebaut. Die Temperatur wurde über 7° C gehalten. Einige Gebäude wurden sogar mit Heizöfen bzw. Kaminen ausgestattet.

Orangerien wurden in aller Regel nach Süden ausgerichtet, damit die Wintersonne die überwinternden Pflanzen optimal erreichen konnte. Aus Gründen der harmonischen Symmetrie stellten die Architekten des 18. Jahrhunderts diesen Winterpflanzenlagern oft das Kutscherhaus gegenüber (wie auf *Schaep und Burgh*). Der Innenraum einer Orangerie war oft recht hoch, da er beispielsweise auch Palmen Platz bieten sollte. Einige Orangerien wurden an der Nordseite extra mit

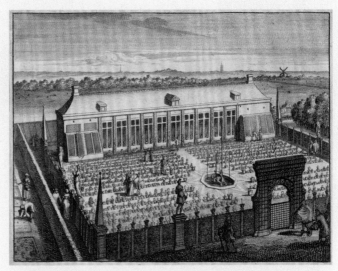

Die Orangerie von *Gunterstein* in Breukelen aan de Vecht. Druck von De Lespine, ca. 1690

Algen, Stroh oder Sand isoliert. Bei trockenem, sonnigem Winterwetter wurden die Fenster und Türen zur Belüftung geöffnet.

ANANAS UND BANANE

Viele Eigentümer von Landsitzen unterhielten ein weltweites Netzwerk, um an Samen von exotischen Pflanzen zu kommen. Man war auch sehr stolz, wenn man eine tropische Sorte in voller Blüte oder zur vollen Reife bringen konnte. So gelang es Agneta Block, im Jahr 1685 auf dem Landsitz *Vijverhof* am Fluss Vecht die erste genießbare Ananas zu züchten, und auf *De Hartekamp* brachte Clifford, mit Hilfe von Carl von Linné, den ersten

Bananenbaum zu voller Blüte. Es gab eine fest definierte Artenliste mit Orangeriepflanzen. Sie enthielt 30 Pflanzen, darunter Oleander, Fuchsie, Hibiskus, Lorbeer und Palme. In den Niederlanden sind zwei Orangerien aus dem 17. Jahrhundert erhalten geblieben, zwölf aus dem 18. Jahrhundert und 69 Bauwerke stammen aus dem 19. Jahrhundert. Auch im 20. Jahrhundert wurden noch einige Orangerien gebaut, unter anderem jene auf *Akerendam* in Beverwijk, die noch heute genutzt werden. Im Jahr 2012 wurde auf dem privaten Landsitz *Berg en Vaart* im 's-Graveland ein Palmengewächshaus errichtet.

Den Haag
und Umgebung

Außer im Westland, wo keiner der einst über 50 Landsitze den Wandel der Zeit überstanden hat, gibt es andernorts noch eine beträchtliche Anzahl, die besucht werden kann. Vor allem im grünen Wassenaar sind viele historische Landsitze erhalten geblieben. Um Leiden herum und insbesondere in den alten Dörfern Warmond und Voorschoten gab es einst eine Reihe von Landsitzen, von denen einige den Zahn der Zeit überstanden haben. Wie im nördlichen Teil Hollands wurden die Landsitze oft entlang der Wasserstraßen gebaut.

Holländisches Versailles

In Holland (und darüber hinaus) übertraf *Huis Honselersdijk* im 17. Jahrhundert in Bezug auf Größe und Ansehen alles. Es stand im gleichnamigen Dorf im Westland, südlich von Den Haag. Um 1600 gelang es den Oraniern, hier große Grundstücke, Häuser und Herrschaften zu erwerben – teilweise durch Enteignung katholischen Eigentums, teilweise durch Ankäufe. Nach dem Kauf von *Honselersdijk* im Jahr 1612 wurde in unmittelbarer Nähe dieses damals noch bescheidenen Landsitzes Grund und Boden erworben. Das gesamte Gebiet wurde umgekrempelt, Gräben gefüllt bzw. gegraben und das Bodenniveau der Polder und Felder wurde für die Verwirklichung der großen Pläne angehoben. Um den Park bauen zu können, wurden viele Häuser, ob bewohnt oder nicht, gekauft und abgerissen. Schwierigkeiten gab es genug. Das flache Land, das den Anpflanzungen wenig Schutz bot, die Nähe des Meeres und der von Westen her wehende (und salzige) Seewind sowie der Mangel an Frischwasser zur Bewässerung waren Hindernisse. Der Bau selbst wurde durch den weichen Boden behindert, der eine schwere Konstruktion ausschloss.

Die beteiligten Architekten waren Jacques de la Vallée (zwischen 1634 und 1637) und Jacob van Campen (ab 1637). Ab 1646 lag die Bauleitung beim Hofarchitekten Pieter Post. Für die Gartengestaltung wurde um 1630 der Gartenarchitekt André Mollet engagiert. Joseph Dinant und Simon de la Vallée wurden ebenfalls beauftragt. Dinant war ein Experte im Bau von Spielhöhlen und Springbrunnen. Jacques de la Vallée gestaltete die Steintreppen und Mollet die Parterres rund um das Haus, von denen eines die Form des holländischen Löwen hatte.

Garten, Park und Wald

Vor dem Haus gab es eine lange, imposante Allee. Für den Bau wurde viel Land im Dorf Wateringen gekauft. Nach dem Bau eines rechteckigen Grachtensystems lagen der Ziergarten und der Obstgarten innerhalb der Grachten und der Wald sowie der Gemüse- und Kräutergarten außerhalb. Der Garten hinter dem Haus war aus vier Grundflächen, die von zwei Alleen getrennt wurden, zusammengesetzt. Der Obstgarten war in 16 eingefriedete Parzellen aufgeteilt. Dies schützte die empfindlichen Aprikosen, Pfirsiche und andere Obstbäume vor starken Witterungseinflüssen. Der Gemüsegarten lag zur Rechten des Hofes und versorgte sowohl die Küchen

In Südholland haben wohlhabende Bewohner Den Haags oft den Bau von Landhäusern angeregt. Dies geschah nördlich im mit Den Haag verbundenen Wassenaar, im Westland und in den Dörfern Voorburg und Rijswijk, aber auch hinter der Küstenlinie von Scheveningen und Den Haag.

DEN HAAG: ÜBERNACHTUNG, GASTRONOMIE UND SEHENSWÜRDIGKEITEN

Obwohl Amsterdam die Hauptstadt der Niederlande ist, befinden sich die Regierung und der Amtssitz des Königs (Paleis Noordeinde) in Den Haag. Bereits die Statthalter wohnten in Den Haag. Die Stadt hat daher einen gewissen königlichen Glanz. Auf der Internetseite des Tourismusbüros (www.denhaag.com/de) lesen Sie unter dem Titel »Königliche Stadt« alles über Orte, die mit den Oraniern zu tun haben. Auf dieser Website finden Sie auch Informationen zu anderen Sehenswürdigkeiten, über Unterkünfte, Restaurants, öffentliche Verkehrsmittel und dergleichen.

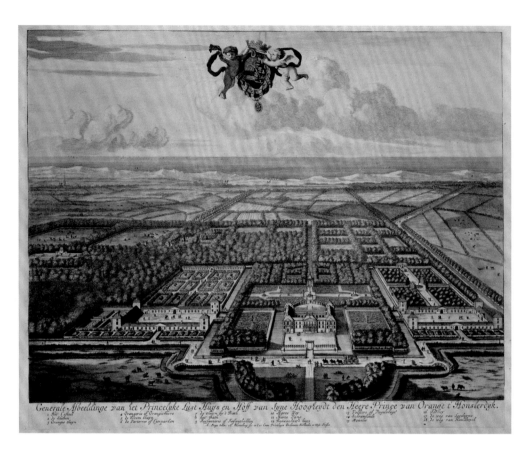

Generale Afbeeldinge van 'et Princelijke Lust Huijs en Hoff van Syne Hoogheydt den Heere Prince van Oranje t'Honslerdijk.

Honselersdijk Ende des 17. Jahrhunderts, Zeichnung von A. Bega und Abraham Blooteling. Dieses »Klein Versailles« wurde für den Statthalter Frederik Hendrik (1584–1647) erbaut. Er finanzierte den Bau teilweise mit Geld, das von der spanischen Silberflotte erbeutet wurde. Top-Architekten waren am Bau beteiligt, darunter Jacob van Campen und Pieter Post. Französische Landschaftsgärtner wurden für den Bau der Gärten beauftragt.

von *Honselersdijk* mit Gemüse und Obst als auch die Küchen der anderen Häuser der Oranier in Den Haag und Rijswijk. Der Chefgärtner hatte die Aufgabe, das ganze Jahr über Blumen anzupflanzen, mit denen die Häuser des Statthalters versorgt werden konnten. Es ist bekannt, dass es auf *Honselersdijk* auch Orangenbäume gab, deren duftende Blüten regelmäßig mit Pferdewagen nach Den Haag gebracht wurden. Im Wald ließ der Rentmeister 55.000 Erlen, 2.969 Ulmen, 2.424 Espen, 4.000 Buchen, 1.100 Pappeln und 2.000 Sträucher anpflanzen – insgesamt fast 67.500 Bäume. Im Jagdrevier gab es ein Wildgehege und einen Taubenschlag mit 150 Nestern, aber auch Käfige für Fasane, Rebhühner, Wachteln und Turteltauben. In den Kanälen wurden verschiedene Fischarten ausgesetzt. Dass man alles in allem in großem Maßstab dachte, zeigt auch der Bau des Ballhauses, für dessen Ausschmückung 80 Wagenladungen Muscheln geliefert wurden.

Willem III.

Nach dem Tod von Frederik Hendrik am 14. März 1647 blieb es auf *Honselersdijk* lange Zeit ruhig. Sein Sohn Willem II. bevorzugte die Jagdmöglichkeiten in Dieren (in Gelderland, an der IJssel). Er starb 1650 im Alter von 24 Jahren an einer Pockenerkrankung. Acht Tage

nach seinem Tod wurde Willem III. geboren und es begann die erste Ära ohne Statthalter. Seine Witwe Maria Henriette Stuart durfte jedoch weiterhin die Häuser der Oranier in Breda, Honselersdijk, IJsselstein und Buren nutzen. Nach dem Tod von Maria Stuart 1660 übernahm die Großmutter Amalia von Solms die Erziehung ihres Enkels. Sie hielt an der sichtbaren Repräsentation der Oranier fest, wobei alle Landsitze der Oranier eine wichtige Rolle spielten.

Nach der Ernennung Willems III. zum Statthalter im Jahr 1672 wehte auf *Honselersdijk* ein neuer Wind. Der noch junge Statthalter trug die finanzielle Belastung von *Honselersdijk, Het Loo* in Apeldoorn, *Soestdijk, Palais Noordeinde, Binnenhof* und *Huis ten Bosch* in Den Haag, das *Huis ter Nieuwburg* in Rijswijk, *Het Hof* in Dieren, das Schloss Breda, *Het Hof* in s'-Geertruidenberg, *Kruidberg* bei Velsen, *Zuylestein* bei Amerongen, Schloss Buren, dem Palast in Brüssel und mehreren kleineren Gebäuden. Bevor er 1688 zum König von England gekrönt wurde, hielt er sich gern in *Het Loo, Soestdijk*, dem *Kruidberg* und seinen Besitzungen im Westland auf. Wohin er auch kam: Immer wurde leidenschaftlich gejagt. Vereinzelte Zuflüsse von Salzwasser durch die Oranjeschleuse im Deich des Flusses Maas und weiter über einen Kanal, der mit *Honselersdijk* verbunden war, führten zum Absterben vieler tropischer Pflanzen.

Der einzige Überrest des weitläufigen, 1815 abgerissen Komplexes *Huis Honselersdijk* ist ein Teil der Nebengebäude: der Nederhof.

LANDSITZE IM WESTLAND

Möchten Sie mehr über *Honselersdijk* und andere (ehemalige) Landsitze im Westland erfahren? Dann besuchen Sie das Westlands Museum in Honselersdijk. Auch viele weitere Informationen zur Geschichte des Westlands finden Sie auf www.westlandsmuseum.nl

Der Verfall setzte ein

Nach dem Tod Willems III. im Jahre 1702 folgte ein erbitterter Streit um das Erbe. Aufgrund seiner kinderlosen Ehe mit seiner Cousine Maria II. (Stuart) beanspruchten der englische Hof, die niederländischen Generalstaaten, der König von Preußen sowie der friesische Zweig der Familie Teile des Erbes. Im Jahr 1732 wurden die jeweiligen Ansprüche geklärt und *Honselersdijk* wurde Friedrich Wilhelm I. von Preußen zugesprochen. Dieser starb wenige Jahre später, woraufhin *Honselersdijk* an seinen Sohn Friedrich Wilhelm II. (Friedrich der Große) ging. Dieser hatte kaum eine emotionale Verbindung zu diesem Landsitz seiner Vorfahren. Ihm ging es hauptsächlich um monetären Gewinn. Für *Honselersdijk* bedeutete dies, dass der Landsitz immer mehr verfiel. Schließlich verkaufte er sein holländisches Anwesen 1754 an Statthalter Willem V. und seine Frau Wilhelmina von Preußen. Danach folgten einige Renovierungsarbeiten auf *Honselersdijk*, strukturell wurde aber nichts unternommen. Tatsächlich wurden sogar unmittelbar nach dem Kauf das Domänenquartier, die Orangerie und ein Teil des Hofes niedergelegt. Durch den Abriss verlor der Komplex seinen symmetrischen Entwurf von Jacob van Campen für immer. Schließlich wurde das einstmals majestätische *Honselersdijk* im Jahr 1815 abgerissen und die zugehörigen Grundstücke parzelliert, um als Gartenbauland zu dienen.

Huis ten Bosch

1645 ergriff Amalia von Solms, die Gemahlin des Statthalters Frederik Hendrik, die Initiative, um einen kleinen, komfortablen und repräsentativen Landsitz zu bauen. Nach Frederiks Tod entschloss sie sich, aus *Huis ten Bosch* ein dauerhaftes Denkmal zu machen, das die Erinnerung an ihren Mann lebendig halten sollte. Es ist aber auch eine eindrucksvolle Ehrenbezeugung an die Dynastie der Oranier am Vorabend der ersten statthalterlosen Ära (1650–1672).

Die Wildnis muss weichen

Der Bau des »Sael van Oranie«, wie *Huis ten Bosch* zunächst genannt wurde, begann 1645. Wegen des sich verschlechternden Gesundheitszustands des Statthalters Frederik Hendrik schien es Amalia sinnvoll, ein Landhaus in der Nähe von Den Haag zu haben, das aber weniger kostspielig sein sollte als *Huis te Honselersdijk* oder *Huis ter Nieuburch* in der Nähe von Rijswijk.

Nachdem der Statthalter dem Rechnungshof die Zustimmung erteilte, wurden Amalia 16 ha Land nordöstlich von Den Haag geschenkt und das Grundstück für den Bau vorbereitet. Das Gelände war voller Erlen und wurde als Wildnis bezeichnet. Auf diesem Gelände stand bisher noch nie ein Bauwerk, daher gab es auch keinerlei Infrastruktur zur Entwässerung. Diese war wesentlich für den Bau eines Parks. Noch bevor diese Arbeiten abgeschlossen waren, legte Architekt Pieter Post einen ersten Entwurf vor, den Amalia aber ablehnte.

Post war zu dieser Zeit ein gefragter Mann, der außerdem zu einem geringeren Honorar arbeitete als sein Kollege Jacob van Campen. Seine klassische Architektur mit typisch niederländischem Charakter war zu seiner Zeit geschätzt. So verwendete er etwa den in den Niederlanden hergestellten (und billigeren) Ziegel. Naturstein musste importiert werden und war daher ein kostspieliges Baumaterial.

Zu seinen Kunden in Den Haag zählte auch der einflussreiche Sekretär des Statthalters Constantijn Huygens. Wahrscheinlich war er der Mann, der Post für den Posten des Statthalterarchitekten ins Gespräch brachte. In dieser Position genoss Post großes Vertrauen seitens der Oranier. So konnte er recht unabhängig bei Renovierungen am Binnenhof arbeiten. Das war durchaus ungewöhnlich, denn im 17. und 18. Jahrhundert wogen die Wünsche des Auftraggebers in der Regel schwerer als die Fachkenntnisse eines Architekten.

Klassische italienische Architektur

Bei den Entwürfen für *Huis ten Bosch* bekam Post von Amalia weniger Freiräume. Sie scheint feste Vorstellungen von diesem neuen Landsitz gehabt zu haben: Es sollte um einen zentralen Raum he-

Aufgrund einer Renovierung des *Huis ten Bosch* war der Oranjesaal 2015 nur eingeschränkt zu besichtigen. Dies ermöglichte es den Besuchern, die prächtigen Gemälde zu sehen, die Amalia von Solms in Erinnerung an ihren verstorbenen Ehemann Prinz Frederik Hendrik anfertigen ließ.

Linke Seite: Druck eines unbekannten Zeichners von *Huis ten Bosch*, 1690. Die Idee des Zentralbaus ist hier deutlich sichtbar. Die Seitenflügel wurden in der Mitte des 18. Jahrhunderts hinzugefügt.

Die Villa Rotonda von Palladio im italienischen Vicenza gilt als klassisches Beispiel für den Zentralbau, eine Bauweise, die auch bei *Huis ten Bosch* zum Einsatz kam.

rum gebaut und mit zwei bescheidenen Seitenflügeln ausgestattet werden, die den Eheleuten als Wohnsitz dienten.

Ein »Zentralbau« wurde häufiger für Kirchen als für Landsitze verwendet. In dieser Hinsicht sind *Trompenburg* in 's-Graveland und *Huis ten Bosch* seltene Ausnahmen. Auf *Trompenburg* baute Admiral Tromp einen Kuppelsaal, in dem er seine siegreichen Seeschlachten und die seines Vaters pompös darstellen ließ. Auch die Nieuwe Kerk am Spui in Den Haag ist ein gutes Beispiel für einen Zentralbau. Diese Kirche wurde zur gleichen Zeit wie *Huis ten Bosch* erbaut.

Frederik Hendrik und Amalia waren die ersten Oranier mit starkem Hang zur Repräsentation. Sie nutzen (Garten-)Architektur und andere Künste, um ihre Paläste zu gestalten, und verliehen der Dynastie der Oranier Ansehen und internationales Prestige. *Honselersdijk* und *Nieuburch* strahlten in diesen Jahren genau das aus. Dort wurden durch die elegante und anspruchsvolle Einrichtung mit vielen historistischen Gemälden sowie mit den prächtigen Gärten und Skulpturen der antiken Götter Parallelen zu den militärischen Erfolgen Frederik Hendriks und seiner Position als Statthalter gezogen. Alles diente dem Ziel, die ruhmreiche Rolle der Familie der Statthalter in der Republik hervorzuheben.

Dies sollte auch in der Architektur und der Einrichtung von *Huis ten Bosch* sichtbar werden. Um viele Dinge kümmerte sich Amalia selbst. Ihr Mann war wegen Feldzügen häufig abwesend. So war sie es gewohnt, selbständig zu handeln. Außerdem verschlechterte sich die Gesundheit des Statthalters während des Baus von *Huis ten*

Bosch erheblich. Bei den Entscheidungen darüber, wie der Landsitz schließlich aussehen sollte, beriet Constantijn Huygens sie übrigens. Als Liebhaber klassischer Architektur war er während einer diplomatischen Reise nach Italien im Jahre 1620 beeindruckt von den Villen entlang des Flusses Brenta sowie von den majestätischen Häusern, die Andrea Palladio in Veneto gebaut hatte, darunter die Villa Rotonda in Vicenza. Dieses Haus gilt in der Architekturgeschichte als wegweisend und als bestes Beispiel für einen Zentralbau. Palladio wurde von architektonischen Formen der römischen Antike inspiriert. Huygens sprach mit Post sicherlich über die überaus repräsentative Architektur Palladios und bezog Elemente aus den Entwürfen des italienischen Architekten in die Pläne für *Huis ten Bosch* mit ein.

Auch der Garten von *Huis ten Bosch* erhielt ein formelles Erscheinungsbild: das eines ummauerten und von Grachten umgebenen Rechtecks. Auf den vier Hauptflächen pflanzten die Gärtner Buchsbaumhecken in Form der Initialen von Hendrik und Amalia von Oranien. Zusammmen bilden sie die Buchstaben HAVO. Übrigens wurde Ähnliches auch auf *Huis ter Nieuburch* gemacht, wo Frederik Hendrik beim Blick aus dem Fenster seiner Wohnung den niederländischen Löwen, das Wappentier der Niederlande, mit Gartenpflanzen gebildet, gesehen haben muss. Es wird vermutet, dass Pieter Post für den Entwurf des Gartens auf *Huis ten Bosch* verantwortlich zeichnete, dabei allerdings vom Gartenspezialisten Jan van der Groen unterstützt wurde.

Gemälde von Jan van der Heyden (um 1670) von *Huis ten Bosch* aus Richtung Süden. Im Vordergrund ein Teil des Gartens.

Links: Theodoor van Thulden, Die
Erziehung von Frederik Hendrik
(Westwand des Oraniersaals)

Mitte: Gerard van Honthorst,
Amalia von Solms mit ihren vier
Töchtern. Sie blicken auf die
andere Seite der Halle, wo ein
meisterhaft gemalter Triumphzug
des Heerführers Frederik Hendrik
zu sehen ist.

Rechts: Gerard van Honthorst,
Frederik Hendriks Standhaftigkeit
(Ostwand des Oraniersaals)

Ein Strich durch die Rechnung

Bevor der Bau vollendet war, starb Frederik Hendrik. Schon in einem
frühen Planungsstadium gab er die Anweisung, dass das neue Haus
mit Porträts europäischer Fürsten und ihrer Ehefrauen ausgestattet
werden sollte. Die Auswahl deutet darauf hin, dass die Oranier mit
diesen Fürstenhäusern Umgang hatten und sich als gleichrangig
betrachteten. Amalia revidierte die Pläne nach seinem Tod und beschloss, das neue Gebäude zu einer großen Ehrenbezeugung für ihren verstorbenen Mann zu machen. 1940 entdeckten Beamte noch
einen Hinweis auf diese veränderten Pläne. Angesichts befürchteter
Kriegsschäden wurden vorsorglich alle Bilder aus dem Oraniersaal
entfernt, darunter auch das Porträt von Amalia in Trauerkleidung,
das sich hoch oben in der Kuppel befand. Als dieses Gemälde ab-
genommen wurde, erschien ein Porträt von Amalia, auf dem sie ju-
gendlich aussah und festlich gekleidet war.

Jacob van Campen erhielt den Auftrag, eine Bilderserie der wichtigsten Ereignisse im Leben des Statthalters anzufertigen. Dieser
Auftrag war für den Architekten und Maler van Campen sehr komplex, da mehrere Künstler aus dem In- und Ausland um einen künstlerischen Beitrag gebeten wurden. Van Campens Aufgabe bestand
darin, all diese einzelnen Werke zu koordinieren, so dass sie zusammen eine Einheit bildeten. Alle mitarbeitenden Künstler erhielten
Modellstudien per Post. Im Weiteren musste er einfach abwarten
und sehen, wie sie ihre Arbeiten ausführen würden. Übrigens entschied van Campen nicht allein über die Gestaltung des Raumes.
Amalia, Huygens und Post waren ebenfalls intensiv daran beteiligt.
Für die Kuppel und die 8 m hohen Wände des Oraniersaals bestellte
van Campen eine Vielzahl von Gemälden, welche das persönliche
Leben sowie erfolgreiche militärische Aktionen Frederik Hendriks
glorifizieren sollten. Der Frieden von Münster, der u. a. den Krieg
mit Spanien beendete, wird mit dem Statthalter in Verbindung ge-

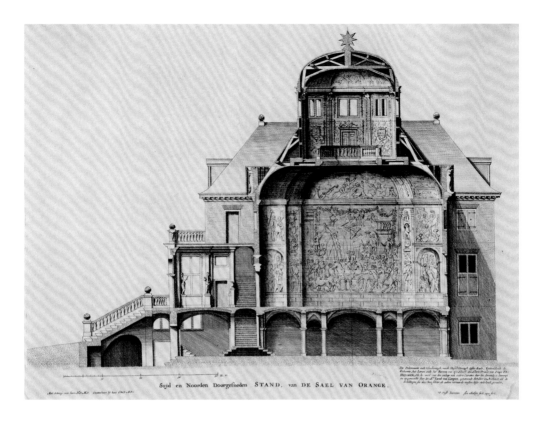

Süyd en Noorden Doorgesneden STAND. van DE SAEL VAN ORANGE.

bracht, obwohl das Friedensabkommen im Jahr 1648 geschlossen wurde und der Statthalter ein Jahr zuvor verstorben war. Amalia selbst ließ sich als Witwe auf einer neuen Leinwand porträtieren, die über einem anderen Porträt von ihr in der Laterne der Kuppel angebracht wurde. An anderer Stelle wird sie mit ihren vier Töchtern in Lebensgröße dargestellt; sie blicken auf die gegenüberliegende Seite des Saals, wo ein meisterhaft gemalter Triumphzug des Heerführers Frederik Hendrik zu sehen ist.

Ein Porträt von Frederiks Nachfolger, Statthalter Willem II., der 1650 an den Pocken starb, fehlt. Dies könnte eine politisch motivierte Entscheidung gewesen sein, denn im selben Jahr beschlossen die mächtigen Amsterdamer Kaufleute und Regenten, dass die Republik auch ohne Statthalter regiert werden könne. Kurz zuvor beabsichtigte Willem II., diese Stadt mit militärischer Gewalt einzunehmen. Damit hatte er sich nicht gerade beliebt gemacht.

Van Campen zog für die Arbeiten mehrere Allegorie-Maler hinzu. Einige von ihnen lebten in den südlichen Niederlanden, wo schon immer eine größere Nachfrage für diese Art der Darstellung herrschte als im Norden. Der erfahrene niederländische Maler Jacob Jordaens bekam die künstlerische Hauptrolle im Oraniersaal. Er schuf das monumentale Werk des triumphierenden Statthalters und Feldherrn. Auch der im Süden der Niederlande arbeitende Maler Theodor Thulden lieferte Arbeiten wie die nordniederländischen

Querschnitt des Oraniersaals mit Blick auf die Ostwand. Hier befindet sich das größte Werk: Prinz Friedrich Heinrich als Triumphator, gemalt von Jacob Jordaens auf Leinwand 7,5 x 7,5 m. Dieser Druck wurde 1655 von Jan Mathijs nach Vorlage von Pieter Post erstellt.

Maler Cesar van Everdingen, Salomon de Bray, Pieter de Grebber und Gerard van Honthorst. Der doppelt talentierte van Campen schuf auch selbst Werke für den Saal. Insgesamt arbeiteten zwölf Maler an diesem Raum.

Wächter der Interessen der Oranier

Wenn Amalia sich auf *Huis ten Bosch* aufhielt, nutzte sie ihre eigene Wohnung, die luxuriös eingerichtet war, allerdings nicht so überbordend wie die Wohnung, die ihren vier Töchtern zur Verfügung stand. Drei von ihnen (Louise Henriette, Henriette Catharina und Maria) lebten aufgrund ihrer Ehen mit deutschen Fürsten außerhalb der Republik. Nur Albertine Agnes, verheiratet mit Willem Frederik von Nassau-Dietz, lebte in Friesland. Von den wertvollen Möbeln aus dieser Zeit ist wenig erhalten geblieben, und was noch da ist, wird normalerweise in niederländischen und ausländischen Museen ausgestellt.

Amalia von Solms überlebte ihren Ehemann um mehr als 25 Jahre; sie starb 1675. Sie selbst lebte abwechselnd auf *Paleis Noordeinde* und *Huis ten Bosch*. Es waren nervenaufreibende Jahre für sie angesichts der instabilen Machtposition der Oranier. Bis zum Zeit-

Ausbauplan von *Huis ten Bosch* von Daniel Marot, 1734. Neu sind die Flügelbauten sowie der Garten im Rokokostil (der nur teilweise realisiert wurde).

punkt, als Willem III. im Katastrophenjahr 1672 die Macht ergriff und die erste statthalterlose Ära zu Ende ging, wahrte sie energisch die dynastischen Interessen.

Nach dem Tod Amalias erbten ihre vier Töchter das Privateigentum, und da Albertine Agnes als Einzige in den Niederlanden lebte, fielen ihr das Nießbrauchrecht und die Entscheidungsgewalt über das Haus und den Park zu. Elf Jahre später verkaufte sie dieses Recht an ihren Neffen, Statthalter Willem III. Er zahlte ihr 10.000 Gulden für das Nutzungsrecht und beauftragte Daniel Marot mit der Neugestaltung des Parks, wobei Philips III. Doublet van Clingendael und Hans Willem Bentinck van Zorgvliet als Berater fungierten.

Ein Privatzoo als Lehrmittel

Im 18. Jahrhundert lebten die Statthalter Willem IV. und Willem V. mit ihren Familien auf *Huis ten Bosch*. Willem IV. erhielt den Landsitz als Geschenk seines Cousins Friedrich I., dem Kurfürsten von Brandenburg, der ihm auch den Titel Prinz von Oranien überließ. Im Zuge des Erbstreits, der 1702 nach dem Tod des Statthalters und Königs Willem III. entstand, war auch dieser Titel umstritten gewesen. Es kam zu rechtlichen Auseinandersetzungen und jahrelangem Streit zwischen den vielen unmittelbar Beteiligten, wobei *Huis ten Bosch* schließlich dem Kurfürsten zufiel.

Es ist verständlich, dass Willem IV. das Haus erweitern ließ, da die Familie des Statthalters nicht mehr über die Landsitze *Honselersdijk* und *Nieuburch* verfügte. Diese waren in deutschen Besitz übergegangen. Der gealterte Daniel Marot wurde beauftragt, das Gebäude mit zwei Flügeln zu erweitern, in denen Mitglieder des Hofes leben sollten. Marot ließ den schönen Anbau mit Dachziegeln eindecken, während Post den Mittelteil mit Schieferplatten deckte.

Nach dem Tod Willems IV. 1751 verbrachte der dreijährige Erbe Willem V. seine Kindheit mit seiner Mutter Anna von Hannover sowie seiner Schwester Caroline auf *Huis ten Bosch*. Zusammen mit ihrem Ehemann Karl Christian von Nassau-Weilburg baute Caroline in der Stadt ein Schloss, das heute als Königliches Theater dient. Im Hinblick auf die Erziehung ihres Sohnes ließ Anna einen Zoo auf dem nahe gelegenen Gehöft *De Kleine Loo* anlegen. Die exotischen Tiere kamen mit den Schiffen der VOC aus Übersee oder wurden von *Het Loo* in der Nähe von Apeldoorn geliefert. Die meisten Tiere starben allerdings im Jahr der Ankunft. In der gleichen Zeit ließ Anna den Garten neu gestalten. Diese dritte Neugestaltung wurde vom Architekten Pieter de Swart mit Hilfe von Johann Hermann Knoop aus Deutschland durchgeführt.

Nach dem französischen Einmarsch im Jahr 1795 und der Flucht der Oranier nach England schenkten die Franzosen *Huis ten Bosch* dem »Batavischen Volk« und raubten die fürstliche Gemäldesammlung, die nach Paris geschafft wurde. Die Möbel fanden auf einer Auktion neue Besitzer.

Im dicht besiedelten westlichen Teil der Niederlande gibt es überraschend viele Grünflächen, die eine reiche Natur und einen großen kulturhistorischen Wert haben. Die Website www.hollandsbuiten.nl gibt einen schönen Überblick. Der Schwerpunkt liegt auf den Landsitzen mit Informationen zu Museen, Wandermöglichkeiten, Aktivitäten für Kinder usw.

Nationale Kunstgalerie

Nicht lange danach wurde die Nationale Kunstgalerie gegründet, für die *Het Loo* und *Soestdijk* leergeräumt wurden. Die Menschen zahlten 6 Stüver Eintritt und der Oraniersaal war die große Attraktion. Außerdem wurden das chinesische und japanische Zimmer, das weiße Esszimmer und einige Zimmer auf höher gelegenen Etagen geöffnet. Das Museum bestand nur für kurze Zeit, da der frisch ernannte Ratspensionär Rutger-Jan Schimmelpenninck hier einzog. Die Gemälde wurden nach Amsterdam gebracht, wo sie später die Gemäldesammlung des Rijksmuseums bilden sollten.

Die neuen Bewohner richteten das Haus mit ihren eigenen Möbeln ein und ließen allzu auffällige Elemente, die an die Oranier erinnerten, entfernen. Der Oraniersaal wurde zum Wartesaal. Nach 15 Monaten räumte Schimmelpenninck das Feld. Er machte Platz für König Ludwig Napoleon, der hier 1807 mit Hortense de Beauharnais (Tochter der Frau Kaiser Napoleons) einzog.

Französischer Geschmack

Paris gab genaue Anweisungen für die Gestaltung des königlichen Palastes: Er sollte dem offiziellen Empirestil folgen, der nach dem französischen Kaiserreich benannt ist. Bemerkenswert ist, dass der nicht-französische Gartenarchitekt Johan David Zocher beauftragt wurde, das Haus neu einzurichten. Zocher kümmerte sich schließlich aber vor allem um den Garten. Er verband den formalen Garten mit dem östlich anschließenden Landschaftsgarten und verlieh ihm eine romantische Ausstrahlung. Viele seiner Veränderungen sind im Park immer noch erkennbar.

Nicht nur *Huis ten Bosch* wurde neu gestaltet, auch die anderen Wohnräume des Königs wurden umgestylt: *Het Loo* in Apeldoorn, *Welgelegen* in Haarlem und das alte Amsterdamer Rathaus am Dam. Ludwig Napoleon residierte auch kurze Zeit in Utrecht, wo er einen Palast errichten ließ, dessen Außenfassade blau gestrichen war. Im *Huis ten Bosch* fand erneut eine Umbaumaßnahme statt, bei der Kaminsimse ausgetauscht, Zimmer neu eingeteilt und Empire-Fenster eingebaut wurden. Aus Frankreich wurde eine große Zahl Möbelstücke für das Interieur geliefert. Teile dieser Sammlung befinden sich immer noch auf *Huis ten Bosch* und dem *Paleis op de Dam*. Übrigens unterstützte Ludwig Napoleon das holländische Handwerk, indem er hier in Ateliers zahlreiche Möbel bestellte. Von der alten Pracht, die Amalia von Solms dem Haus gab, war um 1810 nur noch wenig übrig, und nach der Eingliederung des Königreichs Holland in das französische Reich und dem Weggang Ludwig Napoleons wurde das Haus von einem französischen Gouverneur bewohnt.

ADRESSE

's-Gravenhaagse Bos 10
2594 BD DEN HAAG

www.koenigshaus.nl

Königlicher Palast

Nach der Rückkehr der Königsfamilie 1813 wurde unmittelbar mit der Wiederherrichtung begonnen, so dass das Haus im Jahr 1814 als Ort für den Empfang, während des Besuchs des russischen Zaren Alexander I. dienen konnte. Seine jüngere Schwester Anna Pawlowna heiratete im Jahr 1816 in St. Petersburg den späteren König Willem II. In den folgenden Jahrhunderten nutzten die Oranier *Huis ten Bosch* für verschiedene Zwecke. Im 19. Jahrhundert bestand für das Königshaus die Notwendigkeit eines neuen königlichen Palasts. Es folgten Versuche, dies in Den Haag zu realisieren. Nicht zuletzt aus diesem Grund kaufte König Willem II. so viel Land um *Zorgvliet*. Ein neuer königlicher Palast entstand jedoch nicht mehr.

Während des Zweiten Weltkrieges erwägten die Besatzer, *Huis ten Bosch* für einen Panzerabwehrgraben abzureißen, aber der Intendant, der oberste Leiter der militärischen Verwaltungsbehörde, wusste dies zu verhindern. Nur ein paar Häuser von Pieter Post auf dem Gelände erwischte es. Zuvor wurden bereits vorsorglich alle Gemälde aus dem Oraniersaal entfernt. Das war auch sehr ratsam, denn bald wurden ganz in der Nähe des Schlosses V1-Raketen auf England abgefeuert, was wiederum zu englischen Gegenangriffen führte.

Huis ten Bosch, Rückseite von Osten

Nach dem Krieg wohnte Königin Wilhelmina in dem stark beschädigten Haus, während Juliana *Huis ten Bosch* hauptsächlich für Empfänge nutzte und mit ihrer Familie im *Paleis Soestdijk* lebte. Königin Beatrix nutzte das Haus als offizielle Residenz, wie auch der amtierende König Willem Alexander.

Sehen und erleben

Huis ten Bosch kann nicht besucht werden. Vom Tor aus an der Straße können Sie sich das Schloss ansehen und im direkt benachbarten Haager Wald spazieren gehen. Er ist eine grüne Oase mitten in der Stadt. Hier kommen Bussarde, Eisvögel, Rotwild und Damwild vor (www.staatsbosbeheer.nl).

Huis ten Bosch liegt an der Haagse Landgoederenroute (dt. Haager Landgüterroute), einer 52 km langen Radroute.

Nette Orte in der Umgebung

Das Louwman-Museum, etwas weiter in Richtung Wassenaar, beherbergt die älteste private Automobilsammlung der Welt, die von zwei Generationen der Familie Louwman zusammengetragen wurde. Der Grundstock entstand 1934. Die Sammlung umfasst heute mehr als 250 frühe und klassische Autos. Der Museumsbau bildet auch ein architektonisch interessantes Ganzes (Leidsestraatweg 57, 2594 BB DER HAAG, www.louwmanmuseum.nl).

Nahe gelegener Landsitz

Clingendael (S. 213 ff.).

JAN VAN DER GOEN

Im 17. und 18. Jahrhundert erschienen hin und wieder Bücher, in denen Gärtner oder Eigentümer ihr Wissen mit anderen teilten. Jan van der Groen war einer davon: 1669 veröffentlichte er *Den Nederlandtsen Hovenier*, ein Buch, mit dem er sich dank Übersetzungen auch international einen großen Namen machte. Es wurde bis 1721 14 Mal nachgedruckt. Jan van der Groen wurde 1624 in Den Haag geboren und heiratete 1659 in Loosduinen Anna Maria Blom. Es war seine erste Ehe. Anna war die Witwe von Gerrit Heijdema, mit dem sie zwei Kinder hatte. Ihr Vater Aernt Blom stand als Gärtner bei Prinz Frederik

Hendrik in Diensten. Vermutlich kam van der Groen 1659 als Gärtner und Gartenbauberater an den statthalterlichen Hof. Er war nicht völlig unbekannt, denn er hatte bereits in der Zeit, als er noch nicht verheiratet war, Pflanzen und Blumen für *Honselersdijk* geliefert.

Aufgrund der Qualität, die er anbot, durfte er auch an andere Gärten des Statthalters liefern. Nach einiger Zeit wurde er zum Gärtner von *Honselersdijk* ernannt. Später folgte seine Ernennung zum Gärtner bzw. tuinbaas (dt. »Obergärtner«) von *Huis ter Nieuburch* in Rijswijk, wo er 1671 starb.

Ockenburgh

Jacob Westerbaen kam in einfachen Verhältnissen zur Welt. Durch eine vorteilhafte Ehe wurde er aber sehr wohlhabend. Es ist möglich, dass seine Frau (die Witwe Anna Weytsen) beeindruckt war vom Intellekt des studierten Theologen und Mediziners. In letzterer Disziplin promovierte er in der französischen Stadt Caen und gründete danach eine Arztpraxis in Den Haag. Nach dem Tod seiner Frau begann er 1651 mit dem Bau eines Landsitzes an der Straße von Loosduinen nach Monster. Hier lag einst ein kleines römisches Militärlager. Der Name des Dorfes Loosduinen könnte sogar mit diesem Kastell zu tun haben. Im Keltischen bezieht sich das Wort Lougodinen auf einen Weiler auf der windabgewandten Seite von Hügeln oder Dünen. Die Römer könnten dieses Wort als Lugduno übernommen haben, wonach es in späterer Zeit zu Losdun (dt. leere Dünen) verballhornt wurde. Archäologen schließen nicht aus, dass der Heerweg, der von Monster (damals die Maasmündung) über Arentsburgh in Voorburg zum alten Rhein führte, auch *Ockenburgh* streifte.

In einem gereimten Brief an Jacob Westerbaen beschreibt Constantijn Huygens das Gebiet, in dem sich *Ockenburgh* befindet wie folgt:

(Loos) Duynland, mager stael van overstoven hey grond | Waer 't hongerig conijn te nauwernood sijn weg vond | En voede mensch noch dier.

zu Deutsch etwa:
Leere, Dünen, mageres, verwehtes Heideland | Wo das hungrige Kaninchen kaum Nahrung fand | Und nährte weder Mensch noch Tier.

Dies hielt den Arzt Westerbaen dennoch nicht davon ab, hier einen Landsitz anzulegen.

Ansicht von *Ockenburgh*. Zeichnung von Adriaen Matham, um 1650–1660

Ein »hofdicht«

Constantijn Huygens und Jacob Cats waren mit Westerbaen befreundet, der wie sie sein neu erbautes Landhaus in einem »hofdicht« (dt. etwa »ein Landhausgedicht«) besang, ein Genre, das in den Niederlanden im 17. und 18. Jahrhundert aufkam und in denen die Landsitze und das Leben außerhalb der überfüllten Städte an sich idealisiert wurden. Dieses Gedicht veröffentlichte er 1653 unter dem Titel: *Arctoa Tempe. Ockenburgh. Woonstede van den Heere van Brandwijck, in de Cingen buyten Loosduynen*. Er hatte den Titel Herr von Brandwijk (und Gybeland) aus dem Erbe seiner Frau erworben. Das Interessante an diesem und anderen Landhausgedichten ist, dass der Dichter den Leser gewöhnlich auf einen ausgedehnten Rundgang durch den Landsitz mitnimmt und alles ausführlich erörtert. Hierdurch erhalten wir eine gute Vorstellung davon, wie es damals ausgesehen haben muss. Es ist bekannt, dass Westerbaen seinen Landsitz selbst entworfen hat, obwohl er zweifellos viel über seine Pläne mit Huygens, Cats und anderen Landsitzeigentümern gesprochen haben wird. Das Haus hatte ein klassizistisches Erscheinungsbild und muss dem Mauritshuis in Den Haag wohl ein wenig geähnelt haben.

In der Zeit von Westerbaen war es nicht üblich, dass ein Besitzer dauerhaft auf seinem Landsitz lebte. Die meisten zogen es vor, ab dem Herbst in das komfortablere Stadthaus zu ziehen. Dieser Arzt aber war dafür bekannt, dass er das ganze Jahr über in *Ockenburgh* weilte. Er starb 1670 und hinterließ einen beträchtlichen Schulden-

Modell des römischen Kleinkastells, das von 150 bis 180 n. Chr. in *Ockenburgh* stand

berg. Woher der Landsitz seinen Namen hat, ist unbekannt. Möglicherweise hängt er mit dem Vorhandensein von Walnussbäumen zusammen. Diese werden von der lokalen Bevölkerung des Westlandes traditionell »okkernoten« genannt.

Ockenburgh, wie es hoffentlich bald wieder aussehen wird

Schlechtes Wetter für den Landsitz

Bis zum Jahr 1916 wurde das Anwesen durch regelmäßige Verkäufe oder durch Erbschaft an neue Eigentümer übertragen, die genauso regelmäßig Änderungen vornahmen bzw. das Haus umbauten oder erweiterten. Im Jahr 1916 erwarb die Baugesellschaft Ockenburgh den Landsitz. Die Stadt Den Haag war zu Vierfünfteln Anteilseigner dieser Gesellschaft. 1931 kam *Ockenburgh* vollständig in das Eigentum der Stadt. Von diesem Jahr an wurde das Haus als psychiatrisches Krankenhaus genutzt, um während des Zweiten Weltkriegs die schreckliche Kulisse für die Deportation jüdischer Kinder in deutsche Vernichtungslager zu bilden. In jenen Jahren wurden in der Nähe des Hauptgebäudes mehrere Bunker errichtet, die heute teilweise von begrünten Sandhügeln verdeckt sind. Hunderte von V2-Raketen wurden von diesem Gelände aus Richtung England geschossen.

Durch die turbulente Geschichte der letzten 100 Jahre, aber auch durch Umbauten bisheriger Eigentümer ist praktisch nichts mehr von der ursprünglichen Pracht zu sehen, die dieser Landsitz im 17. Jahrhundert hatte, obwohl einige Wasserläufe und die aufwendige Eingangsallee erhalten geblieben sind. Kürzlich wurde während der Restaurierung des Hauptgebäudes ein beschädigter Teil einer einst ausgemalten Decke entdeckt.

ADRESSE

Monsterseweg 4
2553 RL DEN HAAG

www.landgoed-
ockenburg.net

www.buitenplaats
ockenburgh.nl

Flugblatt für eine Flugschau auf *Ockenburgh*. Entworfen vom niederländischen Glasarbeiter, Maler und Grafikdesigner Pieter A.H. Hofmann

Jugendherberge wird zum Treffpunkt: PLAN B

Bei vielen Menschen ist *Ockenburgh* heute als Jugendherberge bekannt. Solche Unterkünfte finden sich häufiger auf Landsitzen oder in Herrenhäusern. Beispiele hierfür sind die Stayokays in den heute in Privatbesitz stehenden Herrenhäusern *De Brecklenkamp* bei Lattrop in der Provinz Overijssel, der Landsitz *Assumburg* in Heemskerk, *Kasteel Westhove* in Oostkapelle und das Duinhostel auf dem ehemaligen Landsitz *Duinrell* in Wassenaar (heute ein Freizeitpark). Aufgrund der Beliebtheit dieser Jugendherberge in Loosduin, die so nah am Strand und dem Stadtzentrum von Den Haag lag, wurde das Hauptgebäude 1972 um einen Flügel erweitert. Außerdem gab es einen Campingplatz auf dem Gelände.

Nach dem Verschwinden der Jugendherberge im Jahr 1998 blieb ein völlig verwohntes Gebäude zurück. Nach einer langen Diskussionsphase hat sich ein Kollektiv von Anwohnern, lokalen Unternehmen und Organisationen zusammengeschlossen und 2015 die Stiftung für den Erhalt des historischen Landsitzes Ockenburgh (SHBO) gegründet. Diese Gruppe ist nun verantwortlich für die Restaurierung und Umwidmung des Hauptgebäudes (Villa Ockenburgh) und plant des Weiteren die Restaurierung des Gemüsegartens und anderer Teile dieses einst wunderschönen Landsitzes.

Sehen und erleben

Obwohl vom historischen Entwurf des Landsitzes nicht mehr viel übrig ist, ist *Ockenburgh* ein wunderbares Wandergebiet. Weitere Informationen finden Sie unter www.zuidhollandslandschap.nl. Nach einem Besuch auf *Ockenburgh* können Sie auch am nahe gelegenen Strand von Kijkduin frische Luft schnappen.

Gastronomie

Hinter der Villa Ockenburgh finden Sie in einem ehemaligen Gewächshaus Kasserie OCK. Hier können Sie leckere Drinks und spezielle Sandwiches genießen.

Hofwijck

Im Amsterdamer Gebiet erhoben sich im 17. Jahrhundert viele Landsitze, die mit Gewinnen aus dem Handel errichtet wurden. Obwohl es in diesem Gebiet sicherlich außergewöhnliche oder bemerkenswerte Landsitze gegeben hat, weist ein großer Teil eine gewisse Einheitlichkeit in der Gestaltung und Anordnung auf. Die Eigentümer kopierten gegenseitig ihre Ideen oder Bauunternehmer erhielten den Auftrag, einem bestehenden Bauernhaus durch Erweiterungen und Fassadenwechsel mehr Stil und Ansehen zu verleihen.

Dies gilt auch für Den Haag, aber hier schuf eine kleine Gruppe hoch gebildeter Akademiker eine Reihe von Landsitzen, die auf der Grundlage vergleichender Studien, großem Fachwissen und gegenseitigem Austausch entstanden. Die klassische italienische Architektur scheint hier eine größere Rolle gespielt zu haben. Zu dieser Gruppe von Intellektuellen des 17. Jahrhunderts gehörten Cats, Westerbaen, Mitglieder der Familie Doublet, de Jonge van Ellemeet und Huygens. Letzterer hatte auch großen Einfluss auf die Entwürfe der statthalterlichen Landsitze rund um Den Haag.

Bis in die Details

Liebhaber von Landsitzen waren oft in Diensten der Provinz Holland, der Republik oder sie arbeiten für die Statthalter. Sie verfolgten keine Handelskarriere, keinen sozialen Aufstieg und zeigten kein offensichtliches Trachten nach adligen Titeln. Durch intensive wissenschaftliche Erforschung von Natur, der Landsitzkultur und klassischer Architektur entstanden Landsitze, die sich in Konzept und Gestaltung vom Üblichen unterschieden. Bei der Umsetzung der eigenen Pläne wusste man die internationalen Kontakte und Netzwerke im künstlerischen oder botanischen Bereich zu nutzen. Diese Liebhaber der Landsitze dachten über jedes Detail nach, machten

Hofwijck zählt trotz seiner geringen Größe und seiner Lage an einer Bahnstrecke zu den außergewöhnlichsten Landsitzen der Niederlande. Im 17. Jahrhundert wurde das Anwesen von Constantijn Huygens komplett neu gebaut, der eine gute Balance zwischen Leben und Natur suchte. Sein Streben nach Harmonie führte nicht nur zu einem schönen Landsitz, sondern auch zu einem Gedicht von fast 3.000 Zeilen, in dem er alles auf *Hofwijck* besang.

Im Jahr 1653 beschrieb Huygens seinen Landsitz in Voorburg im Landsitzgedicht: *Vitaulium Hofwijck*. Darin veröffentlichte er auch diese Zeichnung (Detail), die Pieter Post zugeschrieben wird.

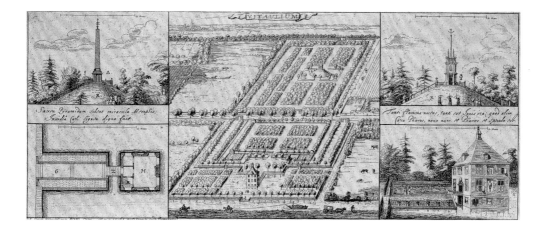

Vergleichsstudien und schufen ihr Anwesen auf gut durchdachte, ja, fast akademische Weise. Nirgendwo sonst in der Republik lebten so viele Ärzte, Staatsmänner, Diplomaten, Gesandte und Höflinge auf Landsitzen wie in Den Haag.

Viele dieser Anwesen sind verschwunden oder haben sich im Laufe der Jahrhunderte verändert, so dass nur noch wenige Originale übriggeblieben sind. Nur auf *Hofwijck* ist nach Restaurierungsarbeiten etwas von der Atmosphäre des 17. Jahrhunderts zu erleben. Hier, entlang des Kanals Vliet (siehe S. 196) schuf Constantijn Huygens einen Landsitz, auf dem alles untersucht, gegeneinander abgewogen bzw. miteinander verglichen wurde. Ideen, die von Auslandsreisen mitgebracht wurden, Korrespondenz mit verschiedenen Gleichgesinnten, Freundschaften mit Botanikern, Architekten und Handwerkern spielten eine Rolle. Durch das Anlegen und, falls nötig, durch die erneute Umgestaltung, schufen die Huygens einen einzigartigen Landsitz.

Ein guter Schüler

Das Leben von Constantijn Huygens begann am 4. September 1596 in der Nobelstraat in Den Haag. Sein Bruder Maurits war schon geboren und auf Constantijn folgten vier Mädchen, von denen nur Geertruyd und Constantia das Erwachsenenalter erreichten. Maurits starb ebenfalls recht jung. Christiaan Huygens und Suzanna Hoefnagel entdeckten bald, dass ihr Sohn Constantijn ein Wunderkind war, das im Alter von nur zwei Jahren die Zehn Gebote in 36 Versen zusammengefasst rezitieren konnte – auswendig, in einwandfreiem Französisch und ohne Probleme. In diesem Alter lernte er auch innerhalb eines Tages das Alphabet.

Seine Eltern achteten sehr auf die Erziehung ihrer Söhne, die in der Regel zu Hause Unterricht erhielten, während auch zu sportlicher Betätigung angeregt wurde. Constantijn hatte ein großes musikalisches Talent. Er sang und spielte Theorbe (eine Art Laute), Violine, Viola da Gamba, Cembalo, Laute und andere Instrumente. Darüber hinaus war er polyglott und beherrschte seine vielen Sprachen fließend. Er hatte auch literarische und poetische Talente.

Mit fortschreitender Ausbildung entwickelt sich Constantijn zum Diplomaten und Kunstkenner. In seinem weiteren Leben spielen Literatur, Musik, Poesie, Botanik und Architektur eine große Rolle. Nach seinem Jurastudium in Leiden trat er 1625 in den Dienst des Statthalters Frederik Hendrik. Er war damals gerade einmal 29 Jahre alt und bekam den Posten des statthalterlichen Sekretärs. Dieses Amt übte er 62 Jahre, unter sehr unterschiedlichen politischen Konstellationen, aus. In seinen Briefen und Gedichten erlebt man einen Mann, der intelligent und liberal war und die Dinge vom Ursprung her dachte. Trotz seiner liberalen Haltung neigte er in religiöser Hinsicht der konservativen Richtung zu, wobei es wiederum sein Verdienst war, dass die Verwendung der Kirchenorgel in Gottesdiensten der Reformierten Kirche möglich wurde.

Porträt von Constantijn Huygens mit seinen Kindern. Dieses Gemälde (Adriaen Hanneman, 1640) erhielt einen Platz in Huygens' Haus, in der Nähe des Mauritshuis. Huygens' Ehefrau Suzanne van Baerle fehlt hier. Sie war zwei Jahre zuvor im Kindbett, nach der Geburt ihrer jüngsten Tochter, gestorben.

Der Körper als Idealform

Schon in jungen Jahren interessierte sich Constantijn sehr für die Natur. Sein ganzes Leben scheint eine lange Suche nach der Art und Weise gewesen zu sein, wie er sich am besten zur Natur verhielt. Dieses Interesse wurde von mehreren Akademikern und Denkern geteilt, während einige religiöse Glaubensrichtungen seiner Zeit in der Natur vor allem Gottes Größe offenbart sahen. Vor diesem Hintergrund war es nur logisch, dass Landsitze seine volle Aufmerksamkeit hatten.

In seinem Bestreben, eins mit der Natur zu werden, nutzte Constantijn die Möglichkeiten der Architektur, um dieses Ziel zu erreichen. Viele Eindrücke und Kontakte halfen ihm dabei. So wurde er während einer diplomatischen Mission in England von den modernen Gebäuden Inigo Jones' inspiriert. Die philosophischen Beobachtungen von Henry Wotton hatten ebenfalls einen großen Einfluss auf ihn. Letzterer nannte die Natur »die Mutter aller Künste«. Die Natur müsse nur geordnet werden, so würden die idealen Proportionen entstehen. Man kann die Konstruktion der vielen formalen Gärten zu dieser Zeit als Spiegelbild dieses Gedankens sehen. In der strengen und symmetrischen Anordnung von Pflanzen und Bäumen schuf man Überblick und Schönheit, die bei manchen Zeitgenossen zu Gotteserfahrungen führten. Wie die Architekten des klassischen

Altertums sah Wotton im menschlichen Körper die idealen bzw. richtigen Proportionen. Letzteres sollte in besonderer Weise auf *Hofwijck* zum Ausdruck kommen, denn Huygens gab seinem Landsitz die Form des menschlichen Körpers mit Armen und Beinen, einem Oberkörper mit Bauchnabel und einem Kopf.

Auf einer anderen diplomatischen Mission besuchte Huygens Venedig und Umgebung. Dort und im nahe gelegenen Vicenza sah er die schönen Villen des berühmten Architekten Andrea Palladio. Dieser Architekt des 16. Jahrhunderts orientierte sich sehr am antiken Architekten Vitruv, der sein Wissen in zehn Büchern aufgezeichnet hatte. Palladio entwickelte eine eigene Interpretation der architektonischen Ansichten Vitruvs. Auf diese Weise gab er der klassischen Architektur einen neuen Impuls. Zusammen mit einigen anderen talentierten italienischen Architekten des 15. und 16. Jahrhundert hatte sein Genie einen nachhaltigen Einfluss auf die Entwicklung der westlichen Architektur seit dem 17. Jahrhundert und inspirierte Huygens zur Konzeption und dem Bau seines *Hofwijck* in Voorburg.

Bautätigkeit in der Stadt

Dem Bau von *Hofwijck* ging der Bau eines innovativen Hauses am Plein in Den Haag voraus. Huygens' Freund und Berater Jacob van Campen war hierbei der Architekt. Zusammen mit Pieter Post arbeitete van Campen in diesen Jahren auch am nahe gelegenen Mauritshuis. Auf Wunsch des oft abwesenden Bauherrn Moritz von Nassau-Siegen beaufsichtigte Huygens den Bau. Auf diese Weise konnte er günstig Baustoffe für sein Eigenheim erhalten. Bewusst strebte er eine architektonische Form an, die schlicht war, nicht auffällig oder übertrieben und die Tatsache berücksichtigte, dass er »nur« Höfling war.

Als das Haus am Plein fertig war, lebte er dort mit seiner geliebten Suzanne (Sterre) van Baerle und ihren Söhnen Constantijn (1628), Christiaan (1629), Lodewijk (1631) und dem jung verstorbenen Philips (1633). Später folgte noch die Geburt von Suzanna (1637), welche die Mutter nach mehrmonatigem Kindbettfieber das Leben kosten sollte. Huygens war nach ihrem Tod untröstlich. Die Poesie, die er nach diesem Verlust verfasste, ist sehr bewegend und ergreifend. Leider wurde das Haus 1876 abgerissen; nur einige Bilder und Kachelbilder sind noch erhalten. Ende des 19. Jahrhunderts entstand an dieser Stelle ein Gebäude für das Justizministerium nach einem Neorenaissance-Entwurf des Architekten C.H. Peeters.

Richtiges Verhältnis und weniger Gäste

Der Bau von *Hofwijck* begann drei Jahre nach Sterres Tod. Das Gelände war nur mühsam über den schlecht ausgebauten Laan van Werve zu erreichen. Die heutige Straße trägt den Namen Laan van Nieuw Oosteinde. Voorburg war viel einfacher (und bequemer) über den Treidelkanal erreichbar. Die Entscheidung, die Allee zu befestigen, wurde erst getroffen, als *Hofwijck* schon lange Zeit fertig war.

Um diese befestigte Straße nutzen zu können, musste Maut an den Straßenbauer und Eigentümer des Landes, Nicolaas Verloo, gezahlt werden. Er besaß auch das benachbarte *Huis De Werve*. Huygens war ein säumiger Zahler, der seine finanzielle Verpflichtung lange vernachlässigte und auch nach Mahnungen weiter so tat, als ob er von nichts wüsste.

Jacob van Campen war auch am Bau von *Hofwijck* beteiligt. Die Männer erwiesen einander immer wieder Dienste, Gefälligkeiten und kleine Aufmerksamkeiten. Hier ist nicht genug Platz, um erschöpfend zu erzählen, wie genial und außergewöhnlich Constantijn Huygens seinen Landsitz entwarf und gestaltete. Wie oben erwähnt, bildete das Ganze die Kontur eines menschlichen Körpers, wobei Alleen die Arme und Beine formten. Das Haus selbst war der Kopf. Huygens plante das Haupthaus absichtlich recht klein und nahm die Unannehmlichkeit gerne in Kauf, dass er nur eine begrenzte Anzahl von Menschen zu Gast haben und nur wenigen Gästen eine Unterkunft für die Nacht anbieten konnte. Die richtigen Proportionen waren ihm wichtiger. Möglicherweise wollte er auch, genau wie Cats auf *Zorgvliet*, die Anzahl der Besucher an seinem Tisch begrenzen. Die Erhaltung der Harmonie war ein sehr wichtiger Ausgangspunkt. Auf *Hofwijck* durfte nicht über Politik oder kirchliche Angelegenheiten gesprochen werden. Musik hingegen förderte die richtige Atmosphäre. Der Garten markierte schließlich den Beginn der holländisch-klassizistischen Gartenarchitektur.

Der Einfluss von *Hofwijck* auf die Entwicklung und Gestaltung von Landsitzen im 17. und 18. Jahrhundert in den Niederlanden und im Ausland wurde bisher kaum untersucht. Das Haus wurde auch von ausländischen Gästen viel und oft besucht, und dass dieser Landsitz am Vliet große Aufmerksamkeit genoss, ist unbestritten.

Eine schöne Aussicht

Beim Bau des Gartens ging nicht alles glatt. So gibt es eine Geschichte über die Anpflanzung junger Eichen: Anfangs wurden sie auf sandigem Boden gepflanzt, so dass bald ein Bäumchen nach dem anderen einging. Man sah keine andere Lösung, als den gesamten Boden abzutragen und durch fruchtbaren Boden zu ersetzen. Huygens macht aus der Not eine Tugend, indem er den abgegrabenen Sand zu einem Hügel aufschichtete. Ein paar Jahre später baute er noch einen Turm auf diesen Hügel. Zwanzig Stufen führten hier hinauf zu einem kleinen Plateau, von wo aus er über die Bäume hinweg bis Den Haag und zum Meer bei Scheveningen sehen konnte. Der Aussichtspunkt war aber auch eine gute Möglichkeit, den Garten zu betrachten.

Dies war zu jener Zeit eine sehr beliebte Aktivität. Landschaftsmaler des 17. Jahrhunderts haben daher viele solcher Ansichten erstellt. Der Bau von Wachtürmen und Belvedères reicht bis in unsere Zeit. So entstand vor einigen Jahren ein Aussichtspunkt in einer Sichtachse der *Rensumaborg* im Ort Uithuizermeeden in der Provinz

Groningen, und auch auf dem großen Landgut *Twickel*, in der Ortschaft Ambt Delden, wurde unlängst ein Aussichtspunkt restauriert. Auf diesem Hügel aus dem Jahre 1791 wurde ein kleiner Tempel
(Ädikula) aufgestellt, der vom *Hof te Dieren* stammte.

Ironischerweise befinden sich in Voorburg die Eisenbahnüber-
führung und der Bahnhof, die 1987 errichtet wurden, in etwa auf
dem Gelände des ehemaligen Aussichtspunktes. Der Bau dieser
Eisenbahntrasse zwischen Den Haag und Gouda stammt übrigens
bereits aus dem Jahr 1860.

Der Hügel mit Turm in Garten von
Hofwijck. Detail der Zeichnung
auf S. 187

Langfristig gerettet

Nach dem Tod Constantijns lebte sein Sohn, der Mathematiker, As-
tronom und Physiker Christiaan Huygens, auf *Hofwijck*. Der Landsitz blieb bis 1750 in Familienbesitz, danach begann der Verfall. Im
Jahr 1849 erwarb der einflussreiche Politiker Guillaume Groen van
Prinsterer *Hofwijck*. Der auch sehr wohlhabende Politiker war ein
großer Bewunderer von Constantijn Huygens und kaufte den Landsitz für etwas mehr als 8.000 Gulden. Er beabsichtigte, nicht selbst
dort zu leben, da er vier Jahre zuvor den Landsitz *Oud-Wassenaar*
bei Wassenaar erworben hatte. Sein Handeln jedoch rettet *Hofwijck*
vor dem Untergang, auch wenn das Anwesen danach noch viel von
seinem früheren Glanz verloren hat. Er konnte leider nicht verhindern, dass es elf Jahre später zu einer erheblichen Bodenenteignung
für den Bau der Eisenbahntrasse nach Gouda kam. Dieser Nachteil
brachte aber auch wieder einen Vorteil, denn das stark verkleinerte
Hofwijck konnte mit dem Erlös aus dem Zwangsverkauf komplett
restauriert werden. Danach folgte eine Zeit der Vermietung.

Nach dem Tod von Groen van Prinsterer erbte eine Nichte diesen Teil seines Besitzes. Bis 1913 war es ein Kommen und Gehen von
Mietern und Besitzern, und erneut drohte der Abriss des stark ange-
schlagenen Landsitzes. Dann trat Clement Wertheim, Bergbauinge-
nieur und ehemaliger Beamter in Niederländisch-Indien, als Mieter
auf den Plan. Er bemühte sich schließlich redlich, den Landsitz für
den Verein Hofwijck zu erwerben. Die Absicht war, das Haus zu einem Museum zu machen. Endlich, nach jahrelangen Bemühungen,
gelang der Kauf dank einer Spende aus Deutschland, die von einer
Nachfahrin Huygens' und ihrem Ehemann stammte. Eine schwierige
Restaurierungsphase folgte. Der Vorstand wurde dabei von ständi-
gen Geldsorgen geplagt. Auch gab es andauernde Streitereien über
die Methode der Restaurierung sowie die Aufteilung der Kompeten-
zen im Vorstand. Jan Prins, ein literarisch interessierter Mann und
Mitglied des Ausschusses für die Restaurierungsarbeiten, drückte
die Situation 1926 so aus:

> Het huis, | gesloten, dood en vergeten, | als door een diepte van rouw |
> door 't roerloze water omdonkerd, | staat het verlaten gebouw, |
> staat als met een gans verleden | van kilte en miskenning bevracht, |
> verwaarloosd onder de stilte, | het huis in de komende nacht.

Blick in den Eiskeller von *Hofwijck*, der sich am Hang der zum Eingang führenden Brücke befindet

Frei übersetzt:
Das Haus, | verschlossen, tot und vergessen, |
wie in tiefster Trauerzeit. | Von reglosen Wassern betrübt steht er da, |
der Bau in Einsamkeit. | Stehend, als sei's beladen das Haus, |
mit der Kälte und Unkenntnis Last, | verwahrlost das Haus in Stille, |
auch in der kommenden Nacht.

Hofwijck im 21. Jahrhundert

Nach dem Zweiten Weltkrieg wendete sich das Blatt und 2005 folgte eine gründliche Restaurierung des Gartens. Aufgrund der unsensiblen Handhabung in früheren Zeiten, in denen das gesamte Gelände aus verschiedenen Gründen umgegraben wurde, war eine genaue Wiederherstellung nicht mehr möglich. Einzig darstellbar war eine vollständige Rekonstruktion der Situation von 1640.

Der Vereinsvorstand mochte dem Garten einen vollwertigen, musealen Charakter verleihen. Die »Arme« und »Beine« wurden durch die Anpflanzung von Baumalleen wiederhergestellt. *Vitaulium Hofwijck*, das Landsitzgedicht, das 1653 von Huygens verfasst wurde, diente dabei als Leitfaden (das lateinische Wort »vitaulium« bedeutet in etwa »Hofwijck«, zu Deutsch etwa: »Gartenbezirk«). In diesem aus 2.824 Verszeilen bestehenden Gedicht besingt Huygens die unzähligen Elemente und Details von *Hofwijck*. Die Natur spielt in all ihren Erscheinungsformen die Hauptrolle. So wurde z. B. auf Grundlage von *Vitaulium* und unter Berücksichtigung der Entfernungsangaben auf der östlichen Insel neben dem Haus wieder ein Grabstein errichtet, an der Stelle, wo Huygens einst seinen geliebten Hund Geckje begraben hatte. Der Obstgarten mit Stoa – oder

(Natur-)Galerie –, wo spazierend philosophiert wurde, der verborgene Garten, Lauben, verlorene Wege und verschwundene Baum- und Pflanzenarten kehrten nach *Hofwijck* zurück.

Ein spezieller Eiskeller

Neben einer kürzlich erfolgten Renovierung des Pförtnerhauses hat man sich auch um den Bahnhofsvorplatz gekümmert. Die Linien des alten, gegenüberliegenden Gartens wurden im Pflaster markiert. Außerdem wurde ein Lichtkunstwerk von Geert Mul (im Durchgang unter dem Marianneviadukt) platziert. Bemerkenswert ist die Wiederherstellung des Eiskellers. Bei Restaurierungsarbeiten hatte man ihn 1920, aus Geldmangel, mit Sand gefüllt und später vergessen. Im Jahr 2015 wurde der Keller wieder ausgegraben und restauriert. Der Eiskeller ist insofern einzigartig, da er sich unter einem Hang befindet, der zur Haustür führt. So konnte sich die Küche des Hauses schnell und einfach mit Eis versorgen, um Fisch oder Fleisch kühl zu lagern. Alles in allem ist *Hofwijck* zweifellos einer der außergewöhnlichsten Landsitze in den Niederlanden.

Sehen und erleben

Im Haus befindet sich das Huygens Museum, das der Arbeit und dem Leben der Brüder Constantijn und Christiaan Huygens gewidmet ist, den Söhnen des Vaters Constantijn, der *Hofwijck* baute. Constantijn war Dichter, Komponist, Diplomat und Sekretär der Oranier, Christiaan war ein weltberühmter Wissenschaftler, der unzählige Erfindungen und Entdeckungen machte. Die letzten acht Jahre vor seinem Tod lebte und arbeitete er auf *Hofwijck*. Das ganze Jahr über finden verschiedene Aktivitäten wie Wechselausstellungen, Konzerte, Vorträge und Führungen statt.

Gastronomie

Die Village Lounge, gegenüber dem Eingang von *Hofwijck* und direkt am Bahnhof Voorburg (www.thevillagelounge.nl). Wenn Sie unter dem Viadukt der A12 hindurchlaufen, gelangen Sie zur Herenstraat, der Einkaufsstraße von Voorburg, wo Sie auch zahlreiche Cafés und Restaurants finden.

Nette Orte in der Umgebung

Das kleine, aber charmante Museum Swaensteyn im Zentrum von Voorburg (Herenstraat 101) zeigt die Geschichte, Kunst und Kultur von Voorburg und Leidschendam. Einer der Räume ist Prinzessin Marianne gewidmet, dem jüngsten Kind von König Willem I. Ihre Ehe mit ihrem Cousin Albert von Preußen war unglücklich. 1845 verließ Marianne ihren Mann und ließ sich in Voorburg nieder, wo sie 1848 den heute praktisch verschwundene Landsitz *Rusthof* (gleich neben *Vreugd en Rust*) kaufte. Hier lebte sie offen mit ihrem Kutscher zusammen, mit dem sie 1849, kurz nach ihrer Scheidung, einen Sohn bekam (www.swaensteyn.nl/en).

ADRESSE

Westeinde 2a
2275 AD VOORBURG

www.hofwijck.nl/en

Drievliet: Vom Landsitz zum Familienpark

Der Name *Drievliet* leitet sich von seiner Lage an einer Kreuzung ab, an der sich drei »Vliete« (dt. Kanäle) treffen: der Vliet nach Leiden, der Haagvliet und der Delftvliet. Zu Anfang des 17. Jahrhunderts gab es hier einen Bauernhof, der sich zu einem Landsitz mit Garten entwickelte. Seitdem hat sich am Haus wenig geändert, am Park aber umso mehr.

Nach dem Tod des letzten Privateigentümers mieteten Piet und To Faaij den Landsitz im Jahr 1937. Dort gründeten sie ein Dorfcafé und errichteten 1938 einen Teegarten mit kleinem Spielplatz. 1950 kaufte Piet Faaij den kompletten Landsitz. Er kaufte auch das erste Karussell, das heute eine der ältesten Attraktionen des Parks ist. Danach wurde der Themenpark immer mehr erweitert zu einem »Familienpark« – wie sich Drievliet heute nennt. (www.drievliet.nl)

Nahe gelegener Landsitz

Vreugd en Rust (S. 197 ff.).

DER VLIET

Hofwijck liegt am Vliet, einem Kanal, der im Mittelalter gebaut wurde und vom Alten Rhein bei Leiden über Voorschoten, Leidschendam-Voorburg und Rijswijk nach Delft führt. Dort fließt das Wasser in den Fluss De Schie, der wiederum in die Maas mündet. Logischerweise wird er daher auch als Rhein-Schiekanal bezeichnet. Der Wasserlauf wurde von Segelbooten und Lastkähnen genutzt, um Vieh und Güter zu transportieren. In Leidschendam gab es eine Schleuse, die die unterschiedlichen Wasserstände zwischen den Wasserwirtschaftsverbänden Delftland und Rijnland ausglich. Die Konstruktion beendete die vielen Verzögerungen, mit denen die Schiffer hier aufgrund der unterschiedlichen Wasserstände zu tun hatten.

Allein in Rijswijk wurden über 20 Landsitze entlang des Vliet gebaut, während es in Voorburg-Leidschendam 40 gegeben haben könnte.

Arentsburgh aan de Vliet. Lithografie von P.J. Lutgers. Aus *Gezigten in de omstreken van 's Gravenhage en Leyden* (1855)

Sie entstanden auf beiden Seiten des Vliet. Manchmal waren es Bauernhöfe, die zum Landsitz umgewandelt wurden. Nördlich von Leidschendam entstanden wegen des sumpfigen Bodens dort keine Landsitze. Neben den Landsitzen und ihren Teehäusern gab es hier auch zahlreiche Vergnügungen, manchmal auch auf Landsitzen (*Rozenrust* und *Hoekenburg*). Aufgrund der zunehmenden Nutzung des Vliet wurde der Wasserlauf in den Jahren 1889–1890 verbreitert, was auf Kosten zahlreicher, hier gelegener Landsitze ging, wie etwa dem berühmten Landsitz *Pasgeld*. Für die Industrialisierung der Ufer des Vliet war diese Maßnahme jedoch sehr vorteilhaft.

Vreugd en Rust

Über die früheste Geschichte von *Vreugd en Rust* ist nicht mehr bekannt, als dass dieser Landsitz ebenfalls auf einen älteren Bauernhof zurückgeht. Im Jahre 1685 erhielt das Haus größeres Ansehen, als Pieter Groenvelt, Mitglied des Stadtrates von Den Haag, hier ein neues Haus baute und einen schönen Garten anlegen ließ. Nach seinem Tod verkaufte die Witwe Groenvelt den Landsitz an Bartholomeus Bosch, der als Schöpfer des Namens *Vreugd en Rust* angesehen wird. Mehrere aufeinanderfolgende Eigentümer erweiterten das Gelände und statteten den Garten mit neuen Gebäuden aus. So baute Adolph Cau, Sekretär des Gerichtshofes Hof van Holland, nach Landankäufen eine Orangerie auf der gegenüberliegenden Seite des östlichen Endes des Landsitzes und ließ einen Gemüsegarten anlegen.

Das reichste Mädchen von Holland

Nachdem der Dordrechter Übersee- und VOC-Händler Arnoldus Adrianus van Tets Eigentümer war, ging der Landsitz im Jahre 1784 an den Getreidehändler Adriaan Caan, der mit der reichen Amsterdamer Bankierstochter Hester Staphorst verheiratet war. Zu ihrer Zeit wurde sie »das reichste Mädchen von Holland« genannt. Ihr Vater Nicolaas besaß große Gesellschaftsanteile an der »Holland Land Company« im westlichen Teil des Staates New York. Er befürwortet bereits 1788 eine Verfassung für dieses Gebiet. Caan kaufte *Vreugd en Rust* für 50.000 Gulden, was zu jener Zeit ein enormer Betrag war. Caans Tochter Adriana war verheiratet mit Petrus J. Groen van Prinsterer, Leibarzt König Ludwig Napoleons und später König Willems I. Dank des Reichtums der Eltern von Adriana kamen sie zu Ansehen und Besitz, darunter auch vieler Ländereien und Häuser.

Neue Seitenflügel

Das Ehepaar Groen van Prinsterer-Caan bewohnte ein Gebäude in Korte Vijverberg 3, das später an die Familie Bentinck verkauft wurde. Nachher diente das Gebäude als Kabinett des Königs, das sich nach wie vor hier befindet. *Vreugd en Rust* war ihre Sommerresidenz und vermutlich hat Groen van Prinsterer den Auftrag gegeben, das Haus mit zwei Seitenflügeln zu versehen. Um 1830 beauftragte er J. D. Zocher jr., den Garten weiter zum Landschaftsgarten umzugestalten und eine neue Orangerie zu bauen. Der alte Ziergarten hatte sich bereits um 1819 zu einem landschaftlicheren Ganzen gewandelt.

Das Paar hatte sechs Kinder, von denen zwei Mädchen und der Sohn Guillaume das Erwachsenenalter erreichten. Guillaume kam auf *Vreugd en Rust* zur Welt. Er gilt als Begründer der protestantisch-christlichen Politik in den Niederlanden. Die Familie war von Haus aus wallonisch-reformiert. Nach dem Studium der Rechts-

Guillaume Groen van Prinsterer (1801–1876) war Politiker und Führer der Anti-Revolutionären Partei in den Niederlanden. Dass er aufgrund der Umgebung, in der er aufwuchs, auch ein großer Liebhaber von Landsitzen war, ist wenig bekannt. Dank ihm konnte *Hofwijck* erhalten bleiben, während er mit seiner Frau im Schloss *Oud-Wassenaar* in Wassenaar lebte. Geboren und aufgewachsen ist er auf dem Landsitz *Vreugd en Rust*.

Guillaume Groen van Prinsterer war einer der Eigentümer von *Vreugd en Rust*. Er hatte eine besondere Leidenschaft für Landsitze. Er lebte auch auf *Oud-Wassenaar* und *Voorlinden* (beide in Wassenaar) und kaufte 1849 *Hofwijck*.

wissenschaften und Literatur in Leiden heiratete Guillaume die aus Groningen stammende Betsy van der Hoop, deren Mutter eine Nachfahrin des Geschlechtes Thomassen à Thuessink war. Ihre Ehe blieb kinderlos. Später sollte seine Schwester Cornelia *Vreugd en Rust* erben, und durch ihre Tochter kam das Anwesen auf ihre Enkelin, die mit Otto van Wassenaer van Catwijck verheiratet war. Außer viel Land besaßen sie auch den Landsitz *De Werve* am heutigen Laan van Nieuw Oost-Indië in Voorburg. Von diesem Landsitz sind noch das Hauptgebäude und ein kleiner Teil des Parks erhalten geblieben.

Essen und Schlafen auf einem historischen Landsitz

Anfang des 20. Jahrhunderts wollte die Besitzerin, eine Nachfahrin von Groen van Prinsterer, den Landsitz verkaufen. Die Gemeinde Voorburg zeigte Interesse und erstellte einen Bebauungsplan für einen Teil des Parks. Die Eigentümerin war damit nicht einverstanden. So verkaufte sie *Vreugd en Rust* an die Stadt Den Haag, die den Park für die Allgemeinheit öffnete. Für Den Haag erschien der Ankauf des Landsitzes im Hinblick auf die beabsichtigte Eingemeindung von Voorburg interessant. Dies geschah aber nicht und 1961 kaufte Voorburg den Landsitz zurück. Nachdem es für kurze Zeit als Hotel/Restaurant genutzt wurde, mietete die Montessori-Schule das Gebäude 1928 an. 1975 wurde auf diesem Landsitz am Vliet eine Ausbildungsstätte für Krankenpflege eingerichtet. Seit 1987 wird es wieder als Hotel/Restaurant genutzt, zunächst unter der Leitung des berühmten Chefkochs Henk Savelberg. Heute befindet sich hier

ADRESSE

Oosteinde 14
2271 EH VOORBURG

www.centralparkron
blaauw.com

das Boutique-Hotel Central Park by Ron Blaauw, in dem Sie ausgezeichnet speisen und übernachten können.

Im Haus, das mehrmals renoviert wurde, gibt es noch eine schöne Treppe aus dem 18. Jahrhundert mit Rokokoarbeiten. Stuckarbeiten aus späteren Zeiten sind ebenfalls erhalten geblieben. Auf der gegenüberliegenden Seite des Ostendes, wo einst der Gemüsegarten lag, wurden 1929 Tennisplätze und 1950 ein Wildpark angelegt, der zu einem kleinen Tierpark wurde.

Sehen und erleben
Bestellen Sie im Restaurant einen reich gefüllten Picknickkorb, den Sie anschließend im Park genießen können. Auch ohne Picknick ist es wunderbar, durch den Park zu spazieren. Dieser verbindet sich mit einer grünen Lunge, die sich nordwestlich zwischen modernen Wohngebieten erstreckt, fast bis zum *Huis ten Bosch*.

Gastronomie
Im Haupthaus befindet sich Central Park by Ron Blaauw, ein hochklassiges Restaurant mit entsprechenden Preisen, in der Orangerie die Brasserie De Koepel, die etwas einfacher und preiswerter ist (www.brasseriedekoepel.nl).

Im Zentrum von Voorburg finden Sie viele gemütliche Café/Restaurants an der Herenstraat.

Nette Orte in der Umgebung
Museum Swaensteyn, S. 195
Freizeitpark Drievliet, S. 196

Nahe gelegener Landsitz
Hofwijck (S. 187 ff.).

Die Orangerie im Park von
Vreugd en Rust

Huis te Werve

In Rijswijk entstanden nicht nur im 17. und 18. Jahrhundert neue Landsitze. Hier befindet sich auch das mittelalterliche Schloss *Te Werve*, das im Laufe der Zeit immer mehr die Funktion eines Landsitzes bekam. Im 17. Jahrhundert konnten Katholiken hier in die Kirche gehen, heutzutage bietet *Te Werve* die romantische Atmosphäre für eine Hochzeitszeremonie.

Die historischen Wurzeln des heute 27 ha großen *Te Werve* reichen bis ins späte Mittelalter, als Floris van de Werve hier einen Wehrturm mit Wassergraben besaß. In den 1950er-Jahren wurden bei Bauuntersuchungen Mauerreste dieses alten Hauses entdeckt. *Te Werve* ist sicher nicht unbeschädigt auf uns gekommen. So wurde das erste Haus an dieser Stelle, wie viele andere Adelshäuser in diesem Gebiet, während des sogenannten Haken-und-Kabeljau-Kriegs schwer beschädigt und möglicherweise sogar zerstört. Dieser Machtkampf wurde zwischen den Städten und dem Adel geführt und hatte in mancher Hinsicht den Charakter eines langen Bürgerkriegs, der – mit kurzen Unterbrechungen – von 1350 bis 1500 dauerte.

Um 1450 erbaute der mächtige Jan Ruychrock eine neue Backsteinburg in quadratischer Grundform, geschützt durch einen Wassergraben. Zur gleichen Zeit erweiterte er seinen Landbesitz auf 143 ha. Als Adliger und Grundherr hatte er auch das Privileg der Schwanen- und Taubenhaltung. Für letztere war ein Taubenschlag notwendig. Dieser hat den Zahn der Zeit überstanden und befindet sich nach wie vor auf *Te Werve*. Es ist unbestritten der älteste Taubenturm der Niederlande. Der Turm trägt einen Gedenkstein aus dem Jahr 1590, der aber wahrscheinlich nach einer Restaurierung hinzugefügt wurde. Da der Turm aus Rijswijker Backsteinen errichtet wurde und diese ein bestimmtes Format haben, kann die Entstehungszeit des Gebäudes etwa auf das 15. Jahrhundert geschätzt werden, während diese Art von Baumaterial in der Gegend bereits im 14. Jahrhundert hergestellt wurde. Bei Ausgrabungen im Binnenhof in Den Haag im Jahre 2001 sind die gleichen Steine zum Vorschein gekommen. Es ist daher sehr gut vorstellbar, dass der Taubenschlag mit den noch brauchbaren Mauersteinen der zuvor zerstörten Burg errichtet wurde.

Te Werve aus südlicher Richtung, 1726. Zeichnung von Abraham de Haen jr. Pinsel in Grau. Inzwischen wurde der Turm verkleinert. Der Ostflügel sowie der Graben sind verschwunden.

Sandabbau für das Laakviertel

Um 1600 wechselte *Te Werve* in den Besitz der katholischen Familie van der Wielen van der Werve. Jacob van der Wielen, von dem es heißt, er habe regelmäßig zu tief ins Glas geschaut, stellte den Katholiken von Rijswijk die Schlosskapelle für ihre Gottesdienste zur Verfügung, wodurch dieser Raum die Funktion einer »Schuilkerk« erhielt, einer von außen als solche nicht erkennbaren Kirche. Weil die Zahl der Kirchgänger stetig stieg, sah sich seine Tochter Maria van der Wielen gezwungen, ein Bauernhaus zu kaufen, das sie als verborgene Kirche einrichtete. Die Familie van der Wielen besaß *Te Werve* fast hundert Jahre lang. Durch Erbschaft kam das Gut, über die Amsterdamer Familie Cromhout, in den Besitz von Jacob Hendrik Baron von Wassenaer von Alkemade, dem es bis 1807 gehörte.

Unter den folgenden Eigentümern befand sich auch Marius B.H.W. Kethel van Spaland. Er entstammte einem prominenten, katholischen Geschlecht von Ministern und hohen Beamten aus Rotterdam. Nachdem er zuvor für die Generalstaaten und den Staatsrat gearbeitet hatte, wurde er 1822 Mitglied und später Präsident des Allgemeinen Rechnungshofs. Das Leben spielte ihm persönlich durch den Tod von vier seiner fünf Kinder schwer mit. Er verlor auch seine Mutter, als er nur acht Tage alt war. Dieser prominente Adlige lebte bis 1873 auf *Te Werve*, wo er auch starb. Sein Halbbruder Daniël Gevers aus Endegeest bewohnte Schloss *Endegeest* und spielte

Links: Der Taubenturm von *Te Werve* stammt wahrscheinlich aus dem 15. Jahrhundert und ist der älteste in den Niederlanden.

Rechts: Auf der Rückseite von *Te Werve* ist ein Teil des ursprünglichen Wassergrabens erhalten geblieben.

ADRESSE

Van Vredenburchweg 105
2283 TC RIJSWIJK

www.eventcompany.nl
www.vriendenvantewerve.nl

eine wichtige Rolle bei der Trockenlegung des Haarlemmermeers. Seine einzige Tochter Henriëtta, die mit Willem Anne van Pallandt verheiratet war, erbte den Landsitz, den sie durch den Erwerb des Landgutes *Hilvoorde* auf insgesamt 71 ha erweiterte.

Henriëtta starb 1888 kinderlos, woraufhin Te Werve in Teilstücken versteigert wurde. Das Hauptgebäude ging mit einem Grundstück von nur mehr 8 ha an Abel Labouchère, der dort 30 Jahre lang lebte und es schaffte, das Grundstück wiederum auf 35 ha zu erweitern. Er war Direktor und Mitinhaber der Porzellanmanufaktur Porceleyne Fles in Delft, fand nebenher aber auch noch die Zeit, als Stadtrat in seiner Heimatstadt zu amtieren. Die Porzellanmanufaktur wurde durch sein weitsichtiges und kreatives Unternehmertum vor dem Untergang gerettet, indem er mit der Produktion von Baukeramik begann. Zusätzliches Einkommen entstand auch auf *Te Werve*, wo er gegen Vergütung Sand für den Bau des Den Haager Wohnviertels Laak in der Nähe von Rijswijk abbauen ließ. Der 9 ha große Krater, der auf diese Weise entstand, wurde alsbald zu einem öffentlichen Freibad namens »De Put«.

Beliebter Ort für Eheschließungen

Im Jahr 1922 kaufte die Bataafsche Petroleum Maatschappij (Shell Nederland) den Landsitz. Das Unternehmen nutzte *Te Werve* als Erholungszentrum für Mitarbeiter. Auf dem Gelände wurde ein Sportpark errichtet, während das Haus als Clubhaus fungierte.

Wie auch *Overvoorde* requirierten die deutschen Besatzer *Te Werve* gleich im Mai 1940, um dort Truppen unterzubringen. Im Park wurden Kraftstoff gelagert und Flugabwehrkanonen installiert. Wie auf anderen Landsitzen wurden das Haus und der Park wenig geschont und die lokale Bevölkerung richtete durch den notgedrungen illegalen Holzeinschlag während des Krieges noch weiteren Schaden an. Nach einer großen Restaurierung im Jahr 1953 erhielt der Landsitz seinen ursprünglichen Glanz zurück. Zu allem Überfluss brannte 1963 das gesamte Dachgeschoss aus. Es wundert daher nicht, dass von der ursprünglichen Einrichtung kaum noch etwas übrig ist.

Heute wird der Landsitz als Veranstaltungsort genutzt, wofür das Haus 2013 erneut gründlich restauriert wurde. Die Zugangsbrücke aus dem 18. Jahrhundert mit schönen Säulen wurde ebenfalls wiederhergestellt. Park und Wald sind für Freunde von *Te Werve*, die dafür jährlichen einen kleinen Obolus zahlen, frei zugänglich.

Sehen und erleben
Das Haus dient als Hotel- und Tagungsstätte sowie für Veranstaltungen. Es ist auch ein Ort für Hochzeiten. Der Park um das Haus ist frei zugänglich. Der Landsitz liegt teilweise auf dem Strandwall von Rijswijk und ist bekannt für seine vielen Stinsenpflanzen im Frühjahr, während im Herbst Hunderte von Pilzsorten zu finden sind. Der Teich »De Put« entstand 1910 durch Sandgewinnung für den Bau des Laak-Viertels in Den Haag. Seit 1923 ist es eine öffentliche Badeanstalt (www.zwembaddeput.nl).

Gastronomie
Pavillon te Werve im nahe gelegenen Huys de Wervelaan (www.paviljoentewerve.nl)

Nette Orte in der Umgebung
Im nahe gelegenen Rijswijker Wald befindet sich De Naald, ein Obelisk zum Gedenken an den Frieden von Rijswijk, der im Jahre 1697 im *Huis ter Nieuburch* geschlossen wurde und den Pfälzischen Erbfolgekrieg beendete. *Ter Nieburch* wurde 1634 von Stadthalter Frederik Hendrik als Schloss erbaut. Der Obelisk wurde 1794 aus Material des damals baufälligen Hauses errichtet, das noch im gleichen Jahr abgerissen wurde.

Im Zentrum von Rijswijk können Sie das Museum Rijswijk besuchen. Es zeigt die Geschichte von Rijswijk und regelmäßig gibt es Kunstausstellungen mit überregionalem Charakter (www.museumrijswijk.nl).

Nahe gelegener Landsitz
De Voordes (S. 204 ff.).

Der Obelisk zum Gedenken an den Frieden von Rijswijk (1697) im Rijswijker Wald

De Voorde

Dass ein Landsitz manchmal nur als Investitionsobjekt errichtet wurde, zeigt *De Voorde* in Rijswijk. Dieses Anwesen war Teil einer einst umfangreichen Zone von Landgütern, zu der auch Landsitze wie *Steenvoorde*, *Overvoorde* und *Te Werve* gehörten. »Voorde« ist der niederländische Begriff für eine Furt, also eine seichte Stelle in einem Fluss, die durchschritten werden kann. Dabei handelte es sich um die mittlerweile verschwundene Oude Watering.

Um 1800 kaufte Jacob van Vredenburch, der bereits einiges an Grund und Boden in diesem Gebiet besaß, ein zusätzliches Stück Land. Er baut hier ein einfaches Landhaus zum Zwecke der Vermietung. Ein paar Jahre später wurden noch ein Gärtnerhaus und ein Kutscherhaus errichtet. Dies machte es zu einem der letzten Landsitze, die bei Rijswijk angelegt wurden.

Der erste der vielen Mieter war François Daniël Changuion, der eine jährliche Miete von 550 Gulden zahlte. Sein Pachtvertrag beinhaltete die Verpflichtung, das im Gemüsegarten angebaute Gemüse an den Besitzer Jacob van Vredenburch abzugeben. Der lebte in einem schönen Gebäude in der Straße Lange Vijverberg 41 in Den Haag und nutzte selbst das nahe gelegene *Overvoorde* zur Sommerfrische. Changuion muss eine schillernde Persönlichkeit gewesen sein. Er war Gesandter in den Vereinigten Staaten, wurde aber nach einer Weile in Abwesenheit wegen Veruntreuung von Geldern verurteilt. Er wartete nicht auf seine Strafe und floh nach Deutschland. Die Familie van Vredenburch vermietete nicht nur das Haus, sondern verpachtete auch das Gartenland. Die Gärtner mussten für den Erhalt des Landes selbst sorgen und auch für die Kosten der jährlichen Inspektion der Gräben aufkommen. Alle Bäume blieben Eigentum des Landeigentümers, dem somit der Erlös aus dem Holzverkauf zustand.

Eine Bürgermeisterfamilie

Die Familie van Vredenburch stammte aus Delft. Jacobs Sohn, Johan Willem van Vredenburch, wurde 1811 der erste Bürgermeister von Rijswijk, 1847 folgte ihm sein Enkel Jacob. Im Jahre 1816 erhob König Willem I. Johan Willem in den Adelsstand. Zusammen mit Maria Adriana van der Pot aus Groeneveld hatte er neun Kinder, von denen sechs vorzeitig starben. Nachdem Johan Willem 1849 auf *Overvoorde* gestorben war, schrieb man über ihn:

> »Seine Liebe zur Natur und ihren Früchten, sowie sein Wissen über ihre Gesetze, fanden auf seinem Anwesen im Westland reiche Nahrung, wo Landwirtschaft und Gartenbau auf breiter Ebene verbessert, und die Früchte des holländischen Bodens in seltener Größe und Schönheit gesehen waren. Im Winter beschäftigte er sich mit dem Studium der vaterländischen Dichter.«

Im Jahr 1931 entschied die Familie, die 55 ha großen »Voordes«, wie *Overvoorde* und *De Voorde* zusammenfassend genannt wurden, für eine Million Gulden an die Stadt Den Haag zu verkaufen. Der Kauf stand im Zusammenhang mit dem Wunsch der Stadt Den Haag, Rijswijk einzugemeinden. Nach dem Kauf plante Den Haag, das Gebiet zu einem Park für die Bewohner der Stadtteile Laakviertel und

ADRESSE

Vredenburchweg 985
2285 SE RIJSWIJK

Moerweg, die erweitert werden sollten, umzugestalten. Finanzdirektor Willem Drees brachte das Vorhaben ohne große Probleme durch den Den Haager Stadtrat. Mit dem Kauf stellt er einige Projektentwickler ins Abseits. Diese hatten Pläne, das Gebiet der Voordes zu einem geschlossen bebauten Villenviertel zu machen.

Nach dem Verkauf blieb das Gelände von *De Voorde* geschlossen und *Overvoorde* wurde zu einem öffentlichen Park. Ein Taxierungsbericht von 1931 besagt, dass *De Voorde* weniger attraktiv sei als *Overvoorde*. Weiter wird bemerkt, dass das Haus allmählich verfiel. Über die Eichen und die Buchen ist zu lesen, dass diese von außergewöhnlich guter Qualität seien. Die Wege seien unbefestigt und die Baumschule mit einigen Gewächshäusern in gutem Zustand. Jahre später, im Jahr 2000, kaufte die Gemeinde Rijswijk die Landsitze für sechzehn Millionen Gulden zurück.

Knock out durch ein Känguru

Auch im 20. Jahrhundert wurde die Vermietung des Landsitzes fortgesetzt. Einer der Mieter war A. F. Telders, Vorsitzender der Beschwerdekammer für Verwaltungsangelegenheiten. Er lebte in der Straße Koninginnegracht in Den Haag. Während des Zweiten Weltkrieges requirierte die Wehrmacht die Villa, die sie jedoch 1943 wieder zurückgab.

Die Stadt beschloss, das Gärtnerhaus an Willy Mullens zu vermieten. Er war Direktor der Firma NV Haghefilm, einer Filmproduktionsfirma, die seit vielen Jahren Marktführer für Dokumentationen und Auftragsfilme war. Mullens begann seine Karriere einst auf der Den Haager Kirmes als menschliche Kanonenkugel, kam aber als Zirkusartist nicht weit: Als ihn ein Känguru bei seinem Auftritt k.o. schlug, folgte der Rauswurf. Während eines Aufenthalts in Paris war

Nach dem Zweiten Weltkrieg bestand auf *De Voorde* lange Zeit eine Künstlerkolonie. Hier lebte u. a. auch Hendrik Berserik.

HERMANUS BERSERIK
schilder-tekenaar en
graficus op 19 juni 1921
in Den Haag geboren
werkte en woonde hier
van november 1952
tot kort voor zijn dood
op 21 maart 2002
zijn as is hier verstrooid

De Voorde. Gemälde von Charles Rochussen, 1862. Die umliegende Landschaft unterscheidet sich nicht sehr von der heutigen Umgebung.

er von Filmen der Gebrüder Lumière beeindruckt. Ihm und seinem Bruder gelang es, einige dieser französischen Filme anzukaufen und sie ab 1899 in einem Wanderkino auf Jahrmärkten vorzuführen.

Neue Nutzungsmodelle

Nach dem Zweiten Weltkrieg nutzte der Allgemeine Niederländische Inspektionsdienst für Gemüse- und Blumensamen das Haus: Ein Zimmer im Erdgeschoss diente als Saatlager. Mit Livinus van de Bundt und seiner Frau Mieke van der Burgt wohnten auf *De Voorde* schließlich zum ersten Mal Künstler. Der Kunstmaler van der Burt war Direktor der Freien Akademie in Den Haag und seine Frau Keramikerin. Auch der bekannte Maler Herman Berserik zog mit Frau und Kindern nach *De Voorde.* Später folgten die Künstler Kees Andrea, Ton Hoogendoorn, Armand van der Helm und Cees Post mit bzw. ohne ihre Familien. So wie die Landsitze *Jagtlust* in Blaricum und *Groeneveld* in Baarn fungierte auch *De Voorde* viele Jahre als (Den Haager) Künstlerkolonie. Um 1960 wurde der Park von *De Voorde* doch noch für die Öffentlichkeit zugänglich gemacht. Im Zuge dessen wurden die Gehwege befestigt.

Im Moment durchläuft dieser Landsitz einen Sanierungsprozess. Die Pläne sehen eine zukünftige Nutzung des Hauses als Hotel/Restaurant vor. Dazu werden auch das Gärtnerhaus restauriert und das verschwundene Kutscherhaus wieder aufgebaut. Es ist zu erwarten, dass dieses Projekt in absehbarer Zeit abgeschlossen sein wird.

Sehen und erleben

Das Haus wird zurzeit noch einer neuen Nutzung zugeführt, aber der Park ist für Besucher geöffnet.

Nette Orte in der Umgebung

Museum Rijswijk. Hier können Sie Werke von Künstlern sehen, die im 20. Jahrhundert in *De Voorde* lebten.

Nahe gelegener Landsitz

Te Werve (S. 200 ff.).

LANDGÜTER-ZONE RIJSWIJK

Das Gebiet der Landgüter von Rijswijk erstreckt sich auf einer Fläche von etwa 250 ha im Bereich des alten Strandwalls am Van-Vredenburchweg. Die Zone umfasst sieben Güter von großem kulturhistorischen Wert.

Im Westen des Gebiets liegen die »Voordes« mit den drei Gütern *Overvoorde*, *Steenvoorde* und *De Voorde*. Östlich der »Voordes« liegt *Te Werve*. *Den Burgh* liegt nördlich des Vredenburchweges und war ursprünglich eine Motte, eine Turmhügelburg aus der Zeit um 1300. Südlich des Vredenburchweges befand sich das *Huis ter Nieuburch*, das auf das Jahr 1600 datierte und als Ort des Friedens von Rijswijk bekannt ist. Heute erinnert nur noch ein Denkmal in Form eines Obelisken an das Haus und den Friedensvertrag. *Welgelegen* schließlich liegt im östlichen Teil des Gebietes. Dieser Landsitz entstand ursprünglich aus einem Bauernhaus. Später wurde das Grundstück der abgerissenen Burg *Te Blotinge* dem Landgut hinzugefügt.

Auf dieser Karte von 1712 ist das Gebiet der Landgüter, das sich südlich des alten Dorfes Rijswijk erstreckte, sehr gut zu sehen (Norden ist auf dieser Karte rechts). Es handelt sich dabei um eine Karte des Wasserwirtschaftsverbandes Delftland von Nicolaas und Jacobus Cruquius (Kruikius).

Overvoorde

Zahlreiche Landsitze haben während des Zweiten Weltkriegs schwer gelitten. Viele Häuser wurden beschlagnahmt und in der Küstenprovinz nutzte man mehrere Parks zum Abfeuern von V1- und V2-Raketen. In Den Haag wurden auf einigen Landsitzen Panzersperren und Bunkeranlagen errichtet. *Overvoorde* wurde praktisch unmittelbar nach der Besetzung des Landes im Mai 1940 requiriert.

Der Name *Overvoorde* war bereits im 14. Jahrhundert bekannt und steht im Zusammenhang mit dem adligen Ermgard Overvoort, der in dieser Region Land besaß. Später, Anfang des 17. Jahrhunderts, begann hier ein Nachkomme der Familie van der Dussen aus Delft mit dem Bau eines Landsitzes. Der einflussreiche und wohlhabende Ewout van der Dussen war Mitglied des Magistrats von Delft, wo er acht Jahre lang Bürgermeister war. Während seiner Karriere führte ihn auch eine diplomatische Mission für die Republik nach England.

Im Jahr 1623 baute er eine Villa mit Wassergraben auf *Overvoorde*. Das Besondere war dass der Landsitz bis 1777 jedes Mal vom Vater auf den Sohn über ging, bis Jacob van der Dussen ihn erbte. Nach dessen Tod und dem seiner Frau Catharina van Vredenburch ging das Anwesen an ihre Familie. Ihre Ehe war kinderlos.

Auch die Familie van Vredenburch verbindet eine 150-jährige Geschichte mit *Overvoorde*. 1931 folgte schließlich der Verkauf der Grundstücke und Gebäude an die Stadt Den Haag. In der Zeit, in der die van Vredenburchs Eigentümer waren, lebten sie manchmal selbst auf dem Landsitz, manchmal vermieteten sie ihn aber auch. Sie kauften bei jeder sich bietenden Gelegenheit Land hinzu und erweiterten so den Landsitz. Besonders Jacob van Vredenburch war diesbezüglich sehr aktiv. Kurz nachdem er *Overvoorde* geerbt hatte, erwarb er den benachbarten Landsitz *Buitenshoorn* sowie einen Bauernhof, der zu *Steenvoorde* gehörte. Später kaufte er auf der anderen Seite seines Grundstücks Land und errichtete hier den separaten, einfach gehaltenen Landsitz *De Voorde* (siehe 204 ff.), den er dauerhaft vermietete. Schließlich erwarb er auch *Steenvoorde* und schaffte so eine große Einheit, die heute die »Voordes« genannt wird.

Die Deutschen auf *Overvoorde*

Während der Kriegsjahre passierte einiges auf diesem Landsitz. Zunächst requirierten die Besatzer nur das Herrenhaus und das Haus des Chauffeurs, aber bald wurde auch der umgebende Park zum Sperrgebiet und auch der Van-Vredenburchweg für den Durchgangsverkehr geschlossen. Ab Mitte 1940er-Jahre war hier eine Gruppe von Soldaten der 10. Kompanie, 2. Regiment Luftnachrichten-Funkhorch-Kompanie stationiert. Ihre Aufgabe war es, den Telefon- und Funkverkehr des Feindes abzufangen und zu dekodieren, insbesondere im Hinblick auf eine mögliche Invasion. Nachrichten wurden auch an den deutschen Fliegerhorst Deelen weitergeleitet.

Auf *Overvoorde* wurden viele Bunker gebaut. In einer unterirdischen Kommandostelle verarbeitete man die Informationen, die mit der sog. Adcock H-Stelle gesammelt wurden. Dieses System verwendete vier hohe Antennen, angeordnet um eine zentrale

ADRESSE

Van Vredenburchweg 174
2285 SE RIJSWIJK

Antenne. Die aufgenommenen Funksignale wurden verarbeitet und an den Kommandoposten übertragen. Das System war nach seinem britischen Erfinder Frank Adcock benannt, der 1919 ein Patent für diese Erfindung erworben hatte.

Die Wehrmacht richtete auch Flugabwehrgeschütze ein und legte Minen: Im Mai/Juni 1943 gab es hier zehn Minenfelder mit insgesamt 3.334 Antipersonen- und Antipanzerminen. Zusammen mit einem 1944 angelegten Panzergraben, der Teil des Atlantikwalls und von dem auch *Zorgvliet* betroffen war, wurde *Overvoorde* zu einem undurchdringlichen Terrain.

In *Overvoorde* finden sich immer noch deutsche Bauwerke aus der Zeit des Krieges. Das Herrenhaus, in dem während des Krieges der Kommandant lebte, überstand den Krieg. Das ist schon ein Wunder, denn der ganze Park war voller Bunker und militärischer Nutzbauten und wäre somit ein lohnendes Ziel für die alliierten Bombenangriffe gewesen. Von den Gebäuden aus der Zeit des Krieges sind mitten im Park noch ein Toiletten- und Duschblock, ein Küchen-/Kantinengebäude, eine Werkstattgarage mit Grube sowie einige Bunker und Mannschaftsunterkünfte erhalten geblieben.

Der Zivilschutz auf *Overvoorde*
Nach dem Krieg und einer Zeit des unbeaufsichtigten Leerstandes wurden die Bunker auf *Overvoorde* ab 1953 vom niederländischen Zivilschutz (nl. »Bescherming Bevolking«, im Volksmund abge-

Übungsbauten des Zivilschutzes
auf *Overvoorde*

kürzt als BB) als Kommandoposten genutzt. Da in diesen Jahren die Gefahr eines Atomkriegs ständig in der Luft lag, beschloss die Regierung Ende der 60er-Jahre, einen Atombunker zu bauen. Der Zivilschutz, der in den 1970er-Jahren rund 165.000 zumeist ehrenamtliche Mitarbeiter zählte, wurde 1987 abgeschafft, was auch die Schließung des Kommandopostens in *Overvoorde* bedeutete. In der Folge wurde der Landsitz der damaligen kommunalen Feuerwehr Haaglanden übertragen.

Seit 2004 ist die Stiftung Museum Bescherming Bevolking für die Pflege des Erbes der deutschen Zeit und des Kalten Krieges auf dem Gelände verantwortlich. Diese Stiftung hat sich den Erhalt des Erbes der ehemaligen Zivilschutz-Organisation (BB) zur Aufgabe gemacht. Inzwischen ist der BB-Bunker in seinen ursprünglichen Zustand versetzt worden.

Das Herrenhaus wurde komplett restauriert und wird privat bewohnt. Die Gemeinde Rijswijk hat die erfolgreiche Restaurierung 2010 mit einem Denkmalpreis ausgezeichnet. Das Haus steht auf einer 6 ha großen Insel, die die Form eines Wappens hat. Es gibt zwei originale Zugangsbrücken aus dem Jahr 1722.

Sehen und erleben

Das Haus *Overvoorde* befindet sich in Privatbesitz und wird als Wohnsitz genutzt. Der Park ist frei zugänglich. Weitere Informationen über die Bunker, die Aktivitäten der Stiftung Museum Bescherming Bevolking (Zivilschutz-Museum) sowie zu Führungen finden Sie unter www.museumbeschermingbevolking.nl.

Nette Orte in der Umgebung
Museum Rijswijk (siehe S. 203, 207).

Nahe gelegener Landsitz
Te Werve (S. 200 ff.).

Ein Blick auf den »Atombunker« des Zivilschutzes, der 1969 in Betrieb genommen wurde. Darüber hinaus gibt es auf *Overvoorde* sechs deutsche Mannschaftsbunker, einen Sonderkonstruktionsbunker (speziell für diesen Standort entworfen und in dieser Weise nur ein einziges Mal gebaut) sowie drei weitere Nebengebäude der Wehrmacht.

Zugang zum ehemaligen deutschen Kommandobunker

Clingendael

Im 17. Jahrhundert waren mehrere Generationen der Familie Doublet ausschlaggebend für die Gestaltung und das Erscheinungsbild von *Clingendael*. Die Familie stammte aus den südlichen Niederlanden. So gab es einen Ahnen, der Procureur beim Großen Rat von Mechelen war. Bis zum Beginn des Achtzigjährigen Krieges 1568 war dies das höchste juristische Amt in den Niederlanden.

Mitte des 16. Jahrhunderts zog Jan Doublet nach Den Haag, um Procureur am Holländischen Hof zu werden. Während des Aufstands gegen Spanien schloss sich sein Sohn Philips I. (man verwendet diese Nummerierung, da die Söhne der folgenden Generationen ebenfalls Philips hießen) Wilhelm von Oranien an. Diese Entscheidung verbesserte seine soziale Stellung erheblich. Auch sein soziales Netzwerk wuchs hierdurch. Ihm wurde das lukrative Amt des Generalempfängers, des Obersten Steuereintreibers, der Republik der Sieben Vereinigten Niederlande übertragen. In dieser Position beaufsichtigte er die Zahlung von Steuern und anderen Geldern durch die verschiedenen Regionen an die Generalstaaten. Es war eine beneidenswerte Position, denn der leitende Funktionär durfte einen gewissen Prozentsatz der Gesamteinnahmen für sich einbehalten. Ein weiterer angenehmer Umstand war, dass er diese Position auf seinen Sohn Johan übertragen konnte, der sie wiederum an seinen jüngeren Bruder Philips II. weitergab.

Kurz vor seinem Tod im Jahre 1650 kaufte Johan Doublet das Areal, auf dem *Clingendael* gebaut werden sollte. Ursprünglich waren die Herrschaften von *Wassenaar* und *Zuidwijk* hier Eigentümer, aber Haagambacht, wie Den Haag damals hieß, hatte hier ebenfalls Befugnisse und Rechte. Auf dem Gelände stand ein einfacher Bauernhof, über den kaum etwas bekannt ist.

Nach dem Tod von Johan erbte Philips II. dessen Besitz. Er war ein vielbeschäftigter Mann, der neben Generalempfänger auch Stadtsekretär von Den Haag und Verwalter der Einnahmen aus unbeaufsichtigten Besitztümern sowie aus angespültem Strandgut war. Darüber hinaus hatte er die militärische Funktion des Wagenmeisters der Vereinigten Republik. Wie zu seiner Zeit üblich kaufte er als wohlhabender Mann einige Herrschaften. Dies verlieh ihm nicht nur mehr Ansehen, sondern auch Pachteinnahmen und diverse damit verbundene Rechte. Bald verwendete er den Namen *St. Annalands-Clingendael* für seinen Landsitz, benannt nach der Herrschaft St. Annaland auf der Insel Tholen mit dem Polder Moggershil.

Clingendael ist insbesondere wegen des Clingendael-Instituts und seines japanischen Gartens bekannt. Der Landsitz aber hat eine lange Geschichte: Zusammen mit *Huis ten Bosch*, *Hofwijck*, *De Paauw*, *Duivenvoorde* und *Zorgvliet* ist es einer der wichtigsten Landsitze in und um Den Haag. Alle sechs haben eine Geschichte, die eng mit nationalen Interessen der Niederlande verbunden ist. In der Vergangenheit gehörten ihre Gärten zu den schönsten des Landes.

Hofwijck und *Clingendael* verbunden durch familiäre Bande

Seit dem Jahr 1632 hatte Philips II. viel Energie in seinen Landsitz investiert. Er errichtete ein neues Haus und ließ einen schönen Garten anlegen. Das neue Haus war übrigens eine Mischung aus einem Bauernhof und einem Herrenhaus und wurde daher auch als »hofstede«, also als »Gehöft« bezeichnet.

Sandwälle und Windschutzstreifen aus Pappeln, Erlen und Linden schützten die Gartengewächse vor Sandverwehungen, die in diesen Dünen regelmäßig vorkommen. Bausachverständige konnten nachweisen, dass der Kern des Hauses, wie wir es heute vor uns haben, aus der Zeit zwischen 1642 und 1660 stammt. Das Haus hatte damals einen rechteckigen Grundriss von 10 x 10 m. Diese Form erinnert an *Hofwijck*, was nicht überraschend ist. Doublet, verheiratet mit Geertruyd Huygens, war der Schwager von Constantijn Huygens.

Henri van der Wyck war der erste Kunsthistoriker, der die architektonischen Zusammenhänge zwischen den Landsitzen erforschte. Er ordnete als Erster die Landsitze *Clingendael*, das nahe gelegene *Arentsdorp* und *Hofwijck* in Voorburg einer Kategorie des Pavillon-Typs zu. Dies sind Einzelgebäude in Alleinlage bzw. Nebengebäude, die zur Unterhaltung und Entspannung genutzt wurden. Van der Wyck zeigte, dass Haus und Garten bei historischen Landsitzen untrennbar miteinander verbunden sind. Seine niederländische Diplomarbeit aus dem Jahr 1974 trägt den Titel: *De Nederlandse buitenplaats. Aspecten van ontwikkeling, bescherming en herstel.* (dt: Der niederländische Landsitz. Aspekte der Entwicklung, des Schutzes und der Rekonstruktion) ist nach wie vor ein Standardwerk für die Erforschung der Landsitze.

Amateure und ihr Hobby

Nachdem Philips III. den Landsitz seiner Väter geerbt hatte, fügte er dem Zentralbau Seitenflügel von 8 m Länge hinzu. Es scheint, als hätten die Seitenwände der Erweiterungsbauten den Fassaden von *Hofwijck* geglichen. Es sind zwar Zeichnungen und Drucke erhalten geblieben, die aber mit dem Haus nicht identisch sind, was die Frage aufwirft, wie das Gebäude tatsächlich ausgesehen hat. Mit seiner Frau (und Nichte) Suzanne Huygens, der einzigen Tochter von Constantijn Huygens, lebte er dauerhaft auf *Clingendael*, obwohl sie an der Lange Voorhout 12 auch ein großes Stadtdomizil besaßen. Philips III. war ein großer Gartenliebhaber. Leidenschaftlich gern entwarf er Gartenanlagen.

Über diese Amateurarchitekten und Gartengestalter in der holländischen Elite des 17. und 18. Jahrhunderts wurde bisher kaum geforscht. Sicher ist aber, dass sich viele von ihnen mit Begeisterung der (Garten-)Architektur, Musik, Poesie oder der Botanik widmeten. Dass Doublet auch über echte Fachkenntnisse verfügte, wird aus der Bitte von König-Statthalter Willem III. ersichtlich. Dieser bat ihn, die Umgestaltung der Gärten rund um *Huis ten Bosch* zu planen.

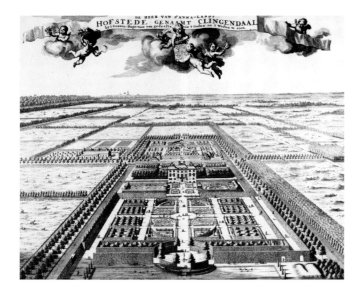

Clingendael aus der Vogelperspektive, Zeichnung von
Daniël Stoopendaal, spätes
17. Jahrhundert

Wechselnde Eigentümer

Nach dem vorzeitigen Tod ihres Sohnes Philips IV. und ihres Enkels
Philips V. entschied die Witwe Doublet-Huygens, dass *Clingendael*
an ihre beiden Töchter sowie ihre Schwiegertochter gehen sollte.
Letztendlich fiel der Landsitz an Constantia Doublet, Freifrau von
St. Annaland. Die Mutter von zwölf Kindern überlebte ihren Mann
Mattheus Hoeufft um fünf Jahre. Über ihre Söhne fällt *Clingendael*
1727 an Wigbold Slicher.

Dieser war Bürgermeister von Wageningen und vertrat die Provinz Gelderland in den Generalstaaten und hielt daher einen repräsentativen Landsitz bei Den Haag für notwendig. In der Stadt besaß
er ein Haus in der Lange Voorhout 5. An *Clingendael* änderte sich
wenig. Er ließ einen (dritten) Teich sowie einen Gemüsegarten mit
Obstgarten anlegen und eine Schlangenmauer errichten, die teilweise erhalten geblieben ist. In diesen Jahren wurde auch der 700 m
lange Kanal gegraben, der *Clingendael* von den Zanen-Wäldchen
trennt. Dies gab dem Landsitz eine deutlichere Abgrenzung zur an-
grenzenden Herrlichkeit Waalsdorp.

Die Zanen-Wäldchen wurden im letzten Jahrhundert nach
Martinus Zanen benannt. Er war von Beruf Maurer und gründete,
zusammen mit Adriaan Goekoop, die Immobilienentwicklungsge-
sellschaft Laan van Meerdervoort. Diese Investmentgesellschaft
investierte ab 1894 in Immobilien und Grundstücke in der voraus-
schauenden Annahme, dass die Grundstückspreise angesichts der
kommenden Verstädterung erheblich steigen würden. Das Duo war
in den Jahren 1953–1954 Eigentümer von *Clingendael*, bis man den
Landsitz an die Stadt Den Haag verkaufte. In den Zanen-Wäldchen
befindet sich noch eine aufwendige Parkbank aus dem Jahr 1932 zur
Erinnerung an Martinus Zanen.

Ein »Häuschen in der Stadt«

Zurück zum Ende des 18. Jahrhunderts: 1790 erbte Willem J. van Brienen *Clingendael* über seine Mutter Sophia van Brienen-Half-Wassenaer. Er und seine Nachkommen besaßen *Clingendael* bis 1939. Diese katholische Amsterdamer Familie kam durch Handel zu sehr großem Reichtum. König Willem I. erhob Willem und seinen Sohn Arnoud van Brienen mit dem Titel eines Barons in den Adelsstand. Sie waren echte Großgrundbesitzer. Ihnen gehörte auch die Gegend, in der sich heute der Schilderswijk in Den Haag befindet.

1839 erwarb Arnoud Willem van Brienen die nahe gelegenen Landsitze *Groenendaal* und *Oosterbeek*, die zwischen *Clingendael* und dem Den Haager Wald liegen. Das stattliche Hotel Des Indes an der Straße Lange Voorhout gehörte ebenfalls zum Familienbesitz. Dieses Gebäude stammte aus dem Jahr 1858. Es wurde im Auftrag von Willem D.A.M. van Brienen für den Empfang von Gästen sowie für Festlichkeiten gebaut. Für die Realisierung kaufte er an der Ecke Lange Voorhout und De-Vos-in-Tuinstraat mehrere Gebäude an. Der Architekt Arend Rodenburg wurde mit dem Entwurf eines Gebäudes beauftragt, das deutlich sichtbar machen sollte, dass der Auftraggeber wohl begütert sei – die Folge war, dass die Baukosten durch die Decke gingen. Das »Häuschen«, von dem van Brienen gesprochen zu haben scheint, verfügte über Ställe mit entsprechendem Heulager, einen Innenhof, zahlreiche Räume für das Personal, einen großen Ballsaal und die notwendigen Privaträume für seine Hochwohlgeboren, den Baron. Seine Erben verkauften die kapitale Residenz an den Hotelier Friedrich Wirtz, der hier 1881 das berühmte Hotel Des Indes gründete.

Eine Rennstrecke in *Clingendael*

Von 1854 bis 1903 war Arnoud Nicolaas van Brienen Eigentümer. In der schicken Den Haager Beau Monde war er gern gesehen, nicht zuletzt wegen seines großen Vermögens und der vielen Partys, die er gab. Neben seiner Position als Kammerherr im außerordentlichen Dienst für König Willem III. war er auch Anteilseigner des Bankhauses Willem van Brienen & Zoonen. Nach dem Tod von Willem III. war er Teil des Vormundschaftsrats von Prinzessin Wilhelmina. Wegen seiner Leidenschaft für Pferde und den Pferdesport ließ er auf *Clingendael* eine Rennstrecke anlegen. Diese wurde bis 1906 genutzt und dann durch die heute noch bestehende Rennstrecke von Duindigt ersetzt. Arnoud spielte auch Golf und baute auf seinem eigenen Grundstück einen 9-Loch-Platz.

Der Garten

Im Auftrag von Willem Joseph van Brienen hatte der Landschaftsarchitekt Johan David Zocher jr. den Garten von *Clingendael* um 1830 in einen Landschaftspark verwandelt. In diesen Jahren war Zocher, genau wie sein Vater, sein Bruder und sein Sohn, auf Landsitzen in den ganzen Niederlanden aktiv. Später stellten die van Brienens

Leonard Springer ein, der u. a. die Treppen zum alt-holländischen Garten baute. Der Garten selbst sowie der japanische Garten gehen auf Ideen von Marguérite Mary (Daisy) van Brienen (1871–1939) zurück, einer der vier Töchter von Arnoud Willem. Auf einer Reise durch Japan kaufte sie Objekte wie Laternen, Steine, ein Teehaus und Baumaterialien, mit denen sie an dieser Stelle, mit Hilfe der japanischen Botschaft, im Jahre 1903 einen japanischen Garten baute. Die Öffnung dieses Gartens im Frühjahr ist für viele immer noch eine Veranstaltung, auf die man sich freut. In der Nähe des japanischen Gartens befindet sich ein Jagdstern-Wald mit vielen Rhododendren.

Die bunte Schönheit des japanischen Gartens im Mai ist eines der Highlights bei einem Spaziergang durch *Clingendael*.

Freiin Daisy

Daisy verbrachte ihr ganzes Leben auf *Clingendael*, womit sie den testamentarischen Wünschen ihres Vaters nachkam. Es wird gesagt, sie sei eine besondere Persönlichkeit gewesen. Vor allem die angelsächsische Kultur faszinierte sie sehr. Sie lud viele englische Prominente für kurze oder längere Zeit nach *Clingendael* ein, darunter auch den englischen König Edward VII. Durch ihr Engagement für die literarische Bloomsbury Group war sie mit Vita Sackville-West und Virginia Woolf befreundet. Während des Ersten Weltkrieges wurde *Clingendael* zu einem Krankenhaus des Roten Kreuzes, in dem englische Kriegsgefangene medizinisch versorgt wurden. Daisy hatte zu jener Zeit eine führende Position beim britischen Roten Kreuz inne.

Es gibt viel zu erzählen über diese bemerkenswerte Persönlichkeit. Sie war eine leidenschaftliche Gärtnerin, liebte Pferderennen, liebte ihre vielen Tiere und war nie ohne ihre Hunde anzutreffen, die oft ein Grab unter einer einsamen Linde auf dem Landsitz erhielten. Nachdem sie einen geliebten Hund begraben hatte, versah sie das Grab mit einem aufrechten Grabstein. Ihr Chefgärtner war Theodoor J. Dinn, der vom Direktor des Botanischen Gartens im englischen Kew wärmstens empfohlen wurde. Wo sich heute das

Rosarium und der Spielplatz befinden, gab es früher die Gewächshäuser, in denen Dinn kommerziell Nelken züchtete.

Wie ihr Vater war Daisy eine begeisterte Golfspielerin. 1923 eröffnet sie in der Nähe von *Clingendael* den ersten 18-Loch-Platz in den Niederlanden. Der Kurs bestand aus dem alten 9-Loch-Platz von *Clingendael*, kombiniert mit neun weiteren Löchern auf einem der Familie Bylandt am Waalsdorperweg abgekauften Gelände. Der Platz wurde vom Golf Club Den Haag (heute der Königliche Haager Golf & Country Club in Wassenaar) genutzt.

Wohl auch durch die Schrecken des Ersten Weltkrieges war sich Daisy ihres Wohlstandes bewusster als einige ihrer Vorfahren. Hiervon zeugt auch die Geschichte der Hütte. Ihr Vater stellte dieses Holzgebäude für die Stromerzeugung auf. Sie bewohnte es jedoch in den Krisenjahren während kalter Monate, um Heizkosten im großen Haus zu sparen.

Brienenoord

Mit Arnoud van Brienen starb der letzte männliche Nachkomme dieser Familie. Die Adelsfamilie starb aus, ihr Name lebte aber noch im Namen der Van Brienenoord-Brücke weiter. Die Brücke bekam ihren Namen, weil van Brienen 1847 eine Konzession für die Tiefseefischerei auf Stör und Lachs in der Neuen Maas östlich von Rotterdam erworben hatte. Dieser Verkauf umfasste eine Insel, die fortan Insel Van-Brienenoord genannt wurde. Die Brücke, die 1965 gebaut wurde, führt über diese Insel hinweg.

Clingendael als Landes-Verwaltungszentrum

Nach dem Tod von Daisy van Brienen im Jahr 1939 wurden Reichskommissar Arthur Seyß-Inquart und seine Frau Gertrud Maschke die folgenden Bewohner. Fast unmittelbar nach der deutschen Invasion im Mai 1940 ließen sie sich auf dem Schloss *Oud-Wassenaar* nieder. Um das große Haus als Verwaltungszentrum für die Niederlande und als privaten Wohnsitz von Seyß-Inquart herzurichten, kam es zu umfassenden Umbauten, wobei der Bau eines Tennisplatzes we-

Linke Seite: Der alt-holländische Garten ist ein formaler Bestandteil im ansonsten vor allem als Landschaftsgarten gestalteten *Clingendael*.

Einige der Hundegräber von Freiin Daisy. Anfangs standen die Steine aufrecht, aber ein späterer Bewohner ließ sie niederlegen.

Genau wie ihr Vater war Daisy eine begeisterte Golfspielerin. 1923 eröffnet sie den ersten 18-Loch-Platz in den Niederlanden in der Nähe von *Clingendael*. Der Kurs bestand aus der alten 9-Loch-Anlage von *Clingendael*, kombiniert mit einer weiteren 9-Loch-Anlage auf einem der Familie Bylandt am Waalsdorperweg abgekauften Gelände. Er wird vom Haager Golfclub (heute Königlicher Golf & Country Club Wassenaar) genutzt.

niger dramatische Folgen hatte als der Bau mehrerer Bunker auf dem Gelände und das Ausheben eines Panzergrabens. Der größte Bunker, der sich am Ende des Wassenaarsewegs befindet, hatte zwei Etagen und wurde mit Ziegeln und Dachziegeln getarnt, so dass er aussah wie ein gewöhnlicher Bauernhof. Es war jedoch die Kommandozentrale des Reichskommissars. Aus Sicherheitsgründen verlor das Haus den vorderen Balkon und ein Weinkeller wurde zum Unterstand umgebaut. Am Haupteingang des Landsitzes entstand ein Wachhaus und zwischen einigen Buchen, westlich des Hauptgebäudes, ein Wachgebäude, in dem sich später eine Polizei-Kaserne der SS befand und in der niederländische Widerstandskämpfer verhört und gefoltert wurden.

Von Hausbesetzern zum Institut

Nach dem Zweiten Weltkrieg folgte eine Zeit des Leerstands. Mehrere Parteien waren an *Clingendael* interessiert, aber die bereits erwähnte Investmentgesellschaft Laan van Meerdervoort überlistete alle. Die Gesellschaft verkaufte rasch ein Grundstück an den ANWB, den niederländischen Automobilclub, der dort seinen Hauptsitz baute. Dies zum Ärger der Stadtoberen von Den Haag, die sich aber gleichzeitig nicht zum Kauf der restlichen 60 ha entscheiden konnten.

1954 geschah dies doch noch. Man arbeitete gerade noch an einer Reihe unrealistischer Konzepte zur Umnutzung, als *Clingendael* 1968 besetzt wurde. Die Hausbesetzer, die bis 1976 blieben, gründeten die Stiftung Bamboulee, um hier eine Naturbäckerei, ein bio-dynamisches Restaurant, ein Zentrum für Umweltkunde und Ateliers einzurichten. Nach einem kurzen Rechtsstreit verließen sie das Gebäude und das Niederländische Institut für Internationale Beziehungen Clingendael zog ein. Das Institut befindet sich nach wie vor hier.

Sehen und erleben

Das Gebäude, in dem sich das Institut Clingendael befindet, ist nicht zugänglich, aber im Park gibt es viel zu sehen. Sie können 2 oder

4 km lange Spaziergänge unternehmen und es gibt einen alt-holländischen und einen japanischen Garten. Vor allem letzterer ist einen Besuch wert. Aufgrund seiner empfindlichen Pflanzen ist der Garten nur für kurze Zeit von Ende April bis Anfang Juni und im Oktober geöffnet. Kinder können sich auf dem Spielplatz De Geest vergnügen. Sehr beliebt ist das Kletter-Fort. Auf der großen Spielwiese gibt es viel Platz zum Spielen, zum Zeitunglesen oder um sich in ein Buch zu vertiefen. Wenn Sie am Haupteingang die Einfahrt betreten, sehen Sie links den Bauernhof, ebenfalls mit einer eigenen Einfahrt. Der Hof wurde 1980 nach einer umfassenden Renovierung wieder in Betrieb genommen. Es gibt ungefähr 60 Kühe und (je nach Jahreszeit) im Schnitt 80 Schafe. Möchten Sie mehr über das Institut Clingendael erfahren? Gehen Sie auf www.clingendael.nl.

Radfahren

Clingendael liegt an der Haagse Landgoederenroute (dt. Den Haager Landgüterroute) (S. 233).

Gastronomie

Mitten auf *Clingendael* befindet sich das Teehaus IJgenweis. Sie können nicht nur herkommen, um eine Tasse Tee zu trinken, sondern auch für einen High Tea oder das Mittagessen (www.ijgenweisclingendael.nl, in den Wintermonaten geschlossen).

Nahe gelegene Landsitze

Huis ten Bosch (S.173 ff.) und *Voorlinden* (S. 238 ff.).

ADRESSE

Clingendael 7
2244 VH WASSENAAR

De Paauw

Obwohl die Geschichte von *De Paauw* bis ins 16. Jahrhundert zurückreicht und hier bereits im 17. Jahrhundert das Leben vor den Toren der Stadt in vollen Zügen genossen wurde, blühte der Landsitz im 19. Jahrhundert dank Prinz Frederik der Niederlande noch einmal besonders auf. Das Haus war damals Zentrum eines großen Anwesens, das in vielerlei Hinsicht die Lustgärten von Potsdam zitierte. Dort hatte der Prinz einen Großteil seiner Jugend verbracht.

Heutzutage wird dieser Landsitz als Rathaus von Wassenaar genutzt. Der umliegende Park mit Teichlandschaften und Rosengarten ist öffentlich zugänglich. Dies ist bereits seit 1924 der Fall. Bis dahin war *De Paauw* immer privat bewohnt worden. Der erste Besitzer war Cornelis Arentszn van der Dussen, der bereits den Namen *Te Pau* für diesen Landsitz verwendete. Das Anwesen umfasste anfänglich 9 ha, wuchs aber durch Landzukäufe bald auf 50 ha an. Van der Dussen war Bürgermeister von Delft und gehörte zu einer einflussreichen und wohlhabenden Familie mit einem weitreichenden und gut funktionierenden Netzwerk.

Im 17. Jahrhundert fiel es, durch Verkauf oder Erbschaft, immer wieder in andere Hände. Um 1635 erbte Catharina Hardebol ›t Huys te Pau‹ von ihrer Mutter Catharijne Hardebol. Zusammen mit ihrem Ehemann Maximiliaan de Hertaing besaß sie das Schloss *Marquette* in Heemskerk. Wegen hoher Verschuldung mussten sie all ihre Besitztümer verkaufen. Der Käufer von *Te Pauw* war Mattheus Hoeufft sr., der an der Straße Kneuterdijk ein wunderschönes Gebäude errichtet hatte, das heute als Johan-de-Witt-Haus bekannt ist.

Die Blütezeit von *De Paauw* begann 1770, als Adriaan Pieter Twent aus Delft das Anwesen erwarb. Twent ist ein typisches Beispiel für einen Berufspolitiker aus der Zeit Ende des 18. Jahrhunderts. Er studierte Rechtswissenschaften in Leiden und heiratete Catharina Maria van Vredenburch, die ebenfalls aus Delft stammte. Nachdem sie sich in Gouda niedergelassen hatten und dort zu Reichtum gekommen waren, wurde Twent Abgeordneter der Stadt in den Staaten von Holland. Dieses Gremium wiederum schickte ihn als ihren Vertreter in die Generalstaaten. Unter König Ludwig Napoleon konnte er seine ruhmreiche Karriere fortsetzen und wurde Innenminister und später Minister für Wasserwirtschaft.

Landwirt Twent

Im Jahr 1783 kaufte Twent das benachbarte Landgut *De Raaphorst*. Einst stand hier eine Burg, die um 1750 abgerissen wurde. Ein alter Bauernhof, mit der Jahreszahl 1639 und dem Wappen von Raaphorst an der Fassade, erinnert an diese Zeit. Twent legte beide Grundstücke zusammen und ließ 1791 einen Hügel anlegen, den er mit Flieder bepflanzen ließ. Später wurde der Hügel zu einem beliebten Ort von Königin Wilhelmina, die hier malte, und noch immer ist es, vor allem in den Monaten Mai und Juni, eine attraktive Umgebung im weitläufigen Park. Heute heißt dieses Gebiet *De Horsten*, einschließlich des nicht zugänglichen *Eikenhorst*. Durch die vierspurige Rijksstraatweg (N44), die diesen Teil von Wassenaar durchschneidet, ist *De Paauw* vom 415 ha großen *De Horsten* abgespalten.

Porträt von Prinz Frederik als Großmeister der Freimaurer. In seiner rechten Hand ein Hammer. Darunter liegt ein Buch mit zwei gekreuzten Schwertern. Druck von Dirk Sluyter, 1817

Twent baute ein neues Haus auf *De Paauw*, nachdem er ein älteres Haus abreißen ließ. Wie es aussah, ist unbekannt. In anderen Teilen seines weitläufigen Anwesens ließ er viele Bäume pflanzen. Er war auch in der Landwirtschaft tätig und unterhielt einen Milchviehbetrieb, auf dem auch Neuzüchtungen erforscht wurden. Darüber hinaus wurden Versuche mit Schafen durchgeführt, um ein besseres Fell zu erhalten. Er schrieb ein Buch über Bodenverbesserung und Dünenbepflanzung, aber auch über Viehkrankheiten wie die Moderhinke.

Zu jener Zeit beschäftigten sich diverse Landbesitzer mit der Optimierung von Landwirtschaft und Viehzucht, zum Beispiel in Linschoten, wo Strick van Linschoten versuchte, den Kartoffelanbau effizienter zu gestalten.

Potsdam in Wassenaar

Adriaan Twents Sohn Abraham Twent verkaufte den Landsitz 1838 an Prinz Frederik. Dieser zweite und jüngste Sohn von König Willem I. verbrachte einen Großteil seiner Jugend im deutschen Exil. In und um Berlin war er beeindruckt von den vielen schönen Schlössern. Die militärische Atmosphäre sprach ihn an. Nach dem Kauf von *De Paauw* bewohnten Prinz Frederik und seine Frau, Prinzessin Louise von Preußen, den Rest ihres Lebens dieses Landgut am Rande von Den Haag. Gleich nach dem Kauf begannen sie, das Hauptgebäude umzugestalten. Es wurden auch Seitenflügel angebaut. Diese Flügel weisen vorne halbrunde Erkerfenster auf. Architekt war Johan

Wenn man genau hinschaut, sieht man, dass *De Paauw* einige Wartungsarbeiten benötigt. Im Jahr 2017 begann die Stadt Wassenaar mit der Restaurierung der Fassaden und will so den Zustand um 1860 rekonstruieren.

ADRESSE

Raadhuislaan 22
2242 CP WASSENAAR

Auf diesem Ausschnitt einer Karte des Wasserwirtschaftsverbandes Rijnland aus dem Jahr 1746 ist die Lage einiger Landsitze zwischen Wassenaar und Voorschoten gut zu erkennen. Von links nach rechts: *De Paauw, Raaphorst, Ter Horst* und *Duivenvoorde* und ganz oben *Zuidwijk*. Diese Karte ist die dritte Ausgabe der ursprünglichen Übersichtskarte von 1647. Bei einigen Landsitzen steht der Vermerk »afgebroke«, was bedeutet, dass sie zu jenem Zeitpunkt bereits abgerissen worden waren.

David Zocher jr. Sein Vater hatte zuvor den Garten für Adriaan Twent umgestaltet.

Einen weiteren Umbau (1853) lässt Prinz Frederik vom aus Berlin stammenden Architekten Hermann Wentzel durchführen. Er entschied sich für einen klassizistischen Stil, der in Berlin sehr angesagt war. Wentzel blieb 21 Jahre lang in Diensten des Prinzen und zeichnete auch für dessen Kunstsammlung verantwortlich. Während der Renovierung erhielt das Gebäude auf der Nordseite (rechts) einen neuen Eingang, der sich durch die Kolonnade auszeichnete, die das Gebäude nach wie vor schmückt. Auf der linken Seite befindet sich ein Raum mit einer erkerartigen Erweiterung. Früher war es das Arbeitszimmer Prinz Frederiks, heute das des Bürgermeisters von Wassenaar, von wo aus er den Blick auf den Rasen genießt sowie auf den Rijksstraatweg mit dem unaufhörlichen Verkehr. Die heutige Ratskammer wurde ursprünglich als Ballsaal genutzt. Hier fanden Feste zu Ehren der zahlreichen ausländischen Fürsten statt, die den angesehenen Prinzen Frederik und seine Familie besuchten.

Die Renovierungen von 1858 verlieh dem Gebäude ein gut gegliedertes Erscheinungsbild. An der Fassade wurden fünf geschnitzte Pfauen angebracht. Einen palastartigen Charakter verlieh eine Erweiterung aus dem Jahr 1879. Damals wurde dem Haus ein Flügel hinzugefügt, der 17 Salons und Gästezimmer aufnahm. Der Bau wurde 1919 abgerissen, nachdem er von belgischen Flüchtlingen und Soldaten in völlig desolatem Zustand hinterlassen wurde.

Huis te Raaphorst, 1738. Radierung von Hendrik Spilman, nach einer Zeichnung von Abraham de Haan

Der Pferdetrog des Zaren

Über den Park von *De Paauw* gibt es viel zu erzählen, wobei die erhaltenen Kassenbücher von Prinz Frederik als Quelle sehr hilfreich sind. In ihnen ist genau angegeben, wer wie viel Geld für welche Arbeit bekam. Da hier bereits im 16. Jahrhundert ein Landsitz bestand, weist die Umgebung eine Vielzahl von Spuren unterschiedlicher Epochen auf. So erkennen Experten Überreste von Entwürfen des 17. und 18. Jahrhunderts.

De Paauw, vermutlich mit Luise von Preußen, Prinzessin der Niederlande, und ihrer Tochter Marie. Im Vordergrund sind einige Pfauen abgebildet. Zeichnung von Johannes Josephus Destrée, 1847

Links: Diese Bank wurde von Hermann Wentzel für *De Paauw* entworfen, wurde aber 1935 von einem ehemaligen Bürgermeister von Wassenaar bei seinem Umzug nach Ommen mitgenommen. Die Bank stand ursprünglich im Prinzessinnengarten.

Rechts: Gruppenbild der Familie Kessler im Jahr 1913 in dem Bereich von *De Paauw,* der heute Prinzessinnengarten genannt wird. Die Familie hat von 1910 bis 1924 auf *De Paauw* gelebt.

Auf *De Paauw* verbreiten viele Elemente eine klassizistische Atmosphäre, die dem deutschen Architekten Wentzel zu verdanken ist. Er entwarf auch eine überdachte Bank oder ein Stibadium (ein halbrundes ›Speisesofa‹), das heute auf dem Anwesen *Het Laer* in Ommen, im Osten der Niederlande, zu sehen ist. Dort ließ sich 1935 ein ehemaliger Bürgermeister von Wassenaar nieder, der das Objekt problemlos nach Ommen mitnehmen konnte. Die Bank befand sich in jenem Gartenbereich, der heute Prinzessinnen-Garten genannt wird.

Die im 18. Jahrhundert wiederentdeckten und ausgegrabenen Orte Pompeji und Herculaneum sorgten seinerzeit in ganz Europa für Furore. In Deutschland kam ein Stil in Mode, der von diesen Funden inspiriert wurde. So wurden in Potsdam bei Schloss Sanssouci verschiedene Gebäude errichtet, die auf Pompeji anspielen. Auch Prinz Frederik war fasziniert von diesem Stil. Davon zeugen zahlreiche Elemente auf *De Paauw*, wie etwa die überdachte Bank, eine Statue Victorias, die sich heute in einem kleinen Tempel befindet, eine weitere Statue, die als »Die Krieger« bezeichnet wird, Dekorationen im und um das Haus und andere Zierelemente.

Bei einem Besuch auf *De Paauw* schenkte der russische Zar Alexander II. Prinz Frederik einen Pferdetrog aus Marmor, der von Löwen flankiert wird. Dieses Objekt befindet sich heute noch auf dem Vorplatz. Anna Paulowna, die Frau König Willems II. und Schwägerin Friederichs, war eine Tante des Zaren. Leider wurden zahlreiche Gartenobjekte aus dieser Zeit später gestohlen, mitgenommen bzw. stark vernachlässigt.

Ein Park von europäischem Ansehen

(Carl) Eduard Petzold spielte eine wichtige Rolle auf den vielen Ländereien Prinz Frederiks. Der Dresdner Landschaftsarchitekt begann seine Karriere in Diensten von Hermann von Pückler-Muskau. Dieser Fürst liebte Gärten und war auch selbst als Landschaftsarchitekt

tätig. Nach einem längeren Aufenthalt in England hatte er sein Anwesen in Muskau nach den Grundsätzen des englischen Landschaftsstils restrukturiert. Der 545 ha große Park an der deutsch-polnischen
Grenze ist noch immer eines der wichtigsten Beispiele dieses Stils.

Als der Fürst in finanzielle Schwierigkeiten geriet, kam es zum
Verkauf dieses riesigen Anwesens an Prinz Frederik. Der wiederum
war beeindruckt vom Talent des jungen Petzold und bat ihn 1854, in
die Niederlande zu kommen, und zwar als Verantwortlicher für alle
Parks Prinz Frederiks einschließlich des Parks in Muskau, den er bis
1872 weiter betreute.

In Wassenaar gestaltete Petzold Teile des großen Parks, zu dem
nicht nur *De Paauw*, sondern auch *Backershagen* und einige andere
Landsitze gehörten, und formte diese zu einem zusammenhängen-
den Ganzen. Er legte auch eine sog. Erschließungsstraße an, die
alle Landgüter miteinander verband. Die von ihm für *De Paauw* angelegte große Rasenfläche sorgte für eine Sichtachse, die sich bis
zum Landsitz *Raaphorst* auf der anderen Seite des Rijksstraatweges
erstreckte. Zu seinen Lebzeiten realisierte Petzold in ganz Europa
insgesamt 174 Parks und Gärten. Außer in Wassenaar entwarf er in
den Niederlanden auch den Park von *Twickel* in Ambt Delden und
hat u. a. für *Hof te Dieren, Elswout, Oud-Wassenaar* und *Clingendael*
gearbeitet.

Diese Skulptur einer Badenden
im Teich hinter *De Paauw* wurde
von Carla Rutgers-Hendriksen
geschaffen. Inspiriert wurde das
Werk von einem Gemälde von
Rembrandt von Hendrickje Stof-
fels, Baden in einem Fluss.

Prinz Frederik der Niederlande kaufte viele Häuser und Ländereien in Wassenaar – *Raaphorst, Ter Horst* (beide 1838) und *Eikenhorst* (1845) –, während er auch Eigentümer von *De Paauw* (1838), *Backershagen* (1846) und *Groot Haesebroek* (1854) war. Die ersten drei Besitzungen bilden zusammen *De Horsten*. Über Prinzessin Marie, die Tochter von Prinz Frederik und Ehefrau von Adolf Wilhelm von Wied, kaufte Königin Wilhelmina dieses Landgut den deutschen Erben ihrer Großtante wieder ab. Über Königin Juliana gelangte es schließlich in den Besitz des heute amtierenden Königs Willem-Alexander. Auch Prinzessin Margriet besitzt hier langfristige Erbpachtrechte. Bis zur Fertigstellung von *Huis ten Bosch* bewohnten König Willem-Alexander und seine Familie den Landsitz *De Eikenhorst*.

Auf *Groot Haesebroek* (im Westen von Wassenaar, außerhalb von *De Horsten*) ließ sich im Jahr 1916 das Ehepaar Kröller-Müller nieder. Im Jahr 1929 ließen sie hier ein neues Landhaus errichten. Hier konnten sie einen Großteil ihrer Kunstsammlung unterbringen, bevor diese 1938 nach Otterlo gebracht wurde. Heute wird das Haus als offizielle Residenz des kanadischen Botschafters genutzt.

Von der Residenz der Oranier zum Rathaus

Nach dem Tod von Prinz Frederik im Jahre 1881 erbte seine Tochter, Prinzessin Marie von Wied, den Landsitz. Nach ihrem Tod im Jahr 1910 gelangte das Anwesen in den Besitz von Margo Kessler-De Lange, der Witwe von J.B. August Kessler, ehemaliger Vorstandsvorsitzender der Königlichen Gesellschaft für Erdölförderung in Niederländisch-Indien (die spätere Königliche Shell). Nachdem die Stadt Wassenaar das Hauptgebäude 1924 erworben hatte, ging man mit dieser schönen Immobilie nicht immer sorgfältig um. Es gab interne Umbauten. Es wurden auch bereits Pläne für neue Büroblöcke erstellt, die direkt neben dem Gebäude stehen sollten. Die Entwürfe stammten vom Architekten Wim Quist. Aufgrund des allgemeinen Protestes in der Bevölkerung entschloss sich der Stadtrat aber, diese Bauvorhaben aufzugeben und andernorts in Wassenaar ein Bürogebäude zu mieten. Seither residiert der Stadtrat auf *De Paauw* und das Gebäude hat eher eine zeremonielle und repräsentative Funktion. Nachdem einer der Eigentümer den Park größtenteils verwildern ließ, kam auch dieser 1949 ins Eigentum der Stadt Wassenaar.

De Paauw gehört aufgrund seiner außergewöhnlichen Architektur, des besonderen Parks, seines Alters als Landsitz mit den daraus entstandenen unterschiedlichen, gartenarchitektonischen Charakteristika sowie seiner für die Niederlande untypischen Form zu den außergewöhnlichsten Landsitzen des Landes.

Sehen und erleben

Das Haupthaus wird seit 1925 als Rathaus von Wassenaar genutzt. Sie können also jederzeit hineingehen und einen Blick riskieren. Oft gibt es kleine Ausstellungen. Außerdem ist hier auch das Feuerwehr-Museum Wassenaar untergebracht, das einen Überblick über 300 Jahre Feuerbekämpfung bietet (www.brandweermuseumwassenaar.nl, geöffnet Mo 11–15 Uhr, jeden ersten Sonntag im Monat 12–15 Uhr).

Nahe gelegene Landsitze

Backershagen (S. 230 ff.) und *De Horsten*.

ALLEEN UND SICHTACHSEN

In vielen Gärten und Parks von Landsitzen aus der Zeit vor 1750 spielen Sichtachsen eine wichtige Rolle. Bei der Landschafts- und Stadtgestaltung betont eine Sichtlinie den Blick auf ein weiter entferntes Gebäude, z. B. den Turm einer Dorfkirche oder einen Palast, einen Brunnen oder eine Skulptur. Oder eben auch eine (besondere) Landschaft. In der Zeit, als die Landsitze angelegt wurden, waren die Niederlande erheblich dünner besiedelt. Eine freie Sichtachse konnte leicht mehrere Kilometer lang sein. Auch heute noch gibt es Sichtachsen. Ein schönes Beispiel ist der Eingang von *Nijenhuis* in Diepenheim (Provinz Overijssel). Hier führt die Sichtachse in der Allee zum Landsitz. Nähert man sich, erscheint das Haus mehr und mehr beeindruckend, wie auch seine vornehmen Bewohner.

Ehrfurcht und Distanziertheit: Diese Wirkung sollten Sichtachsen auch haben. In der Vergangenheit haben Adel und Kaufleute dieses Prinzip beim Bau ihres Landgutes bzw. Landsitzes häufig angewandt. Sobald man im Haus ist, scheint die Sichtachse oft direkt durch das Haus hindurchzulaufen und man hat in beide Richtungen, nach vorne und nach hinten, optimale Sicht.

VORSCHRIFTEN

Für die Anpflanzung der Alleen wurde in der Regel Eiche, Buche, Linde, Walnuss, Ulme und später auch Pappel gewählt. Linden waren sehr beliebt und ließen sich leicht beschneiden. Man stellte die Bäume nach festen Regeln auf

Der Eingang zu *Nijenhuis* in Diepenheim (Overijssel) ist ein schönes Beispiel für eine Baumallee, die eine Sichtachse bildet.

und jede Art hatte ihre eigenen Pflanzabstände. Im Jahr 1669 schrieb, Jan van der Groen, Obergärtner des Statthalters, in seinem Buch *Den Nederlandtsen Hovenier*, dass Buchen in einem Abstand von 6,28 bis 7,53 m gepflanzt werden sollten, Eichen von 5,65 bis 6,28 m, Ulmen 5,02 m und die majestätischen Linden mit 7,53 m Abstand. Um der Allee mehr Flair zu verleihen, ließ man Rosen am unteren Stamm hochwachsen und blühende Baumsträucher wurden zwischen den Bäumen gepflanzt. Natürlich spielte auch die Breite der Allee eine Rolle bei der Bestim-

mung der richtigen Abstände und der Wahl der Pflanzen. Es gab einen Unterschied zwischen den Hauptalleen und jenen von geringerer Bedeutung. Manchmal waren die Alleen mit doppelten Baumreihen versehen. Eine solche Allee mit vier Baumreihen ist wirklich beeindruckend. Ein Beispiel dafür findet sich auf *Verhildersum* in Leens (Provinz Groningen). Alleen, die sechs oder acht Baumreihen zählten, sind ebenfalls bekannt, waren aber seltener. Im Zuge der Entwicklung sog. Landschaftsgärten nach 1750 kamen gerade Sichtachsen allmählich aus der Mode.

Backershagen

Verborgen im Wald von *Backershagen*, erhebt sich auf einem Hügel ein großes Teehaus. Heute ist dieses Gebäude von Bäumen umgeben, früher muss man hier eine großartige Aussicht gehabt haben.

Der Hügel wurde 1770 errichtet und ist Teil des ursprünglichen Landsitzes aus dem 18. Jahrhundert. Er wurde an der Stelle errichtet, wo sich früher ein Bauernhof befand, die Carpoenshofstede. Im Jahr 1723 brachte Maria Clara van der Hagen dieses Gut mit in ihre Ehe mit dem Amsterdamer Regenten Cornelis Backer. Später ließ sich das Paar hier einen schönen neuen Landsitz errichten: *Backershagen*, eine Kombination ihrer Familiennamen.

Prinz Frederik kaufte das Anwesen 1846 und fügte ihn seinem bereits umfangreichen Landbesitz in Wassenaar hinzu. 1910 wurden Teile des weitläufigen Anwesens in kleinere Parzellen aufgeteilt. Neben dem alten Kern von *Backershagen* waren dies die Landsitze *Ivicke, De Wiltzangk, De Hartenkamp* und *Beukhaghe*. Das Haus auf letztgenanntem Landsitz ist bekannt für sein blaues Dach, das von der N44 aus gut sichtbar ist.

Bombensicherer Keller und eigenes Benzin

Trotz der großen Schäden, die zahlreiche Landgüter in dieser Region durch den Krieg erlitten, blieb *Backershagen* vom Zweiten Weltkrieg nahezu unbeschadet. Es wurde weder requiriert, noch litt es unter den V1- und V2-Raketen, die von *Clingendael* aus abgefeuert wurden. Der letzte Besitzer der Vorkriegszeit war Arthur Hartog, Vorstandsmitglied von Unilever. Er modernisierte das Haus nach seinem Erwerb des Landsitzes 1935 und versah es, angesichts der zunehmenden Kriegsgefahr, mit einem bombensicheren Keller. Er ließ auch eine Garage mit einer eigenen Benzinzapfsäule bauen.

Der jüdische Geschäftsmann wartete aber nicht auf den Krieg: Er verschwand über Frankreich und auf verschiedenen, abenteuerlichen Wegen gelangte er in die Vereinigten Staaten, wo er 1986 im Alter von 94 Jahren starb. Sein gesetzlicher Vertreter lebte während der Kriegsjahre auf dem Landsitz. Dieser hatte bereits etwas von seinem Glanz verloren. Mitte des 19. Jahrhunderts wurden die Garage und das Kutscherhaus vom damaligen Besitzer Jan de la Bassecour Caan abgerissen. Am Hauptgebäude wurde von aufeinanderfolgenden Eigentümern immer wieder Veränderungen vorgenommen, während ein alter Bauernhof in der Nähe des Hauses 1877 abgerissen wurde.

Renoviert, vernachlässigt, niedergebrannt und wieder aufgebaut

Nach 1945 kaufte die Stadt Wassenaar Teile von *Backershagen, De Wiltzangk und De Hartenkamp*, um einen öffentlichen Park zu schaffen. 1950 wurde das Haus von *Backershagen* zur offiziellen Residenz des indonesischen Botschafters. Danach wurde der vernachlässigte Bau komplett renoviert. Das Anwesen blieb Botschafterresidenz,

Oben: Das neue *Backershagen* anno 2019

Unten: Das Haupthaus von *Backershagen* nach dem Brand 1974

ADRESSE

Bij Backershagenlaan 34
2243 AD WASSENAAR
(Zum Park gibt es mehrere Eingänge.)

Das Hirschhaus, das sich im alten Wildgehege von *Backershagen* befindet, stammt wahrscheinlich aus der Zeit des Baus des Geheges Ende des 18. Jahrhunderts. Angesichts der Details dürfte es Mitte des 19. Jahrhunderts von Hermann Wentzel renoviert worden sein. Es wird derzeit als Wohnhaus genutzt.

bis die diplomatischen Beziehungen zu Indonesien aufgrund der Krise um Neuguinea auf Eis gelegt wurden.

Der niederländische Reichsgebäudedienst verkaufte die Liegenschaft daraufhin an den illustren Projektentwickler Reinder Zwolsman, woraufhin es mit dem Landsitz steil bergab ging. Es folgte der Verkauf von Landparzellen an umliegende Interessenten. Dies ging zu Lasten der ursprünglichen Gartenarchitektur von Zocher jr. und den späteren Anpassungen von Leonard Springer. Die Zeit der krummen Geschäfte und Spekulationen dauerte bis 1974. Dann kam es zur Katastrophe: Als im Gespräch war, *Backershagen* unter nationalen Denkmalschutz zu stellen, brannte das (gut versicherte) Haus in der Nacht vom 21. Januar 1974 vollständig ab.

Danach gab es immer wieder Pläne, das Haus zu rekonstruieren, was jedoch finanziell nicht machbar war. 1983 verkaufte die MAB Projectontwikkeling BV das Objekt zum Teil aufgrund schlechter wirtschaftlicher Prognosen an das Ehepaar Poort-Psomas. Despina Poort-Psomas und ihr Sohn J.K. Poort, beides professionelle Architekten, erstellten 1986 neue, vom Stadtrat genehmigte Pläne. Der Entwurf erinnerte an das ehemalige Hauptgebäude aus dem Jahr 1850. Auch die Nebengebäude wurden nach der alten Anordnung gruppiert. Heute befinden sich hier Wohnungen. Nachdem Expertenrat bezüglich der Gartengeschichte eingeholt wurde, befasst sich die Eigentümergemeinschaft seit 2010 mit der Wiederherstellung des verbliebenen historischen Parks. Dieser sollte noch einige Überraschungen bereithalten, wie das bereits erwähnte Teehaus, eine Einsiedelei mit Grotte, ein Spielhaus, Gartenmauern und Brücken aus dem späten 18. und 19. Jahrhundert.

Sehen und erleben
Siehe S. 233

Nahe gelegener Landsitz
De Paauw (S. 222 ff.).

Der Seringenberg wurde Ende des 18. Jahrhunderts angelegt und mittlerweile durch die N44 von *De Paauw* abgetrennt. Heute gehört der Hügel zum Wandergebiet De Horsten.

RADFAHREN UND SPAZIEREN ENTLANG DER LANDSITZE IN DEN HAAG UND WASSENAAR

Auf der 52 km langen Radroute **Haagse Landgoederenroute** (dt. Den Haager Landgüterroute) lernen Sie die Highlights der Landsitze von Den Haags Umgebung kennen, wie z. B. *Clingendael*, *De Paauw*, *De Horsten* und *Duivenvoorde*, aber auch einige weniger bekannte (ehemalige) Landhäuser und Parks wie *Marlot*, das Landgut *Reigersbergen* (mit Schmetterlingsgarten) und *Rust en Vreugd*. Gehen Sie auf www.landgoedenbuitenplaats-zh.nl und suchen Sie nach ›Landgoederenroute‹

Auf der Internetseite landgoed-wandelen.nl/en finden Sie sechs Wanderwege entlang der Landsitze, die von 5 km (in Rijswijk) bis zu einer mehrtägigen Route von 44 km reichen (Den Haag, Rijswijk, Voorschoten, Wassenaar). Die Routen sind markiert. An einigen Stellen finden Sie Informationstafeln, die Sie über die Güter und Landsitze in unmittelbarer Nähe informieren.

Die Wassenaarer **Landgoederenroute** (eine 5 km lange Radroute, die auch zu Fuß bewältigt werden kann) verbindet unter anderem die Landsitze *De Paauw*, *Backershagen* und *De Wittenburg*. Auf dem Weg passieren Sie verschiedene Follies und andere historische Gartenelemente. Diese Route wurde bereits 1961 ausgearbeitet, was zeigt, dass Wassenaar seine Landsitze schon lange Zeit hegt und pflegt.

Sie können auch auf *De Horsten* spazieren gehen und von dort weiter nach *Duivenvoorde* (www.over-dehorsten.nl) gehen. Die Länge dieser Routen variiert zwischen 2 und 7,5 km. Ein Muss sind auf *De Horsten* einmal der **Seringenberg** und der **Teepavillon** De Horsten, der sich im alten »Schiethuis« (Jagdhaus) befindet. Das neugotische Gebäude aus dem Jahr 1861 stammt von Hermann Wentzel, dem Hausarchitekten von Prinz Frederik, der viel auf *De Paauw* gearbeitet hat. (www.theepaviljoendehorsten.nl).

Vergessen Sie nicht *Voorlinden*: Hier können Sie eine wunderschöne Übergangslandschaft von den Dünen zum Strand erleben. Erleben können Sie aber auch moderne Kunst im **Museum Voorlinden** (siehe S. 238) sowie den **Skulpturengarten** Clingenbosch (S. 241).

Auf der **NS-Route ›De Horsten‹**, einer Radwanderroute der niederländischen Bahngesellschaft »NS«, gehen Sie vom Hauptbahnhof Den Haag bis zur Station Voorschoten. Hier sind Sie unterwegs auf den Spuren der königlichen Familie und kommen an wunderschönen Landgütern wie *Huis ten Bosch*, *Backershagen* und *De Horsten* vorbei. Die Strecke ist 21 km lang. Wenn Ihnen das zu weit ist, können Sie die Strecke auf 13 km verkürzen. Gehen Sie auf www.eropuit.nl und suchen Sie nach »Horsten«.

Die Niederlande sind ein Fahrradland. Über das örtliche Fremdenverkehrsamt oder über Ihr Hotel erfahren Sie schnell, wo Sie ein Fahrrad mieten können. Dies ist auch an vielen Bahnhöfen möglich. Siehe www.ns.nl/de/door-to-door/ov-fiets.

De Wittenburg

In Wassenaar befindet sich eine Reihe von Landsitzen, die Ende des 19. und Anfang des 20. Jahrhunderts errichtet wurden. Einer davon ist Kasteel *De Wittenburg* aus dem Jahr 1899, ein Entwurf des Architekturbüros van Nieukerken. Johannes van Nieukerken und seine beiden Söhne, Marie und Johan, bauten im historisierenden Stil. Beispiele sind neben *De Wittenburg* auch *Duin & Kruidberg* in Velsen Zuid sowie *Huis Hoevelaken*. Sie gestalteten auch Erweiterungen bestehender Häuser, wie etwa *Groot Hoenlo* in Olst und das im Ort Laren in der Provinz Gelderland gelegene *Huis Verwolde*.

Ende des 19. Jahrhunderts erwarben Helenus Speelman und seine Frau Sophie Sloet van Oldruitenborgh ein Grundstück in Wassenaar. Sie wohnten am Nieuwe Uitleg 12 in Den Haag. 1897 wurde das Haus von Johannes van Nieukerken restauriert, und als sie im Jahr darauf in die Lange Voorhout zogen, wurde auch dieses von van Nieukerken renoviert. Vielleicht sollten diese Aufträge testen, wie gut der Architekt seine Arbeit machte. Wie dem auch sei, das Architekturbüro van Nieukerken erhielt kurz darauf auch den prestigeträchtigen Auftrag, auf dem neuen Grundstück in Wassenaar ein regelrechtes Schloss zu errichten. Es gab zu diesem Zeitpunkt nicht viel mehr als einen Bauernhof und ein Gärtnerhaus auf dem Grundstück. Johannes van Nieukerken ließ sich bei diesem Bau von seinen, damals noch jungen, Söhnen Marie und Johan assistieren, die hier praktische Erfahrungen sammelten. Das Grundstück kaufte das Ehepaar Speelman von Cornelis J. van der Oudermeulen, der kurz zuvor das an *De Wittenburg* angrenzende Schloss *Oud-Wassenaar* errichten ließ. Dieser war Stallmeister in besonderem Dienst des Königs Willem III. und sehr reich.

Mit Blick auf die adlige Herkunft seiner Kunden entwarf van Nieukerken ein Haus, das ihren noblen Status unterstrich. Neben dem Schloss entwarf er auch große Teile der Innengestaltung des Hauses, was seinerzeit üblich war. Jedes Zimmer hatte dabei einen eigenen Stil. So wurde ein Raum im Renaissancestil gehalten, ein anderer in alt-holländischem Stil oder in französischem Barock bzw. Rokoko eingerichtet. Vor dem Schloss wurde ein Teich angelegt, der die Repräsentativität des Hauses für ankommende Besucher noch einmal unterstrich. Inspirationsquelle für *De Wittenburg* war Schloss *Zuylenstein* in Amerongen (1945 durch Bombardierung

zerstört). Speelman kannte dieses Haus gut, da er es einige Jahre bewohnt hatte. Das neue Gebäude sollte wie jenes Haus aussehen, aber größer und mit einem höheren Turm.

Ein hoher oder niedriger Turm?

Helenus und Sophie Speelman nahmen großen Anteil am Baufort-schritt. Das war für sie auch kein Problem, denn übergangsweise zogen sie auf den benachbarten Landsitz *Oud-Clingendael* und tauchten täglich auf der Baustelle auf, wo sie sich um jedes nur er-denkliche Detail kümmerten. Die Auftraggeber machten das Bau-

Linke Seite:
Links: Farbige Postkarte von
Schloss *De Wittenburg*, 1903.
Rechts: Das Schloss *Zuylenstein*
in Amerongen war die Inspiration
für *De Wittenburg*, das tatsächlich viele gemeinsame Merkmale
aufweist.

Willem Laurentius Vogels (1837–1922), Ehemann von Adriana Koot (1839–1891), Angestellter des Schlosses *De Wittenburg*, mit seinen Söhnen und Töchtern, um 1900

vorhaben zu ihrer ureigenen, persönlichen Aufgabe; Konflikte mit dem Bauunternehmer und den Bauarbeitern blieben daher nicht aus. Sogar Teile, die bereits gebaut waren, mussten wieder abgerissen werden, wenn das Paar der Meinung war, etwas sei falsch gelaufen oder sie schlicht ihre Meinung geändert hatten.

So etwas spielte sich auch beim Bau des Turms ab, der auf Wunsch der Speelmans eine Etage weniger bekam. Van Nieukerken sah dies anders und es kam zu einer langen Diskussion, bei der viele Freunde nach ihrer Meinung gefragt wurden. Letztlich urteilte der einflussreiche Victor de Stuers, dass der Turm zu niedrig sei, woraufhin das bereits installierte Dach wieder entfernt werden musste und der Bauunternehmer eine weitere Etage hinzufügte (wie sie ja ursprünglich auch geplant war). Van Nieukerken, der aufgrund des zeitgleichen Baus des akademischen Krankenhauses in Groningen die Baustelle verließ, wird regelmäßig die Faust in der Tasche geballt haben.

Wassenaar Business Club

Kurz nach dem Bau beging Helenus Speelman Selbstmord. Die Witwe wohnte noch bis 1934 im Schloss. Nach ihrem Tod im Jahr 1941 erbten ihre beiden Töchter den Landsitz, in dem mittlerweile deutsche Offiziere untergebracht waren. Nach dem Krieg folgten kanadische Soldaten. Mit der Inneneinrichtung ging man nicht gerade pfleglich um!

Nachdem *De Wittenburg* kurzzeitig als luxuriöse Pension fungierte, beschloss die Gemeinde Wassenaar 1955, das Objekt zu erwerben. 1962 verkaufte sie den zentralen Teil des Landsitzes an den Verein Internationales Empfangszentrum für das Wirtschaftsleben De Wittenburg, der einen internationalen Business-Club gründete. Ein Teil des Parks blieb Eigentum der Stadt Wassenaar und dient als öffentlicher Park. Heute sind 1,2 ha im Besitz des Hotels De Wittenburg. Der Business-Club hat über tausend Mitglieder.

Sehen und erleben

De Wittenburg ist heute ein Hotel. Sie können hier auch geschäftliche Meetings abhalten und Empfänge oder Hochzeitsfeiern veranstalten. Es finden auch regelmäßig Konzerte statt. *De Wittenburg* liegt an der Landgoederenroute (siehe Kasten auf S. 233).

Nahe gelegener Landsitz

Voorlinden (S. 238).

ADRESSE

Park Landgoed de
Wittenburg 1
2244 BV WASSENAAR

www.wittenburg.nl

JOHANN GEORG MICHAEL

Es ist bekannt, dass Johann Philip Posth (1763–1831), Johann Georg Michael (1738–1800) und später sein Schwiegersohn Jan David Zocher sr. den frühen Landschaftsstil in den Niederlanden einführten und popularisierten. Zweifellos kannten sie das Buch *Theorie der Gartenkunst* des deutschen Gartentheoretikers C.C.L. Hirschfeld. Diese Veröffentlichung war zu jener Zeit sehr einflussreich.

Michael kam 1758 aus Landau auf Einladung von Jacob Boreel, dem damaligen Besitzer des weitläufigen Landsitzes *Beeckestijn* in der Nähe von Velsen, in die Niederlande. Boreel besuchte Prinz Friedrich von Waldeck-Pyrmont in Arolsen. Es ist nicht klar, ob dies eine Handelsreise oder eine diplomatische Mission war. Während dieses Aufenthaltes kam er mit dem Sohn des jungen Gärtners in Kontakt und war von ihm beeindruckt. Zu Hause in den Niederlanden ernannte er ihn zum Gärtner auf *Beeckestijn*. Der junge Gärtner erhielt ein einfaches Heim auf einem neu erworbe-

nen Grundstück. Zu dieser Zeit war noch nicht absehbar, dass sich der 20-jährige Michael zu einem führenden Gartengestalter und Züchter aller Arten exotischer Pflanzen entwickeln würde. Sein Beruf sollte ihn im Laufe der Zeit auch zu einem wohlhabenden Mann machen. Den Anbau von Pflanzen und Bäumen lernte er von klein auf bei seinem Vater, der als Hofgärtner in Diensten des Fürsten Friedrich von Waldeck-Pyrmont stand.

Als Michael 1764 Anna Maria Smet heiratete, wurde er in ihrem Ehevertrag als Architekt bezeichnet. Es ist nicht ganz sicher, doch geht man davon aus, dass Boreel, der als Diplomat gute Beziehungen nach England unterhielt, ihn dorthin schickte, um sich über die Landschaftsparks zu informieren, die dort seinerzeit sehr in Mode waren. Michael arbeitete noch lange an der Dekoration der Gärten von *Beeckestijn*, erhielt aber nach und nach weitere Aufträge aus den Niederlanden und aus Deutschland. Auch seine in der Nähe von *Beeckestijn* gelegene Baumschule machte gute Geschäfte. Aus naheliegenden Gründen warb er auch

in Deutschland für sich. In einer Anzeige in einer Zeitung in Aachen von 1791 war zu lesen: *Johann Michael, Gärtner, welcher alle Indianische, Amerikanische und Afrikanische Gewächse, wie auch alle rare Blumen, Gemüsesamen und Bäume zu treiben versteht, Obstbäume zieht und französische Blumenfelder und englische Gärten einzurichten versteht, sucht Kondition als Gärtner. Sein Aufenthalt bey Sr. Plusch nahe an St. Adelbertsthor.*

Seine vielen Aufträge und die florierende Baumschule machten 1790 den Kauf des Landsitzes *Roos en Beek* in Santpoort möglich. Dort gründete er auf einem gesonderten Gelände eine neue Baumschule, die er Roosenstein nannte. Seine Tochter Maria Christina war mittlerweile mit Jan David Zocher sr. verheiratet, der bei seinem Schwiegervater zum Landschaftsarchitekten ausgebildet worden war. In der ersten Hälfte des 19. Jahrhunderts gestaltete dessen Sohn, Johan David Zocher jr., viele Parks rund um Landsitze herum, zu Landschaftsgärten. Johann Georg Michael starb 1800 an den Folgen eines Schlaganfalls.

Voorlinden

Landsitze sind ein geeigneter Ort, um privaten Sammlungen eine museale Umgebung zu bieten. In der Provinz Overijssel wurde *Het Nijenhuis* in Heino 1984, nach dem Tod des Kunstsammlers und Bewohners Dirk Hannema, nach seinem Willen als Schlossmuseum genutzt. Auch in Südholland gibt es solche Landsitze. Auf Schloss *Keukenhof* wurde 2018 das Lisse Art Museum eröffnet mit Ausstellungen zu (Kunst-)Objekten, die mit Lebensmitteln in Verbindung stehen. Auf *Voorlinden* befindet sich ein Museum mit einer großen privaten Kunstsammlung.

Voorlinden liegt in einem Gebiet, das einst Teil einer ausgedehnten Dünenregion war. Das rote Backsteingebäude ist ein Entwurf des englischen Architekten R.J. Johnston, der es zwischen 1911 und 1913 im Auftrag von Hugo Loudon baute. Er war einer der Gründer der Royal Dutch Petroleum Company, aus der später die Royal Dutch Shell hervorging. In seinem Entwurf nahm Johnston auch ein Pförtnerhaus im sogenannten Cottage-Stil auf (das direkt am Buurtweg steht) sowie ein Kutscherhaus mit Platz für Pferde und Ausrüstung, eine Garage und einige Dienstwohnungen (Buurtweg 92 und 94).

Voorlinden ist ein Beispiel für englische Landhausarchitektur, eine Bauform, die zwischen 1900 und 1920 bei den wohlhabenden Besitzern von Villen in Wassenaar besonders beliebt war. Johnston gestaltet den Garten in unmittelbarer Nähe des Hauses um, so dass er zur Architektur des Landhauses passte. Das Haus steht dabei auf einer erhöhten Terrasse.

Leonard Springer trug 1913 zur Verwirklichung eines Landschaftsparks bei, der sich an die Formen anpasste, die Vater und Sohn Zocher im 19. Jahrhundert entworfen hatten.

Museum Voorlinden

Dieses ca. 40 ha große Grundstück wurde vor einigen Jahren vom Industriellen und Kunstsammler Joop van Caldenborgh gekauft. Er übernahm es, nachdem die PTT, das (ehemalige) niederländische Staatspostunternehmen, es lange Zeit als Tagungsort genutzt hatte. Auf dem Gelände ließ van Caldenborgh ein neues Ausstellungsgebäude mit einer Grundfläche von 6.000 m² errichten.

Das transparente Gebäude wurde vom Rotterdamer Architekturbüro Kraaijvanger entworfen. Große Fensterflächen sorgen

dafür, dass die Besucher den Kontakt zur Natur draußen behalten, während sie im Inneren zahlreiche Kunstobjekte betrachten. Das Gebäude passt gut zur Tradition der Landsitze, die umgebende Natur sichtbar und erfahrbar machen zu wollen. Darüber hinaus können die ausgestellten Kunstwerke aufgrund der transparenten Dachkonstruktion weitestgehend bei Tageslicht betrachtet werden.

Neben der Dauerausstellung gibt es jedes Jahr drei bis vier Wechselausstellungen. In einer anderen Abteilung werden Highlights aus der permanenten Sammlung gezeigt. Im alten Hauptgebäude befinden sich außerdem ein Geschäft, eine Bibliothek, ein Auditorium und ein Restaurierungsatelier sowie ein Restaurant. Der Schwerpunkt des Museums Voorlinden liegt auf moderner und zeitgenössischer Kunst.

Landsitz in optima forma

Obwohl das Hauptgebäude aus dem Jahr 1913 stammt und das Museumsgebäude relativ jung bzw. brandneu ist, beginnt die Geschichte von *Voorlinden* als Landsitz Ende des 17. Jahrhunderts. In einer Verkaufskampagne aus jener Zeit ist die Rede von der *hoffstede Hoochduyn ofte ›t Huys Voorlinde.*

Der Landsitz hatte viele Besitzer, unter ihnen Leonor Suasso da Costa, Witwe des portugiesisch-jüdischen Bankiers Francisco Lopes Suasso, der König Willem III. 1688 die astronomische Summe von 2 Millionen Gulden lieh, mit der die Glorius Revolution in England finanziert wurde. In Den Haag lebte diese Familie in einem beeindruckenden Haus am Lange Voorhout.

Als Bartholomeus M.J. van der Staal das Anwesen 1803 durch Erbschaft erwarb, lud er Johan David Zocher sr. und später seinen

Die Rückseite von *Voorlinden* mit dem 2017 eröffneten Museum, ein Entwurf von Kraaijvanger Architects

Sohn, Johan David jr., zur Neugestaltung des Parks ein. Zugleich wurde das benachbarte Anwesen *Blankenburg* mit *Voorlinden* zusammengelegt. Einige Jahrzehnte später wurde *Blankenburg* wieder abgespalten, um später als Wohnsitz des Staatsmannes Guillaume Groen van Prinsterer zu dienen. Wiederum etwas später lebte hier John Loudon, seinerzeit Außenminister der Niederlande. Er war der Bruder von Hugo Loudon. Auch seine Schwester Eugénie zog in die Nachbarschaft: Sie bewohnte das Landhaus *Dennendreef*, direkt gegenüber von *Voorlinden*. Die Familie unterhielt hier einen großen Haushalt mit viel Personal, einem großen Fuhrpark und einem bis ins Detail gepflegten Park.

Dieser Glanz der alten Zeit verschwand nach dem deutschen Einmarsch im Mai 1940: *Voorlinden* wurde zum Rehabilitationszentrum für verwundete Soldaten, die von der Ostfront zurückgekehrt waren. Gegen Ende des Krieges wurde *Voorlinden* von Bomben getroffen, die erheblichen Schaden verursachten.

Nach dem Krieg stellte die Witwe Loudon-van Marken das Haus als Auffangzentrum für geschwächte Kleinkinder zur Verfügung. Sie selbst wohnte im Haus ihrer verstorbenen Schwägerin Eugénie. Die PTT kaufte *Voorlinden* 1949 als Konferenz- und Empfangszentrum an.

Leidenschaftliche Kunstsammler

Es ist bemerkenswert, dass der ehemalige Besitzer von *Voorlinden*, Hugo Loudon, und der jetzige Inhaber Joop van Caldenborgh beide als leidenschaftliche Kunstsammler bezeichnet werden können, die darüber hinaus ihre Leidenschaft mit einem größeren Publikum teilten. Loudon und seine Familie waren von großer Bedeutung für die Sammlungen des Rijksmuseums und für den 1883 gegründeten Rembrandt-Verein, eine private Organisation, die es Museen ermöglicht, zusätzliches Kapital für den Kauf von Kunstwerken zu akquirieren, die sie für die Sammlung als unverzichtbar erachten. Loudon war auch Mitglied des Rembrandt-Syndikats, das 1920 gegründet wurde. Sehr reiche Industrielle und Unternehmer, darunter Anton Philips und Samuel van den Bergh, verhalfen niederländischen Museen durch diese Organisation zum Erwerb von Werken ausländischer Künstler. Schließlich saß Loudon auch im Vorstand der Association of Friends of Asian Art, die 1922 die erste Ausstellung asiatischer Kunst in der Welt organisierte.

Aufgrund der kolonialen Beziehungen besaß die Familie eine Vielzahl von Kunstobjekten aus dem ehemaligen Niederländisch-Indien. Ein Teil davon fand den Weg ins Rijksmuseum. Hugo Loudon stiftete zusammen mit seinem Bruder und seinen beiden Schwestern dem Rijksmuseum eine besondere Kollektion Delfter Steingut, die an seinen verstorbenen Onkel John erinnerte. Die 450 Objekte umfassten sowohl polychrome als auch blau-weiße Objekte und bilden immer noch den Kern der umfangreichen Delfter Töpferware im Rijksmuseum.

ADRESSE

Buurtweg 90
2244 AG WASSENAAR

www.voorlinden.nl

Joop van Caldenborgh war sein Leben lang fasziniert von Kunst. Er sammelte schon früh und interessierte sich besonders für moderne und zeitgenössische Kunst. Seine sog. Caldic Collection umfasst Gemälde, Skulpturen, Fotografien und Lichtkunstwerke sowie eine Sammlung von Künstlerbüchern. Um sein Privathaus in Wassenaar befindet sich der Skulpturengarten Clingenbosch, der in begrenztem Umfang besichtigt werden kann. Der Garten liegt gegenüber von *Voorlinden*.

Bei *Voorlinden* sieht man deutlich den Übergang von der Strandebene zu den Dünen – ein wunderschönes Wandergebiet.

Sehen und erleben
Das Museum Voorlinden befindet sich in einer besonderen Lage und in einem besonderen Gebäude. Liebhaber moderner und zeitgenössischer Kunst können sich der Dauerausstellung und den wechselnden Ausstellungen widmen. Es gibt auch einen Shop, eine Bibliothek, ein Auditorium und ein Restaurierungsatelier.

Gastronomie
Im alten Hauptgebäude gibt es ein Restaurant, in dem Sie auch eine Tasse Kaffee oder ein anderes Getränk genießen können.

Nette Orte in der Umgebung
In der Nähe von *Voorlinden* liegt das Landgut *Clingenbosch* mit einer privaten Sammlung moderner und zeitgenössischer Skulpturen, die in die Landschaft integriert wurden. Hier können Sie mehr als 60 Skulpturen von Größen wie Henry Moore, Sol LeWitt, Berlinde De Bruyckere, Carel Visser und Atelier van Lieshout sehen. Viele Künstler haben eigens für diesen Ort ein Werk geschaffen. Der Skulpturengarten kann von Mai bis Oktober immer donnerstags im Rahmen einer Führung besichtigt werden. Das Programm dauert von 15 bis 18 Uhr inklusive Tee. Danach folgen ein Snack und ein Getränk. www.voorlinden.nl (> Tuinen / Gärten)

Leiden und Umgebung

Warmond mit dem »Canal Grande« vorne rechts, am Ende das Haus, das Flüsschen Hoflee auf der linken Seite und den Kagerplassen im Hintergrund auf der linken Seite

Huis te Warmond

Huis te Warmond liegt an der Hoflee, einem kleinen Wasserlauf, der in die Kagerplassen mündet. Das Gebiet zwischen Sassenheim und Leiden besteht vorwiegend aus Moorflächen. Im Mittelalter hatten die Abteien von Rijnsburg und Egmond hier Land- und Zollrechte. Die von Egmonds waren auch Eigentümer des *Huis Abtspoel*, das 1863 verschwand. Möglicherweise war dies einst ein Landsitz der Äbte, die damals einen ähnlichen Lebensstil pflegten wie Adlige.

Huis te Warmond wurde an einem alten, höher gelegenen Strandwall errichtet, so dass die Bewohner besser vor Überschwemmungen geschützt waren, die in diesem Feuchtgebiet häufig auftreten konnten. Das Dorf Warmond wurde bereits im 8. Jahrhundert unter dem Namen Warmelda erwähnt. In der Nähe befinden sich die adligen Häuser *Oud-Alkemade, Oud-Teylingen* und *Lockhorst*, wobei letzteres ursprünglich dem prominenten Simon van Teylingen gehörte.

Mondsichel

Huis te Warmond befand sich im 13. Jahrhundert im Besitz der Adelsfamilie van den Woude, die den Titel Herren von Warmond führten. Es ist unklar, woher die Familie stammte, obwohl sie zumindest Land und einen Hof in der Bauernschaft ›t Woud in der Nähe von Delft besaßen, der nach wie vor existiert. Johan van den Woude konnte Warmond 1403 zu einer Herrlichkeit machen. Dies bedeutete für ihn höhere Einkünfte. Er betrieb auch die Fähre zwischen Warmond und Oegstgeest. Aufgrund der Konflikte zwischen der Haken- und der Kabeljau-Fraktion wurde *Warmond* um 1425 schwer in Mitleidenschaft gezogen, glücklicherweise waren die Eigentümer aber finanzkräftig genug, um das Haus immer wieder aufbauen zu können.

Nach dem Aussterben der Familie van den Woude im Jahre 1503 fiel *Warmond* der Adelsfamilie van Wassenaer van Duvenvoorde zu. Der Name soll in dieser Zusammenstellung nach einem Familientreffen im Jahr 1600 in Gebrauch gekommen sein. Die van Duvenvoordes bildeten eine jüngere Nebenlinie eines im Mannesstamm ausgestorbenen Zweigs des alten adligen Geschlechts van Wassenaer. Darüber hinaus führen sie das geviertelte Wappen der ausgestorbenen Linie. Das erste und vierte Feld zeigen jeweils drei liegende silberne Mondsicheln auf rotem Grund. Die »wachsenden« Monde (nl. Wortspiel wassen – Wassenaer) symbolisieren möglicherweise ein arabisches Banner, das ein van Wassenaer während der Kreuzzüge erbeutet haben soll. Das zweite und das dritte Feld zeigen einen goldenen Querbalken auf blauem Grund. Die Farbe Blau symbolisiert Wissenschaft und Wahrheit, das Rot steht für Mut und Opferbereitschaft.

Eine Besonderheit des *Huis te Warmond* ist die Kombination des gut erhaltenen klassizistischen Hauses aus dem späten 18. Jahrhundert mit dem Park, der weitgehend im Landschaftsstil des 19. Jahrhunderts angelegt wurde. Das Haus wird privat bewohnt und kann nicht besichtigt werden, der beeindruckende Park ist jedoch frei zugänglich.

Das Wappen der Familie van Wassenaer. Die »wachsenden« Monde (Wassenaars) symbolisieren möglicherweise ein arabisches Banner, das ein van Wassenaer während der Kreuzzüge erbeutet haben soll.

Anonyme Zeichnung von *War-mond* aus dem Jahr 1726. Der Turm im Vordergrund ist wahrscheinlich der älteste Teil der Burg und war vermutlich ein mittelalterlicher Donjon.

Johan van Wassenaer van Duvenvoorde

Während der Belagerung von Leiden im Jahre 1573 zerstörten die Spanier auch *Warmond*. Die geraubte Einrichtung brachte ihnen Geld ein. Den Besitzer erpresste man, indem man drohte, sein Haus in die Luft zu sprengen, wenn er nicht noch mehr Geld bezahlte. Die Entscheidung, eine Burg zu zerstören oder nicht, hing aber natürlich nicht zuletzt von militärischen Überlegungen ab.

Zu dieser Zeit war das Haus in Besitz von Johan van Wassenaer van Duvenvoorde, der eine führende Rolle bei der Verteidigung von Leiden spielte. Er gehörte zu jener Gruppe rebellischer Adliger um Wilhelm von Oranien. Bemerkenswert ist dabei, dass dieser Adlige katholisch blieb und dennoch seine prominente Stellung in der Umgebung von Wilhelm von Oranien beibehalten konnte, und das in einem Umfeld, in dem der Katholizismus nicht gerade sehr angesehen war. Nachdem die heftigsten Kämpfe in Holland vorbei waren, machte er weiterhin Karriere in der Regierung und als Admiral. Er führte auch diplomatische Missionen nach England und Dänemark an.

Seine maritime Karriere begann in den Jahren des Aufstands gegen Spanien, als er die Aufgabe hatte, die vielen Seen zwischen Haarlem und Leiden von feindlichen Schiffen freizuhalten. Dies war von großer strategischer Bedeutung, da diese Seen die wichtigste Verbindung zwischen dem nördlichen und dem südlichen Teil Hollands bildeten.

Die Zollbrücke des Metzgers

Zu Beginn des 17. Jahrhunderts baute Jacob II. von Wassenaer van Duvenvoorde das *Huis in Warmond* wieder auf. Er bat den Maler Salomon de Bray, einen neuen Garten und einen Erweiterungsflügel für das Gebäude zu entwerfen. Der Flügel wurde errichtet, aber der Garten blieb unverändert, obwohl er in den folgenden Jahren zunehmend ein klassisch holländisches Aussehen annahm. Interessanterweise konnte sich der edle Baumeister bei der Neugestaltung von Haus und Garten nicht so recht entscheiden. Einerseits erhielt das Ganze mehr und mehr den Charakter eines Landsitzes mit formalem Garten, andererseits wurde das Erscheinungsbild der Burg nicht aufgegeben. Letzteres unterstrich dabei die Herkunft und den Status des Eigentümers.

Auch andere Maler wurden im 17. Jahrhundert von *Huis te Warmond* inspiriert, ob nun als Auftragsarbeit oder nicht, wie das schöne Gemälde von Jan Abrahamszn. Beerstraten von 1661 bezeugt. Im 17. und 18. Jahrhundert wurde die Burg unregelmäßig bewohnt, sie befand sich jedoch weiterhin im Besitz der Familie van Wassenaer van Duvenvoorde.

Im Jahre 1642 ließ der Schlossherr die Warmonder Brücke an der Stelle errichten, wo zuvor eine Fähre Menschen und Tiere über den Fluss Leede gesetzt hatte. Für die Nutzung der Brücke verlangte er Brückenzoll. 15 Jahre später zog er das große Los: Die Städte Haarlem und Leiden richteten eine Bootsverbindung zwischen den beiden Städten ein, für die die Brücke umgebaut werden musste. Dies geschah auf Kosten der Städte, die sich auch dauerhaft um die Unterhaltskosten kümmern mussten. Van Wassenaer zog nunmehr nur noch Profit aus seiner Brücke und hatte keine Unkosten.

Die Zollbrücke blieb noch bis Ende 1953 in Gebrauch und war die letzte Zollbrücke in den Niederlanden. Als die Provinz Südholland den Beschluss fasste, die Mauterhebung endlich abzuschaffen, musste sie die Brücke der Witwe des Den Haager Metzgers Leenen abkaufen. Ihr Mann hatte die Brücke, zusammen mit einem Café, auf einer Auktion für 21.151 Gulden ersteigert. Die Provinz zahlt am Ende 250.000 Gulden und schaffte den Brückenzoll schließlich ab.

Roter und gelber Backstein

Das Schloss hat eine quadratische Grundfläche und bildet mit den Flügeln die Form eines U. Diese Form ist eigentlich eher ungewöhnlich. Cornelis Pieter van Leyden van Westbarendrecht entschied sich 1775 für diesen Entwurf. Er kaufte das Haus, nachdem er dort eine Zeit lang als Mieter gewohnt hatte. Es entstand ein neuer Flügel (der östliche) aus gelbem Backstein, während für die älteren Teile roter Backstein verwendet wurde. Aus ästhetischen Gründen und um eine visuelle Einheit zu erreichen, ließ van Leyden das Gebäude weiß verputzen. So etwas war eher üblich in Italien. So ließ etwa der berühmte italienische Architekt Andrea Palladio alle seine Gebäude verputzen. Im Holland jener Jahre werden Besucher sich über

LEIDEN: HOTELLERIE, GASTRONOMIE UND SEHENSWÜRDIGKEITEN

Leiden ist die älteste Universitätsstadt der Niederlande und verfügt über eine Reihe berühmter Museen, darunter das Rijksmuseum van Oudheden, das Museum Boerhaave, das Japan-Museum und einen schönen Botanischen Garten. Weitere Informationen, einschließlich Unterkunft und Restaurants, finden Sie unter www.visitleiden.nl/de.

Links: Überreste der V1-Startan-
lage im Park von *Huis te Warmond*

Rechts: Im Park des *Huis te
Warmond* gibt es wunderbare
Alleen, verschlungene Wege und
romantische Blickwinkel.

dieses außergewöhnliche, im klassizistischen Stil gestaltete Haus
gewundert haben.

Van Leyden stammte aus Leiden. Er verbrachte seine Jugend in
der Straße Rapenburg 48. Er heiratet Hermine Jacoba van Thoms,
die Enkelin von Herman Boerhaave. Ihr Allianzwappen ist im Giebel-
feld der Hauptfassade zu sehen. Hermines Schwester Sibille lebte
mit dem Bruder von Cornelis Pieter auf *Oud-Poelgeest*, das dem
Großvater der Schwestern gehörte.

Von Alters her war *Huis te Warmond* über eine Brücke über den
Wassergraben zu erreichen. Van Leyden ließ hier aber einen Damm
anlegen.

Wenn Sie dort sind, machen Sie unbedingt einen Spaziergang
durch den schönen Park. Sie werden von diesem wunderschönen
Landsitz beeindruckt sein. Die rückseitige Fassade des Hauses spie-
gelt sich in einem Kanal, der wie ein Wasserlauf aussieht und von
einer eindrucksvollen Doppelreihe Eichen gesäumt wird. Dies gibt
dem Ganzen ein besonderes Flair. Es scheint, als würde das vor-
nehme Haus am Canal Grande stehen. Alles in allem muss van Leyden bewusst getrachtet haben, seinem Zuhause hinter den Dünen
eine warme italienische Atmosphäre zu verleihen.

Der Wald von Krantz

Warmond wurde im 19. Jahrhundert durch Erbschaft von der Familie
van Limburg Stirum erworben, 1901 aber kaufte der Tuch-Fabrikant
Cornelis H. Krantz aus Leiden das Anwesen für 80.000 Gulden. Er bat
Leonard Springer, den Park umzugestalten. Krantz und Springer be-
rücksichtigten die alten Straßen- und Wegstrukturen und auch beim
Bau einer neuen Orangerie im Gemüsegarten verwendete Krantz
sorgfältig Teile eines älteren Vorgängerbaus. Nach wie vor überwin-
tern hier einige Palmen, die es schon seit Langem auf *Warmond* gibt.
Die Dorfbevölkerung nennt den Wald teilweise immer noch nach
Krantz, auch wenn er der Familie schon lange nicht mehr gehört.

Während des Zweiten Weltkriegs requirierten die deutschen Besatzer den Landsitz, um im Wald u. a. einen Startplatz für V1-Raketen zu installieren. Dieser ist immer noch vorhanden.

1960 erwarb die Gemeinde Warmond den Park, was zu einer schwierigen Beziehung zwischen den Bewohnern und der Gemeinde führte, so dass die Gemeinde den Park noch im selben Jahr an die Süd-Holländische Landschaft weiterverkaufte. Die Bewohner gründeten die Stiftung *Huis te Warmond* mit dem Hauptziel, dass das Haus privat bewohnt bleibt. Das Haus ist heute noch in Wohnungen aufgeteilt. Es wohnen hier nach wie vor einige Nachkommen der Stiftungsgründer.

Den Park restaurieren

Nach 1960 verwilderte der Park. Inzwischen erstrahlt er wieder in altem Glanz, wobei die unterschiedlichen historischen Merkmale berücksichtigt wurden. Im 17. Jahrhundert befanden sich zum Beispiel in der Nähe des Hauses mehrere kleine Niederwälder, ein Obstgarten und ein Gemüsegarten. Die vorherrschende Formgebung des Parks als Landschaftspark stammt aus der Zeit Anfang des 19. Jahrhunderts. Die Süd-Holländische Landschaft pflanzte neue Bäume entlang der majestätischen Einfahrt und anderer Straßen. Vor dem Haus wurden Lindenbäume gepflanzt, wie man dies auch im 18. Jahrhundert tat. Damals standen vier Linden in einem Quadrat-Verbund (wobei die Pflanzabstände gleich waren), um die Dominanz des Hauses hervorzuheben. Neben einem solchen rechteckigen Verbund können Bäume auch in einer Fünfergruppe oder Quinconcé stehen (also fünf Bäume in einem Quadrat wie die Fünf auf einem Würfel). Das berühmteste Beispiel eines Quinconcé findet sich auf dem Vorplatz von *Huis te Manpad* in Heemstede. Hier steht der Rest einer Fünfergruppe aus dem Jahr 1735, die jetzt in zwei Phasen neu angepflanzt wird.

Warmond ist ein dankbares Fotomotiv.

ADRESSE

Burg. Ketelaarstraat 31
2361 AA WARMOND

www.zuidhollandsland
schap.nl

huystewarmont.webs.com

Sehen und erleben

Das Haus beherbergt mehrere Wohnungen und ist nicht für Besucher geöffnet. Der Park ist frei zugänglich. Ein Großteil der historischen Konstruktion ist noch sichtbar wie das Pfadmuster und der Spiegelteich (hinter dem Haus). Der Park hat eine reiche Flora und Fauna. So lebt hier eine der größten Kolonien von Rotschwanzfledermäusen in den Niederlanden.

Gastronomie

Im Dorf Warmond gibt es mehrere gastronomische Einrichtungen, darunter das Grand Café Het Wapen van Warmond und das Kunstcafé De Oude School.

Wandern und Radfahren

Warmond liegt an der Radroute Kastelenroute der Süd-Holländischen Landschaft (siehe S. 155), flanieren Sie aber auf jeden Fall auch einmal durch das charmante Dorf oder auf der Insel Koudenhoorn.

Der Spaziergang »Wandelen door Stedelijk Hout« (dt. Spazieren durch den Stadtwald) der Süd-Holländischen Landschaft führt an *Huis in Warmond, Oud-Poelgeest, Endegeest* und *Rhijngeest* vorbei. Die Strecke ist etwa 15 km lang, kann aber auf 6 km (mit der Schleife durch Warmond) oder 8 km (über Oegstgeest) verkürzt werden. Besuchen Sie www.zuidhollandslandschap.nl und suchen Sie nach »Stedelijk Hout«.

Nette Orte in der Umgebung

In der Nähe liegt das »Segelparadies« der Kagerplassen. Inmitten der Seen befinden sich mehrere Inseln. Zwei von ihnen, der Lakerpolder und der Kogjespolder, unterstehen der Staatlichen Forstverwaltung. In Warmond und Umgebung können Sie an verschiedenen Orten ein Boot mieten (www.rondomkaagenbraassem.nl).

JAN ABRAHAMSZN. BEERSTRATEN (1622–1666)

Die Künstlerfamilie Beerstraten hatte mehrere künstlerisch begabte Mitglieder. Der älteste Sohn, Jan Abrahamszn, spezialisierte sich wie sein Vater Abraham Beerstraten auf das Malen von Winterszenen, für die es offenbar einen guten Absatzmarkt gab. Anfangs arbeitete er hauptsächlich in und um Amsterdam, nach 1660 bereiste er jedoch das Land und hielt überall Winterszenen fest. Beliebte Themen waren Burgen, gefrorene Flüsse, Kirchen – manchmal als Ruine – und alte Stadtmauern. Oft ließ er Personen auf seinen Gemälden von Johannes Lingelbach einfügen, der, wie er selbst, in der Rozengracht in Amsterdam lebte. Das Gemälde von Warmond wurde lange Zeit für eine Ansicht der Kirche in Nieuwkoop bei Woerden gehalten. Erst 1996 entdeckte ein Experte, dass hier das alte *Huis te Warmond* abgebildet ist. Die Zerstörungen nach der Belagerung von Leiden im Jahre 1573 sind auf diesem Gemälde von 1661 noch zu sehen. Im selben Jahr heiratete Burgherr Jan van Wassenaer erneut. Es ist denkbar, dass Beerstraten aus diesem Grund beauftragt wurde, dieses beliebte Familiendomizil abzubilden. Die Darstellung ist übrigens nicht ganz wahrheitsgetreu, denn in der Nähe von *Huis te Warmond* stand nie ein großer Kirchturm. Man spekulierte, es könne sich um den Turm der Kirche von Voorschoten handeln. Dort wurden nämlich die van Wassenaers, die auf *Huis te Warmond* gelebt hatten, begraben.

Oud-Poelgeest

**Oud-Poelgeest hat eine
bewegte Geschichte: 1573,
während der Belagerung von
Leiden, zerstört, lange Zeit
eine Ruine, Ende des 17. Jahrhunderts wieder aufgebaut,
Ende des 19. Jahrhunderts
drastisch renoviert, Anfang
des 20. Jahrhunderts zerstört,
während des Krieges von
niederländischen, deutschen
und kanadischen Soldaten
genutzt. Heute ist es, unter
Verwaltung der Stiftung Erfgoed Oud-Poelgeest, wieder
eine Perle unter den Landsitzen Südhollands. Nach-
folgend eine Auswahl aus 13
Jahrhunderten Geschichte.**

Die erste Erwähnung von *Poelgeest* stammt aus dem 8. Jahrhundert.
In der Verwaltung des Bischofs von Utrecht wird ein Hof mit diesem
Namen erwähnt. Möglicherweise wurde der Ort, an dem sich einst
ein Bauernhaus befand, später für den Bau einer Burg genutzt, des-
sen Lehnsherren die Grafen von Holland waren. Über die früheste
Geschichte dieses Hauses ist wenig bekannt, da kaum schriftliche
Quellen erhalten sind. Ein komplizierender Faktor ist außerdem,
dass die Adelsfamilie van Poelgeest andernorts noch die Burgen
Groot Poelgeest und *Klein Poelgeest* bewohnte, was zu vielen Na-
mensverwechselungen führte. Dieses Problem wurde dadurch
noch größer, dass die zusätzlichen Bezeichnungen »Groß/Groot«,
»Klein« und »Alt« nicht einheitlich verwendet wurden. Übrigens
wird *Oud Poelgeest* manchmal auch *Alkemade* genannt, nach Floris
van Alkemade, der das Schloss zu Beginn des 14. Jahrhunderts erbte.

Aufgrund der immer wieder ausbrechenden Pest wurde das Amt
Poelgeest um 1400 fast aufgehoben. Ein Großteil der verbliebenen
Bevölkerung verschwand im Laufe der Jahre, so dass der Lehnsherr
kaum ein Einkommen aus seinem Besitz ziehen konnte. Die Stadt
Leiden zerstörte *Oud-Poelgeest* 1573, um es den Spaniern nicht in die
Hände fallen zu lassen. Um 1646 gab es hier nur einen alten, befestigten Wohnturm, wie er auf der Zeichnung von Roelant Roghmans
aus diesem Jahr bezeugt ist (siehe S. 252). Mehr als 200 Zeichnungen
von Burgen und Burgruinen in den Provinzen Utrecht und Holland
stammen von der Hand dieses Künstlers.

Verschwundener Adelstitel

Zwei Jahre zuvor, 1644, kaufte der damals 19-jährige Constantijn
Sohier aus Amsterdam die Ruine. Er verhinderte damit den endgül-
tigen Untergang von *Oud-Poelgeest*. Das Geld hatte er von seinem
wohlhabenden Vaters Nicolaas Sohier geerbt. Sein Vater hatte den
Grundstein für dieses Vermögen mit dem Handel mit den Ländern
des Mittelmeers gelegt. Außerdem kam 1643, durch die Ehe mit der
wohlhabenden Amsterdamer Kaufmannstochter Maria Coymans,
eine beträchtliche Mitgift hinzu. Ihre Familie stammte wahrscheinlich aus dem Hennegau im heutigen Belgien und musste diese Region aus religiösen Gründen verlassen. Nicolaas Sohier behauptete
immer, er habe adlige Wurzeln, und es heißt, dass Constantijn seinem Vater auf dem Sterbebett versprach, den verlorenen Adelstand
wiederherzustellen. Der Kauf des adligen bzw. ritterlichen *Oud-
Poelgeest* passte perfekt zu diesem Unterfangen.

Constantijn ließ nach dem Kauf einen »Historiker« für sich
arbeiten. Diesen beauftragte er, den adligen Ursprung der Familie
nachzuweisen. Nach der Recherche erschien ein kostbares Buch,
in dem die adlige bzw. hochwohlgeborene Herkunft der Familie

Die Ruinen von *Oud-Poelgeest* um 1650. Zeichnung von Roelant Roghman

Sohier erläutert wird. Die Nachweise überzeugten sowohl den Hof von Holland als auch den deutschen Kaiser. Letzterer verlieh Sohier sogar den Titel eines Barons des Heiligen Römischen Reiches. Dieser Titel wurde in der Republik aber nicht anerkannt, weil er im Ausland erworben wurde. Sohier wird es wahrscheinlich nicht gestört haben. Immerhin hatte er das Versprechen seinem Vater gegenüber erfüllt. Ab 1661 nannte er sich Sohier de Vermandois. Die Stadt Vermand befindet sich im französischen Departement Aisne in der Picardie.

Zwei Freundinnen porträtiert

Nach Genehmigung der Stadt Leiden begann Sohier de Vermandois mit dem Wiederaufbau von *Oud-Poelgeest*, das 1668 fertiggestellt wurde. Bis zu diesem Zeitpunkt wohnte er auf *Hemmeer*, einem kleinen Landhaus, das sich in der Nähe des *Huis te Warmond* befindet. Der komplett von einem Graben umgebene Garten war schon vorher fertig.

Das Doppelporträt von Adriana Sohier und ihrer Freundin Maria Rietmolen

Constantijn starb 1671, wenige Jahre nach der Fertigstellung, und konnte sich so nur kurze Zeit an seinem Schloss erfreuen. Sein Sohn Nicolaas erbte den Neubau. Er war verheiratet mit Anna Pauw, deren Vater Herr von Bennebroek war.

Über seine Mutter erwarb Nicolaas auch den Landsitz *Zandvliet* in Lisse. Seine Tochter Adriana Sohier de Vermandois warf später, hier auf *Zandvliet,* den mühsam wiedererlangten Familiennamen leichtfertig über Bord, indem sie dort mit ihrer Freundin Maria Rietmolen lebte, die zuvor ihre Gouvernante war. Alles deutet darauf hin, dass die Damen eine Liebesbeziehung unterhielten. Dieses für die damalige Zeit völlig undenkbare Verhalten brachte die Mutter, Anna Pauw, sehr gegen sie auf. Die Anschuldigungen gingen hin und her und die Streitereien endeten in einer Reihe von Prozessen. Die Mutter missbilligte nicht nur die »unnatürliche« Beziehung ihrer Tochter, sie warf ihr auch vor, dass sie, als ihr einziges Kind, nicht heiraten wollte und die Familie Sohier so aussterben würde. Adriana wiederum beschuldigte ihre Mutter, eine unangemessene Beziehung zu ihrem Diener Johannes Trueel zu unterhalten.

Letzten Endes enterbte die Mutter ihre Tochter, was diese aber erfolgreich rückgängig machen konnte. Die Freundinnen zelebrierten ihre Beziehung, indem sie unter anderem festlegten, dass ihre jeweiligen sterblichen Überreste im Familiengrab der Sohiers beigesetzt werden sollten. Darüber hinaus ließen sie ein Doppelporträt von sich anfertigen. Dass zwei Frauen so dargestellt werden, war damals sehr ungewöhnlich. Eine ähnliche Affäre spielte übrigens auch eine Rolle, als Jacques III. de Gheyn und Maurits Huygens sich von Rembrandt van Rijn in einem Doppelporträt verewigt ließen.

Der Tulpenbaum von Boerhaave

Im Jahr 1724, einige Jahre nach dem Tod ihrer Mutter, verkaufte Adriana *Oud-Poelgeest* an den damals bereits international bekannten Arzt und Theologen Herman Boerhaave. Er lebte mit seiner Frau Marie Drolenveaux und ihrem einzigen Kind, Johanna, in Leiden in der Rapenburg 31. Dieser Arzt inspirierte den italienischen Schauspieler Goldoni im 18. Jahrhundert zu einem Theaterstück mit dem Titel *Il medico olandese* (dt. Der holländische Arzt), das in seinem Stadthaus in Leiden spielte. Es wird behauptet, dass er Arzt wurde, nachdem er sich selbst in seiner Jugend von hartnäckigen Geschwüren mit Hilfe von Salz und Eigenurin geheilt hatte. Zeit seines Lebens wurde er als medizinischer Lehrmeister Europas gepriesen. Wie weit ihm sein guter Ruf vorausging, zeigt die Geschichte, nach der er eines Tages einen Brief aus China erhielt mit der Adresse »Boerhaave in Europa«.

Der Pfarrersohn Boerhaave verbrachte viele schöne Sommer auf *Oud-Poelgeest*. Er richtete den Garten von *Oud-Poelgeest* als »Nebenstelle« des Leidener Hortus Botanicus ein, dessen Direktor er war. Angesichts der Lage dieses botanischen Gartens im Zentrum von Leiden war eine Erweiterung nicht möglich, während gleichzeitig die Sammlungen, aufgrund der Maßnahmen von Boerhaave, enorm anwuchsen. Boerhaave erhielt aus allen Ecken der Welt Saatgut und Stecklinge, die er auf *Oud-Poelgeest* anpflanzte. Boerhaave stellte dem wohlhabenden Bankier George Clifford den zu jener Zeit bereits berühmten Carl von Linné (Linnaeus) vor. Der Bankier beschäftigte ihn als »Hortulanus« auf seinem Landsitz *De Hartekamp* in Heemstede. Auf *Oud-Poelgeest* stammt nur noch ein einziger Baum aus der Zeit von Boerhaave. Es handelt sich dabei um einen *Liriodendron Tulipiferia* oder Tulpenbaum. Der Samen, aus dem der Baum hervorging, stammte aus Carolina und wurde hier 1725 bepflanzt.

Wolkers und die »Tillenbeesten«

Über die Enkelin Hermina Boerhaave wechselt *Oud-Poelgeest* zur Urenkelin Sophia van Leyden. Sie heiratete Alexander van Rhemen van Rhemenshuizen.

Während des 19. Jahrhunderts wechselte das Gut von einer Hand in die andere, bis Gerrit Willink aus Bennebroek den Landsitz kaufte und umfassend verändern ließ. Dieser mennonitische Anwalt, der ursprünglich aus Amsterdam stammte, studierte in Leiden Rechtswissenschaften und war Herr von Bennebroek. Religiöse Überzeugungen spielten in Willinks Leben eine wichtige Rolle, besonders als er seinen mennonitischen Glauben aufgab und unter den Einfluss der Brüderbewegung geriet. Für ihn und seine Mitgläubigen richtete er einen verfallenen Pavillon auf *Oud-Poelgeest* als Gebetsraum ein. Vermutlich stammte der Entwurf von J.D. Zocher jr.

Die letzten Verwandten, denen *Oud-Poelgeest* gehörte, waren die Schwestern Elisabeth van Boetzelaer-Willink und Arnoldine Willink. Sie lebten in Den Haag bzw. in Bennebroek. Es war mühsam für sie, den Landsitz von ihren andernorts gelegenen Wohnsitzen aus zu unterhalten, wie der Inhalt der folgenden Anzeige in einer Lokalzeitung belegt:

> *Zu ihrem Bedauern sind die beiden Damen, Inhaber des Landguts ›Oud-Poelgeest‹ in Oegstgeest, dazu gezwungen, alle Genehmigungen für den Spaziergang auf ihrem Gut ›Oud-Poelgeest‹ wegen Missbrauchs einzuziehen. Einige Zugangskarten werden Bekannten zur Verfügung gestellt werden.*
> *Dezember 1921.*

Als Arnoldine Willink 1940 kurz vor Ausbruch des Krieges *Oud-Poelgeest* an die Gemeinde Oegstgeest verkaufte, sagt sie:

> »Ich habe die Bedingungen gestellt, dass es nicht zu einer Irrenanstalt oder einem Krankenhaus werden darf. Es wäre jederzeit als Museum

Das Brautpaar Elisabeth Willink und Louis Willem Baron von Boetzelaer, Rittmeister bei den Husaren, am 17. Juli 1890 auf der Treppe von *Oud-Poelgeest*. Über der Treppe an einem Ehrenbogen der Text: »hulde aan de bruid en bruidegom« (dt. Ehre der Braut und dem Bräutigam)

Die Kapelle von *Oud-Poelgeest* am Fluss Leede

oder Bibliothek geeignet. Wenn das Schloss nur in Würde und Ehre gehalten werden möge.«

Es sollte anders kommen, denn die Gemeinde gab sich wenig Mühe, den Landsitz zu erhalten, was zu regelmäßig wiederkehrendem Vandalismus und Einbrüchen führte. Zur jener Gruppe von Einbrechern gehörte auch der junge Jan Wolkers, der zu einem der wichtigsten niederländischen Nachkriegsautoren werden sollte. Wolkers stahl zusammen mit Jan de Heer zwei Sphinxe aus dem schönen Drachensaal, die Wolkers später »tillenbeesten« (dt. »Hebe-Tiere«) nannte. Wolkers schrieb über diese Sphinxe in seiner Geschichtensammlung *Serpentina*:

> »Der Körper der Löwin wurde mit Fachkenntnis der Anatomie gefertigt. Das Gesicht der griechischen Göttin hat einen starren Ausdruck, der ihr eine geheimnisvolle Seelenlosigkeit verleiht. Ein paar volle Brüste ruhen auf den Vorderbeinen.[...] Es sind diese Körperteile, die dem mythologischen Wesen zu seinem Namen verholfen haben: ›het tillenbeest‹, die anhebende Bestie. Musst du ihn nicht an die ›tillen‹ nehmen, fragte mein Vater meine Mutter, wenn mal wieder ein Baby vor Hunger schreiend in der Wiege lag ...«

Eines der beiden »Hebe-Tiere« ging nach dem Tod von Jan Wolkers (2007) wieder an die Stiftung Erfgoed Oud-Poelgeest und wurde, nach einer kürzlich erfolgten Restaurierung, wieder auf den Kaminsims des restaurierten Drachensaals gestellt. Die andere Sphinx-Figur ist nach wie vor verschollen. Hierfür wurde eine Replik erstellt.

In den letzten Jahren wurde in *Oud-Poelgeest* viel getan, um dem Landsitz seinen alten Glanz zurückzugeben, ganz dem Wunsch folgend, mit dem Arnoldine Willink das Schloss an die Gemeinde ver-

Dieses Bad befindet sich in einem Raum neben der Küche im Untergeschoss. In der Küche wurde Wasser erhitzt, das über ein Rohr zum Bad floss. Das Bad ist in zwei Teile unterteilt und kann über eine Leiter erreicht werden. Dieses Badezimmer befindet sich bereits auf einer Karte des Schlosses von 1835.

kauft hatte. Sowohl im Haus, das heute als Tagungsstätte genutzt wird, als auch im Park wird mit viel Liebe an der Restaurierung dieses berühmten Landsitzes gearbeitet, der zweifellos eine Perle Südhollands ist.

Sehen und erleben

Der Park ist frei zugänglich. Sie können über die verschlungenen Pfade wandern. Zu Beginn des Frühjahrs können Sie die Blüte der Stinsenpflanten erleben. Das Haus kann nach Absprache besichtigt werden. *Oud-Poelgeest* wird als Tagungs-, Hochzeits- und Party-Location genutzt. Sie können im Kutscherhaus und im neuen Anbau übernachten. *Oud-Poelgeest* liegt am Wanderweg »Stedelijk Hout« (siehe S. 249).

Gastronomie

Im Kutscherhaus können Sie etwas trinken oder auch ein gutes Abendessen genießen.

Nette Orte in der Umgebung

Oud-Poelgeest lässt sich leicht mit einem Besuch des Museums Boerhaave in Leiden kombinieren, das mit vollem Namen »Reichsmuseum für die Geschichte der Naturwissenschaft und der Medizin« heißt (Rijksmuseumboerhaave.nl). Hier können Sie sich näher informieren, was dieser berühmte Bewohner von *Oud-Poelgeest* für die Wissenschaft geleistet hat.

Gehen Sie lieber nach draußen? Der Nordseestrand von Katwijk ist nur 11 km entfernt.

Nahe gelegene Landsitze

Endegeest (siehe S. 257 ff.) und *Rhijngeest* (siehe S. 260 ff.).

ADRESSE

Poelgeesterweg 1
2341 NM OEGSTGEEST

www.kasteeloudpoelgeest.nl

Endegeest

Für die Zukunft ist geplant, auf Schloss *Endegeest*, das 1307 erstmals urkundlich erwähnt wurde, einen innovativen Park für betreutes Wohnen einzurichten, wobei das Gelände öffentlich zugänglich bleiben soll. In den letzten Jahren ist bereits viel unternommen worden, um den heruntergekommenen Park wieder auf Vordermann zu bringen. An anderer Stelle auf dem Gelände wurden vor einigen Jahren neue Gebäude errichtet, um den Bewohnern der Einrichtung moderne Unterkünfte und Pflege zu bieten. Veraltete Pflegepavillons wurden dafür abgerissen. Der von Willem Marinus Dudok entworfene Pavillon am westlichen Rand des Geländes wurde stehen gelassen. Alles in allem haben diese Bemühungen dafür gesorgt, dass der Park wieder etwas von seiner ursprünglichen Form zurückerhielt. Alte Sichtlinien wurden ebenfalls wiederhergestellt, so dass Sie nun von einigen Stellen aus einen Panoramablick auf die umliegenden Felder genießen können.

Als 1896 auf Schloss *Endegeest* eine psychiatrische Klinik eingerichtet wurde, erhielt der erste niederländische Professor für Psychiatrie, Gerbrand Jelgersma, die allgemeine Leitung. Bis heute wird der Landsitz immer noch als Pflegezentrum genutzt, obwohl viele der veralteten Pavillons auf dem Gelände abgerissen wurden. Das Schloss war lange Zeit Verwaltungszentrum der Klinik.

Die Büste von René Descartes.
Der französische Philosoph und
Mathematiker lebte von 1641
bis 1643 auf *Endegeest*. Übrigens
gibt es auf dem Gelände viele
weitere Skulpturen, die einem
Spaziergang besondere Akzente
verleihen.

René Descartes auf *Endegeest*

Von der ursprünglichen Einrichtung des Hauses ist nur wenig erhalten geblieben. Es gibt einige Kaminsimse, auf der Beletage befindet sich ein mit Holz ausgekleidetes Kuppelgewölbe und im sog. *Blauen Zimmer* beeindrucken wunderschöne Wandteppiche mit arkadischen Szenen. Sie stammen aus der französischen Stadt Aubusson und ersetzten ältere, andernorts gelagerte Gobelins, die 1924 verloren gingen, als hier ein Feuer wütete.

Der französische Philosoph und Mathematiker René Descartes lebte zunächst in Leiden in der Rapenburg 21 beim Hugenotten Jean Gillot sr. Er pachtete aber das Schloss zwischen 1641 und 1643, um hier in Ruhe arbeiten zu können. Zur Erinnerung an seinen 350. Todestag wurde 2001 eine Büste von ihm auf dem Vorplatz aufgestellt (entworfen von Erzsébet Baerveldt). Descartes war ein großer Liebhaber von Landsitzen. Er schrieb häufig mit seinen Freunden Constantijn Huygens und Anthonis Studler van Zurck über dieses Thema. Letzterer war Herr von Bergen und verwandelte den Hof in Bergen mit Hilfe seiner Freunde in einen bemerkenswerten Landsitz.

Bei einem Rundgang über das Gelände treffen Sie noch auf weitere Skulpturen, darunter auch die des Künstlers Henk Visch mit dem Titel *The New Past*. Es gibt auch einen bemerkenswerten Obelisken, der vom Besitzer Daniël Theodor Gevers, Herr von Poelgeest und Oegstgeest, gekauft wurde und ursprünglich vom verschwundenen Landsitz *Abtspoel* stammt. Der Eiskeller auf dem Gelände ist

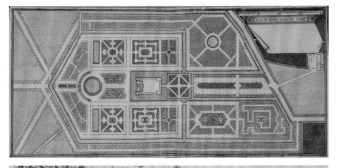

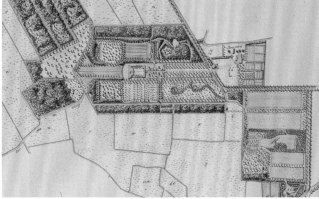

Oben eine Karte der Gärten von *Endegeest* um 1700. Die für diese Zeit typische, schlanke, geometrische Formgebung ist leicht zu erkennen. Darunter die Gärten im Jahr 1808. Die Ausmaße sind fast gleich, aber der Park wurde in einen Landschaftsgarten mit verwinkelten Wegen und kleinen Waldstücken umgewandelt.

1842 gebaut worden und hat einen Durchmesser von 2,47 m. Es ist ein kleiner Eiskeller, der aufgrund seiner Form und Eleganz außergewöhnlich ist.

Sehen und erleben

Auf dem Anwesen wurde ein permanenter Skulpturengarten mit Werken verschiedener Künstler eingerichtet, darunter der international renommierte Künstler Henk Visch. Auf dem Vorplatz des Hauses wurde ein besonderer Platz für eine Büste von René Descartes reserviert. Sie können rund um das Schloss spazieren gehen und am beeindruckenden Eiskeller aus dem 19. Jahrhundert vorbeigehen.

Nette Orte in der Umgebung

Aufgrund seiner früheren Funktion als psychiatrische Klinik hat *Endegeest* einen engen Bezug zum körperlichen und geistigen Zustand des Menschen. Wer mehr darüber erfahren möchte, kann im nahe gelegenen »Corpus« eine Reise durch den menschlichen Körper unternehmen (corpusexperience.nl).

Auch schön: das Stadtzentrum von Leiden.

Nahe gelegene Landsitze

Rhijngeest (siehe S. 260 ff.) und *Oud-Poelgeest* (S. 250 ff.).

Ein Detail der Wandteppiche im *Blauen Zimmer*.

Rhijngeest

Im 20. Jahrhundert wurden viele Landsitze als Kloster, Pflegeeinrichtung oder Bürogebäude umgenutzt. Dies gilt auch für *Rhijngeest*, das um 1900 von der Stadt Leiden erworben und mit *Endegeest* verschmolzen wurde, wo man gerade eine psychiatrische Einrichtung eröffnet hatte. Auf *Rhijngeest* wurden Privatpatientinnen untergebracht.

Die Geschichte beginnt im Jahr 1638 mit dem Zwangsverkauf des Grundstücks durch den Leidener Wein- und Tulpenhändler Gerard Lossy. Vielleicht gehörte er zu den Opfern der damals herrschenden »Tulipomanie«. Dabei handelte es sich um eine Finanzblase, die sich seinerzeit beim Handel mit Hyazinthen und Tulpenzwiebeln entwickelte. Wer hoffte, dass eine Tulpenzwiebel Blüten von auffälliger Farbe hervorbringen würde, bezahlte dafür astronomische Beträge. Neue Sorten und vor allem dunkle Tulpen brachten zeitweise enorme Gewinne. Die Blase platzte irgendwann und viel Geld wurde schlichtweg verbrannt.

Käufer des *Hauses mit Grund und Obstgarten, Pflanzungen und ausgesähten Tulpa-Zwiebeln* war der Bürgermeister von Leiden, Claas van der Meer, der an der Pieterkerkgracht lebte. Nach seinem Tod erweiterte seine Witwe den Landsitz durch Landzukäufe. Auf diese Weise blieb das Anwesen für einige Generationen in der Familie. Der ursprüngliche Bauernhof *Overgeest* wurde fortwährend umgebaut und erhielt allmählich das Aussehen eines Landhauses. Als Hendrik Pieter Huighens das Gehöft 1764 kaufte, trug es bereits den Namen *Rhijngeest*. Der neue Eigentümer führte Elemente eines Landschaftsparks ein, indem er eine Wiese mit Niederwald bepflanzte, so dass Sichtachsen entstanden. Der folgende Besitzer, der Rotterdamer Händler Johannes Hoppesteyn, vererbte *Rhijngeest* 1806 seinem Cousin Gijsbert Johan Hoppesteyn. Dieser war Mitglied des Wasserwirtschaftsverbandes Rijnland und wurde Bürgermeister von Oegstgeest. Das Haus in der Straße Rapenburg 23 war sein Stadthaus.

Im Kutscherhaus von *Rhijngeest* befindet sich ein Büro.

ADRESSE

Rhijngeest
Rhijngeesterstraatweg 9
2342 AN OEGSTGEEST

Die Gevers-Brüder

Im Jahr 1840 wurde Adriaan Leonard van Heteren Gevers Besitzer von *Rhijngeest*. Sein Bruder Daniël Theodor besaß Schloss *Endegeest* seit 1838. 1845 fügte Adriaan dem Haus zwei Erweiterungsflügel mit bodentiefen Fenstern hinzu. Er veränderte das Dach zu einem Walmdach, wodurch es einen kolonialen Charakter erhielt. Dennoch behielt das Haus viel von seinem ursprünglichen Aussehen. Der Landschaftsgarten wurde mit Rhododendron-Gruppen bereichert. Im 19. Jahrhundert umfasste *Rhijngeest* fast 19 ha, heute sind es nur noch 8,5 ha.

Kurz vor dem Jahr 1900 erwarb die Stadt Leiden *Endegeest* und *Rhijngeest*, um hier eine Einrichtung für psychisch kranke Patienten, die Jelgersma-Klinik, zu gründen. Seit 1988 wird *Rhijngeest* wieder privat bewohnt. Im Kutscherhaus ist ein Büro untergebracht. Es hätte nicht viel gefehlt und das viele Grün um *Rhijngeest* wäre verschwunden. 1989 wollte die Stadt das Grundstück als Neubaugebiet parzellenweise verkaufen, um mit dem Verkaufserlös die Restaurierung des Schlosses *Endegeest* finanzieren zu können. Allerdings rechnete man nicht mit der Macht des »Boschgeest«, zu Deutsch: des Waldgeistes, einer Gruppe unzufriedener Anwohner, die mit vereinten Kräften den Erhalt dieses Landsitzes durchsetzen konnten.

Das Haupthaus von *Rhijngeest* wirkt kolonial.

Der Pavillon im Garten von *Rhijngeest* stammt aus dem Jahr 1925, fügt sich aber gut in die Anlage des 19. Jahrhunderts ein.

Sehen und erleben

Das Haus und die unmittelbare Umgebung sind für die Öffentlichkeit nicht zugänglich, der Park Rhijngeest steht Ihnen jedoch offen. Markant ist die reiche Vegetation mit vielen Stinsenpflanzen. Im nördlichen Teil des Landsitzes befindet sich die große, im Chaletstil gehaltene Jalgersma-Klinik (Sanatorium voor Zenuwzieken Rhijngeest). Die Klinik entstand zu Beginn des 20. Jahrhunderts und war mit allen modernen Einrichtungen seiner Zeit ausgestattet.

Rhijngeest liegt am Wanderweg »Stedelijk Hout« (siehe S. 249). Diese Route verläuft auch entlang des etwas weiter am Rhijngeesterweg gelegenen Waldes von Wijckerslooth. Die Anlage wurde von Johan David Zocher sr. entworfen und zeigt alle Merkmale des englischen Landschaftsstils. Der Wald war einst im Besitz von Bischof Cornelis Ludovicus Baron de Wijkerslooth de Weerdesteyn und gehörte zum inzwischen verschwundenen Landsitz *Duinzigt*.

Nette Orte in der Umgebung

Das historische Stadtzentrum von Leiden.

Nahe gelegene Landsitze

Endegeest (siehe S. 257 ff.) und *Oud-Poelgeest* (S. 250 ff.).

Duivenvoorde

Im Jahr 1226 taucht der Name *Duivenvoorde* zum ersten Mal in einem »ewigen« Lehensverhältnis zwischen Dirk van Wassenaer und seinem jüngeren Bruder Philips II. auf. Ihnen folgte eine lange Reihe von Besitzern. Sie nannten sich van Duvenvoorde, bis Johan III. van Duvenvoorde, der 1645 starb, dem Familiennamen wieder den Namen van Wassenaer hinzufügte. Dies war übrigens ein anderer Johan als der Besitzer von *Huis te Warmond*, der seinem Namen zu jener Zeit ebenfalls den Namen van Wassenaer hinzufügte.

Neben der Linie van Wassenaer van Duvenvoorde gibt es noch die Linie van Wassenaer Obdam, benannt nach der Herrschaft Obdam, die Anna van Noortwijck in ihre Ehe mit Gijsbert van Duvenvoorde einbrachte. Dieser zweite Sohn von Arent V. van Duvenvoorde gründete einen eigenen Familienzweig, der im März 1850 auf *Twickel* in Ambt Delden mit dem Tod von Cornelie van Wassenaer Obdam erlosch. 1737 entstand noch eine dritte Linie mit dem Namen van Wassenaer van Catwijck, die bis in unsere Zeit fortlebt.

Duivenvoorde übersteht den Krieg

Die Kriege zwischen Haken und Kabeljauen zogen an *Duivenvoorde* vorbei, obwohl die van Duvenvoordes sich eindeutig für die Partei der Haken im damaligen Machtkampf um die Regierung Hollands ausgesprochen hatten. Graf Willem V. von Holland gehörte der Partei der Kabeljauen an, und obwohl diese Partei oft und lange Zeit die Oberhand behielt, griff sie das befestigte Haus nicht an.

Um 1572 war *Duivenvoorde* Eigentum des Chorherrn Adriaen van Duvenvoorde. Nach dem Tod von Arent VI. van Duvenvoorde und dem kinderlosen Tod einiger älterer Brüder gelangte das Gut in den Besitz dieses Mönchs. Adriaen hatte sein aufgehobenes Kloster in Dordrecht verlassen, um sich während der Belagerung von Leiden in dieser Stadt niederzulassen. Trotz der heftigen Kämpfe respektierten die Spanier diesen katholischen Besitz. Als Adriaen starb, entstand ein Erbschaftsproblem, das erst 1599 gelöst wurde. *Duivenvoorde* war den Kampfhandlungen in jedem Fall glücklich entronnen und blieb, im Gegensatz zu vielen anderen Burgen, vollständig intakt.

Duivenvoorde hat auch heute noch eine ansehnliche Größe. Das Schloss mit dem Park umfasst 87 ha, 37 ha landwirtschaftlicher Flächen liegen im Knippolder am Vliet und weitere 138 ha Land befinden sich im Duivenvoordser und Veenzijder Polder. Dieser Polder aus dem späten Mittelalter zwischen Den Haag, Wassenaar und Leidschendam wird nach wie vor als Weideland genutzt. Das Gebiet entstand aus einem ausgedehnten Torf- und Überlaufsumpf mit Erlenwäldern, der sich am tiefliegenden Strandbereich zwischen den verschiedenen hier befindlichen Strandwällen gebildet hatte.

Es ist unmöglich, *Duivenvoorde* in wenigen Worten angemessen zu beschreiben. Eine Besonderheit besteht darin, dass dieses Anwesen nie verkauft wurde: Es ging immer von Vater zu Sohn, von Onkel zu Neffe oder Nichte oder es wurde nach einer Eheschließung von weiblichen Eigentümern in andere Familien »mitgebracht«. Insgesamt sind 27 Lehnsherren bzw. Eigentümer bekannt.

ADRESSE

Laan van Duivenvoorde 4
2252 AK VOORSCHOTEN

www.kasteelduiven
voorde.nl/en

Es ist kaum vorstellbar, dass *Duivenvoorde* im 18. Jahrhundert einen formalen Garten hatte wie z. B. das *Paleis Het Loo* in Apeldoorn. Vermutlich hat Arent IX. van Wassenaer den Garten als Amateurarchitekt um 1710 angelegt. Der heutige Landschaftsgarten wurde im Auftrag von Hendricus Steengracht von J.D. Zocher jr. entworfen und gebaut. Die Brücke, die heute rechts vom Haus Zugang zum Vorplatz gewährt (und die eine ältere Brücke direkt vor dem Haus überflüssig machte), ist ein Entwurf des englischen Architekten Thomas Leverton Donaldson. Er leitete den Bau schriftlich von London aus mit Rat und Kommentar.

Die charakteristischen Gartenvasen standen damals auf Sockeln auf der Brücke. Zuvor standen diese zwölf Vasen an verschiedenen Stellen im Garten. Der Landschaftsarchitekt Michael van Gessel erweckte die kaum noch sichtbaren Gestaltungsstrukturen des Gartens 2015 wieder zu neuem Leben, indem er dem Park die Durchsichten zurückgab, Bäume aus dem Wust unbeabsichtigten Aufwuchses befreite und die Beziehung zwischen dem Park und der umgebenden Landschaft wiederherstellte.

Bahnhof Duivenvoorde

Im Jahre 1615 kaufte Johan van Wassenaer van Duvenvoorde die Herrlichkeit *Voorschoten*. Dies schaffte eine langfristige Verbindung mit diesem Dorf. Er kaufte auch ein Grundstück an der Straße Lange Voorhout, Ecke Kneuterdijk, für den Bau eines städtischen Familienhauses. Seither war *Duivenvoorde* eine Art Landsitz, in dem die Besitzer viele Sommer verbrachten. Arent VIII. war der vierzehnte van Wassenaer im Besitz von *Duivenvoorde*.

Durch die Heirat von Jacoba Maria van Wassenaer mit Frederik Willem Torck im Jahr 1771 wurde das Landgut an die Familie ihres Mannes und später weiter an die Familien Steengracht und Schimmelpenninck van der Oye übertragen. Zu allen Besitzern gibt es interessante Geschichten. Eine davon betrifft Nicolaas Johan Steeng-

Die ältesten fünf Kinder des Wassenaer-van Lier-Paares (Anonym, ca. 1677). V.l.n.r. Jan Gerrit (1672–1723), Arent IX. (1669–1721), Willem (1670–1719), Anna Maria (1675–1708) und Jacob Emmery (1674–1724)

Die ältesten vier Kinder des Paares Steengracht-von Neukirchen (Louis Vincent, ca. 1839, Bleistift). Das Mädchen mit den Schleifen im Haar und der Junge, der den Hund an der Leine hält, sind Cornelia Maria (1831–1906) und Hendricus Adolphus (1836–1912). Hendricus erbte *Duivenvoorde* 1866 und blieb unverheiratet. Cornelia Maria heiratete Willem Assueer Jacob Baron Schimmelpenninck van der Oye (1834–1886), was die Verbindung zwischen den Familien Steengracht und Schimmelpenninck van der Oye begründete. Die anderen beiden Kinder auf dem Porträt sind Antoinette Marie Charlotte (1832–1852) und Nicolaas Adriaan (1834–1906).

racht, der durch seine Ehe mit Henriette von Neukirchen, genannt Nyvenheim, Besitzer von *Duivenvoorde* wurde. Er war ein erklärter Gegner des Baus der Eisenbahnlinie Amsterdam-Haarlem-Den Haag. Die Bahnlinie wurde im Jahr 1843 gebaut und die Trasse führte über Voorschoten und über sein Land nach Den Haag. Bei diversen Landsitzen kam es zu Enteignungsverfahren. Oft gab es grundsätzlichen Widerstand oder aber die Grundbesitzer forderten allerlei Privilegien, wie z. B. eine eigene Haltestation, am besten mit privatem Wartebereich. So entstand seinerzeit auch der Bahnhof Veenenburg zwischen Hillegom und Lisse. Der Landbesitzer stellte die Bedingung, dass jeder Zug dort halten musste, obwohl fast niemand diesen Bahnhof nutzte. Fünfzig Jahre später, nach einem Rechtsstreit, wurde die Station schließlich aufgehoben.

Steengracht brachte die Angelegenheit vor den Staatsrat, konnte aber die Trassenführung nicht verhindern. Zeitweise schien es, als könne er Voorschoten als Endstation durchsetzen, wonach die Passagiere mit Pferdewagen nach Den Haag hätten weiterreisen müssen. Als dieser Plan abgelehnt wurde, forderte er seinen eigenen Bahnhaltepunkt *Duivenvoorde* und das Privileg, dass vorbeifahrende Züge für ihn und seine Gäste per Flaggensignal von einem Dienstboten des Hauses angehalten werden durften. Dieses Recht sollte erlöschen, sobald der Zug ein Jahr lang nicht angehalten wurde. Dazu kam es 1944 infolge von Streiks der Eisenbahner. Anlässlich einer großen Feier hielt der Zug 1948 noch ein letztes Mal bei *Duivenvoorde*.

Obergärtner von Vater zu Sohn

Auf *Duivenvoorde* lebten neben den adligen Eigentümern auch zahllose Angestellte, manchmal seit Generationen, wie etwa die Familie Gussekloo aus Jutphaas. Aus dieser Familie wurden mehrere »tuinbazen«, also Chefs des Gartenbaus, bei Hendricus Steengracht und

Hendricus Adolphus Steengracht (1836–1912) – der Mann mit dem Bart – inmitten von Verwandten der Familien Steengracht und Schimmelpenninck van der Oye (Foto zu Beginn des 20. Jahrhunderts)

späteren Besitzern beschäftigt. Zwischen 1866 und 1912 arbeiteten unter Leitung des Obergärtners Gussekloo mindestens zwölf Gärtner auf *Duivenvoorde*, auch wenn bei dieser Angabe Saisonkräfte möglicherweise inbegriffen waren.

Lokalen Zeitungsanzeigen jener Zeit ist zu entnehmen, dass Holzverkauf und Verpachtung ebenfalls zum Aufgabenbereich des Obergärtners gehörten. Im Dezember 1868 lesen wir zum Beispiel, dass Holz verkauft wurde, das von den Landsitzen *Duivenvoorde*, *Haagwijk, Rozenburg* bei Voorschoten und *Zandhorst* bei Wassenaar stammte. Auch für die Verpachtung von Fischereirechten im Alten und Neuen Rhein hatte man sich an Obergärtner Gussekloo zu wenden. Dieser Pachtvertrag galt für fünf Jahre und bezog sich auf die Gewässer zwischen der Borstelbrücke in Leiden und der Doesbrücke in Leiderdorp. In derselben Anzeige wird auch Weide- und Grünland im Papenweger Polder in Voorschoten angeboten, der 1626 entstanden war und wo sich heute ein Teil des Dobbewijk-Viertels befindet.

Der Holzverkauf dauerte noch lange Zeit an, denn im Leidse Courant vom Dezember 1929 bot ein späterer Obergärtner, W.G.

Gussekloo Eichen- und Eschenlohholz zum Verkauf an, das ebenfalls von diesen Landgütern stammte. Dieser Gussekloo wurde 1874 auf *Duivenvoorde* geboren. Die Tatsache, dass Gussekloo seine Arbeit immer zufriedenstellend verrichtet hatte, wurde nach dem Tod von Steengracht im Jahr 1912 deutlich. In seinem Testament vermachte er seinem Obergärtner eine erbschaftssteuerfreie Hypothek und zahlte ihm für jedes Dienstjahr, das er auf *Duivenvoorde* gearbeitet hatte, einen Bonus von 100 Gulden in bar. Letztere Geste galt übrigens für alle Bediensteten.

Stiftung Duivenvoorde

Duivenvoorde ist heute ein gastfreundliches Haus: Der Park ist frei zugänglich, die prachtvolle Inneneinrichtung kann bei Führungen besichtigt werden. Sie werden beeindruckt sein vom großen Saal, der im Stil von Daniel Marot gestaltet wurde. Wer den Rundgang durch das Haus macht, sieht auch die Schlafzimmer, die Küche und die Speisesäle mit wertvollem Geschirr. Das mit vielen Kunstwerken dekorierte Haus enthält viele Möbel und ist mit hochwertigen Stoffen reich ausgestattet. Die letzte Besitzerin war Ludolphine Henriette Schimmelpenninck van der Oye. 1960 gründete sie die Stiftung Duivenvoorde. 1963 öffnete das Haus seine Tore zum ersten Mal als Museum. Mitarbeiter und Freiwillige der Stiftung bemühen sich, jedem Besucher etwas von der großen Geschichte zu vermitteln. Dieses Haus und der Park waren für viele Eigentümer der Ort, der sie mit ihren Eltern, Großeltern und anderen Familienmitgliedern verband. Hier wurde geheiratet, gefeiert und auch getrauert. Die lange Geschichte und die kostbare Einrichtung zwangen dazu, respektvoll und fürsorglich zu handeln. Dank ihnen ist *Duivenvoorde* erhalten geblieben und wir können heute noch eine Wohnkultur erleben, die extrem selten geworden ist.

Sehen und erleben

Das Schlossmuseum ist von Mitte April bis Ende Oktober geöffnet, allerdings nur im Rahmen einer Führung (Di–So 14.00 Uhr und 15.30 Uhr oder nach Vereinbarung). Jedes Jahr steht ein Thema im Mittelpunkt. Die Restaurierung des im Jahr 2015 fertiggestellten Landschaftsparks aus dem 19. Jahrhundert wurde vom Landschaftsarchitekten Michael van Gessel geleitet, der für die Restaurierung mehrerer Gärten von Landsitzen und Schlössern verantwortlich war (www.michaelvangessel.com). Die Stiftung Kunstkreis Duivenvoorde (www.kunstkringduivenvoorde.nl) organisiert jedes Jahr acht Konzerte auf dem Landsitz.

Im Besucherpavillon Hof van Duivenvoorde, der sich in einem ummauerten Obstgarten unweit des Parkplatzes befindet, bekommen Sie Tickets und Informationen. Darüber hinaus gibt es hier einen Museums- und Landgutladen sowie ein Restaurant.

Das vollständige Programm von *Duivenvoorde* finden Sie auf der Website.

Blick von *Duivenvoorde* in Richtung Osten

Kaminsims auf *Duivenvoorde*, darüber ein Gemälde von Johan van Wassenaer van Duvenvoorde (1577–1645) mit seiner ersten und zweiten Frau, seiner Schwester und seinen Eltern (Johannes Mijtens, 1643)

Zwischen *Duivenvoorde* und Wassenaar können Sie schöne Spaziergänge durch eine Landschaft machen, die teilweise von alten Parkwäldern geprägt wird, an anderer Stelle wieder sehr offen ist.

Gastronomie

Im Hof van Duivenvoorde können Sie etwas trinken oder zu Mittag essen (www.hofvanduivenvoorde.nl).

Wandern

Zwischen *Duivenvoorde* und Wassenaar liegt wunderbar offenes Weideland, das übergeht in das dichte Grün von *Raaphorst* und *Eikenhorst*. Weitere Informationen zu den Wandermöglichkeiten finden Sie unter www.overdehorsten.nl. Die Länge dieser Routen variiert zwischen 2 km und 7,5 km. Durch den Bau der Eisenbahnlinie von Leiden nach Den Haag um 1850, quer durch *Duivenvoorde*, ging die historische Verbindung zwischen diesem Landsitz und De Horsten verloren. Es gibt nur einen Tunnel, der für Wanderer nicht gerade attraktiv ist. Es ist daher geplant, eine Brücke über die Bahnlinie zu bauen.

Berbice

Wie andere Landhäuser und Burgen in dieser Gegend wurde auch *Berbice* an einem alten, etwas höheren Küstenabschnitt angelegt. Im 14. Jahrhundert gab es hier einen Bauernhof, der Ysbrandt Almanszn gehörte. Sein Name inspirierte einen Besitzer des 18. Jahrhunderts zum Namen *Almansgeest* oder *Allemansgeest* für diesen Landsitz. Als der Privatier Hendrik Staal aus Haarlem 1822 das Anwesen von Johan P. Pompe van Meerdervoort kaufte, änderte dieser den Namen in *Berbice*, um damit an seine Zeit in der gleichnamigen Kolonie Berbice (im heutigen Guyana an der Nordküste Südamerikas) zu erinnern. Dort traf er die sehr vermögende Witwe Catharina Kip, die er heiratete.

Landwirtschaft

Fünf Jahre später vermietete Catharina, inzwischen Witwe, ihren Landsitz an den mittellosen Johannes Goldberg. Dieser mittlerweile fast vergessene Mennonit, von Haus aus Versicherer und Makler, kletterte als eifriger Patriot während der französischen Zeit die Karriereleiter hinauf und wurde Generaldirektor des Handels- und Kolonialministeriums. Da zu Beginn des 19. Jahrhunderts keine empirischen Daten vorlagen, um eine angemessene Agrar- und Wirtschaftspolitik umsetzen zu können, bemühte er sich, Einblick in Landwirtschaft, Gartenbau und Tierhaltung zu bekommen. Auf Ministerebene gab es keine Kenntnis über die Größe des nationalen Viehbestandes, Informationen über Ernteausfälle oder über grassierende Viehpest. Goldberg ließ in den Provinzen Umfragen durchführen, so dass eine Bestandsaufnahme und eine frühe Form der Agrarpolitik überhaupt möglich werden konnte. Am Ende seines Lebens und von persönlichen, physischen und finanziellen Problemen geplagt, mietete er *Berbice*. Er muss das Ehepaar Staal-Kip in ihrer zivil-kolonialen Karriere gekannt haben. Außerdem waren sie wie Goldberg Mennoniten. Auf *Berbice* starb er 1828. Staal und Pompe van Meerdervoort kannten sich übrigens auch aus ihren Kolonialjahren, als Staal Anwalt war und Besitzer von Zuckerrohrplantagen vertrat, auf denen Sklaven arbeiteten.

Experte für Landsitze

Zurück ins 16. Jahrhundert: Im Jahr 1572 wurde der alte Hof in Brand gesteckt, um zu verhindern, dass er den Spaniern während der Belagerung von Leiden von Nutzen sein konnte. Nach den Kämpfen kaufte der Amsterdamer Bürgermeister Dirck Janszn de Graeff das Land mit dem zerstörten Hof und baute hier ein neues Gehöft. Seine Nachkommen blieben bis 1662 Eigentümer, als der Leidener Kaufmann Allard Poelaert den Hof kaufte. Er war flämischer Herkunft. Sein Vater war Schneider, der durch den Handel mit Spanien reich

Neben *Berbice* befindet sich das Gebäude der ehemaligen Fabriken der Koninklijke Van Kempen & Begeer. Anfänglich wurden hier Silberutensilien hergestellt, wie Buchschlösser, Schnallen und Knopftaschen. Das Sortiment wurde fortwährend erweitert. Die Verbindung zwischen dem Landgut und der Fabrik geht auf das Jahr 1857 zurück. In diesem Jahr kaufte der Utrechter Silberfabrikant Johannes M. van Kempen den Landsitz Berbice, ein Jahr später baute er seine Fabrik.

Blick auf *Almansgeest*, das Schloss *Berbice*. Farbzeichnung von Jacob Timmermans, um 1788

geworden war. Allard bewohnte das Haus Rapenburg 6 in Leiden. Er war Mitglied der Regentengruppe von Leiden. Vermutlich ließen seine Witwe und ihr Sohn an dieser Stelle den ersten echten Landsitz errichten. Das Haus, wie es hier heute steht, ist mehr oder weniger das Haus aus dieser Zeit.

1688 erbten Allards Stieftochter Sara Poelaert und ihr Ehemann Pieter de la Court van der Voort den Landsitz. Von da an begann eine glorreiche Zeit für *Almansgeest*. Der Tuchhändler de la Court van der Voort aus Leiden ist in der Geschichte der niederländischen Landsitze eine bekannte Persönlichkeit, denn er veröffentlichte 1737 eine Anleitung, wie man einen Landsitz am besten anlegen oder umgestalten könne. Der Titel des Buches lautete: *Byzondere aenmerkingen over het aenleggen van pragtige en gemeene landhuizen, lusthoven, plantagien en aenklevende cieraeden.* (dt. Besondere Anmerkungen über das Anlegen prächtiger und gemeiner Landhäuser, Lustgärten, Plantagen und anhängendem Zierrat). Es erschien zu einer Zeit, als viele Mitglieder der städtischen Elite Hollands einen Landsitz erbten, kauften oder bauten. Einige seiner Ideen verwirklichte er auf *Berbice*, zum Beispiel den Bau verschiedener Arten von Gartenmauern.

Seine Ideen und sein Wissen führten auch zur Verbesserung der Orangerien. Sein liebstes Steckenpferd waren tropische Pflanzen. Einer bekannten Geschichte zufolge erhielt er einmal einen Brief mit der Bitte, zwei reife Ananas auszuleihen, damit der Briefschreiber auf einer Feierlichkeit damit prahlen konnte. Sein Wissen über

den Anbau von (tropischen) Früchten sowie seine Überlegungen zum Bau und zur Einrichtung von Landsitzen wurden durch die Veröffentlichung des Buches sehr weit verbreitet, insbesondere auch nachdem es ins Französische und Deutsche übersetzt worden war.

Rathaus und Landsitz

Seit 1801 war Johan Pompe van Meerdervoort neuer Eigentümer. Sein Name setzt sich aus dem Familiennamen Pompe und dem Namen des Schlosses *Meedervoort* bei Dordrecht zusammen, das einem seiner Vorfahren gehörte, der es 1608 gekauft hatte. Johan erwarb *Berbice* in einer unruhigen Zeit unter französischer Herrschaft. Als Nachkomme einer prominenten Regentenfamilie aus Leiden verbrachte er einen Teil seiner Jugend auf *Adegeest*, einem Landsitz, den seine Stiefmutter Wilhelmina C. Marcus gekauft hatte, zwei Jahre bevor sie Johans Vater heiratete. Durch den frühen Tod seines Vaters im Jahr 1779, seiner Zwillingsschwester 1780 und seiner Stiefmutter 1790 kam er zu großem Wohlstand. Sein Vermögen belief sich auf über 400.000 Gulden. Durch die Hinterlassenschaften kam er auch in den Besitz des Landsitzes *Vrijheid-Blijheid* in Koudekerke. Trotzdem entschied er sich zum Kauf des 28 ha großen *Almansgeest*. Den Park änderte er dramatisch.

Pompe van Meerdervoort war der Erste in der Region, der den damals beliebten Gartenarchitekten Jan David Zocher sr. mit der Neugestaltung des Parks beauftragte. Er hatte in seinem Leben wenig Freude, denn seine Frau Elisabeth Gijsberthi Hodenpijl, die

er 1794 heiratete, wurde geisteskrank. Sie verbrachte den Rest ihres Lebens in der Besserungsanstalt Duinkerken in Delft. Zu jener Zeit war es üblich, widerspenstige und unzurechnungsfähige Personen auf Kosten der Familie wegzuschließen und sie in einer solchen Einrichtung betreuen zu lassen. Dafür war allerdings ein richterlicher Beschluss nötig. Nachdem seine Frau fort war, verkaufte Pompe van Meerdervoort das Stadthaus in Leiden an der Rapenburg 12 und beschloss, dauerhaft auf dem Landsitz zu wohnen, um sich hier als Privatier mit seinem großen Hobby, der Gärtnerei, zu beschäftigen. Im Jahr 1810 folgte jedoch seine Ernennung zum Bürgermeister von Voorschoten und das Landgut wurde zum Rathaus. Die Tatsache, dass er Französisch sprach – eine große Seltenheit im damaligen Voorschoten –, dürfte bei der Ernennung eine Rolle gespielt haben.

Als sich sein Gesundheitszustand verschlechterte, verkaufte er das Anwesen 1822 an den zuvor bereits erwähnten Hendrik Staal. Kurz darauf bekam er eine Gehirnblutung, die ihn an Armen und Beinen lähmte. 1828 starb er nach einem langen Leidensweg.

Silber

Zwischen 1829 und 1858 hatte *Berbice* mehrere Eigentümer, bis der Landsitz dann schließlich in den Besitz des Utrechter Silberfabrikanten Johannes Matheus van Kempen gelangte. Er errichtete hier seine Silberwarenfabrik. Die Lage war gut: Die Fabrik lag in der Nähe der Kunden, die hauptsächlich im Westen des Landes lebten. Voorschoten verfügte zudem über gute Verbindungen über Wasser, Straße und Schiene.

1919 fusionierte Van Kempen mit der Silberwarenfabrik von Carel Begeer, sowie der Rotterdamse Fabriek van Gouden en Zilveren werken (ehemals Jac. Vos & Co.). Das neue Unternehmen bekam den Namen Koninklijke Nederlandsche Edelmetaal Bedrijven Van Kempen, Begeer & Vos (KNEB). Die Fabrik war an diesem Standort bis 1985 in Betrieb, heute befinden sich dort Wohnungen. Das Eingangstor ist ein schönes Beispiel des Jugendstils.

Links: Das Rosarium mit der Orangerie im Hintergrund. Es ist geplant, die Orangerie wieder als Winterlager für Pflanzen herzurichten.

Die ehemalige Silberwarenfabrik Koninklijke Van Kempen & Begeer neben dem Landsitz *Berbice* ist durch ein schönes Jugendstiltor zu erreichen.

Im »Wege« liegen

Rudolpha (Ruut) Begeer muss natürlich auch hier erwähnt werden. Diese bemerkenswerte letzte Eigentümerin von *Berbice* entschied sich im Jahr 2000, den Landsitz in die Stiftung zum Erhalt kultur-historischer Landsitze einzubringen. Ihr Vater Carel Begeer war Direktor der KNEB.

Die Familie Begeer aus Wassenaar ließ sich 1937 auf *Berbice* nieder. Der Landsitz musste zunächst noch umgebaut werden, da es die Silberwarenfabrik als Ausstellungsraum genutzt hatte. Das älteste der fünf Kinder war Rudolpha (Ruut) J.M. Begeer. Sie studierte Kunstgeschichte und schloss ihr Studium 1952 mit einer Abschlussarbeit cum laude ab. Ihre Liebe zu *Berbice* entstand 1966 durch einen Skiunfall. Zwei Jahre lang wurde sie von ihren Eltern auf dem jahrhundertealten Landsitz gepflegt und geriet in den Bann dieses Hauses.

»Mejuffrouw«, Fräulein Begeer, wie sie korrekt angesprochen werden wollte, setzte sich stark für den Erhalt des alten, ursprünglichen Voorschoten ein, das immer mehr zu verschwinden drohte. Zu diesem Zweck gründete sie 1971 den Verein zum Erhalt des alten, grünen und lebenswerten Voorschoten. Dieser Verein besteht nach wie vor und arbeitet für den Erhalt des historischen Voorschoten. Ruut Begeer führte auch einen langen und erbitterten Kampf um den Erhalt von *Berbice*. Der Grund für diesen Kampf war die unglückliche Absicht des Rijkswaterstaat, der nationalen Straßen- und Schifffahrtsbehörde, eine Straße (die N11-West) quer durch diesen Landsitz zu bauen. Gegen diese Pläne ging sie bis vor den Staatsrat und machte in mehreren Klagen vor Gericht mit ihren kristallklaren Ausführungen, ihrer fabelhaften Sachkenntnis sowie ihrer schieren Willenskraft großen Eindruck. Sie schaffte es schließlich, eine Änderung der Trassenführung herbeizuführen, bis schließlich die Entscheidung kam, dass die Straße in einem 2,5 km langen Tunnel unter Voorschoten und De Vliet hindurchgeführt werden sollte. Ruuts letzter Akt des Widerstands war schließlich ihr Wille, buchstäblich »im Wege« zu liegen. Sie bestimmte, dass sie auf *Berbice*, direkt auf der zuvor geplanten Trassenführung begraben werden sollte. Diesem Wunsch kam man nach ihrem Tod 2009 auch nach. Sie fand ihre letzte Ruhe am Rande des herrlichen Rosengartens von *Berbice*.

4.500 Rosenbüsche

Wenn Sie *Berbice* besuchen (freier Eintritt für »Beschermers van Zuid-Hollands Landschap« dt. Beschützer der Landschaft Südhollands), verpassen Sie nicht den wunderschönen Rosengarten. Ruut Begeer liebte Rosen und einst zählte der Garten 4.500 Rosenbüsche. Die verwaltende Stiftung bemühte sich, zusammen mit einer Gruppe von Freiwilligen und dank großzügiger Spenden von Rosenstöcken, den ursprünglichen Glanz des Rosengartens wiederherzustellen.

In diesem Teil des Landsitzes befindet sich auch die Orangerie, deren Ursprünge auf das Jahr 1695 zurückgehen, die jedoch um 1785

umfassend renoviert bzw. umgebaut wurde. Das angrenzende Gärtnerhaus stammt aus der Mitte des 19. Jahrhunderts. Eine Besonderheit besteht darin, dass die Orangerie Hohlwände aufweist, jedoch zusätzlich noch mit einer Schicht aus Buchweizenspreu bzw. Buchweizenschalen isoliert wird. Dieses Material modert nicht und durch die Dämmwirkung können Heizkosten eingespart werden. Auf der Südseite sind große Fenster angebracht, so dass die tropischen und subtropischen Pflanzen bestmöglich mit Sonnenschein versorgt werden, wobei natürlich auch auf ausreichende Belüftung geachtet werden muss.

Viele exotische Pflanzen gedeihen nicht mehr, wenn die Temperatur unter 7 ° C fällt. Gärtner stellten früher Schüsseln mit Wasser in die Orangerie. Sobald diese einfroren, musste der Ofen bzw. der Kamin befeuert werden, damit bei vorhandenen (sub)tropischen Pflanzen keinen Frostschäden auftraten.

Die Obstmauer von *Berbice* hat eine einzigartige Form. Normalerweise sind diese Wände gewellt und man bezeichnet sie als »Schlangenmauer«, diese ist eckig und wir als Retranchementmauer bezeichnet.

Sehen und erleben

Das Haus und die unmittelbare Umgebung sind nicht zugänglich. »Beschermers van Zuid-Hollands Landschap« (dt. Beschützer der Landschaft Südhollands) haben freien Zugang zum Anwesen.

Neben *Berbice* liegt der im 19. Jahrhundert angelegte Landsitz *Beresteijn*, der ebenfalls dem Silberfabrikanten van Kempen gehörte. Der Park kann nur im Rahmen von Exkursionen von Zuid-Hollands Landschap besucht werden. Es ist beabsichtigt, *Beresteijn* neu zu entwickeln. Es werden hier wahrscheinlich einige Wohnungen und Einfamilienhäuser entstehen, teilweise im bestehenden Gebäude, teilweise als Neubau. Im Garten befindet sich der sog. Hermitage-Wald mit einem Staffagebau, der aus einem Hügel mit einer Unterführung zum Wasser auf der Rückseite besteht. Der Folly ist in schlechtem Zustand, wird aber wahrscheinlich restauriert.

Nette Orte in der Nachbarschaft

Im Museum Voorschoten in der Altstadt können Sie viel über die Geschichte von Van Kempen & Begeer, aber auch über den Rest des Dorfes erfahren (www.museumvoorschoten.nl).

ADRESSE

Leidseweg 221
2253 AE VOORSCHOTEN

www.buitenplaatsberbice.nl

Bisdom van Vliet

Der English National Trust besitzt ein Haus, das vollständig in dem Zustand gehalten wird, in dem es erworben wurde. Vollgestellte Dachböden mit altem Mobiliar, Schränken voller Kleidung aus vergangener Zeit und Scheunen mit verrosteten Gartengeräten zeigen nicht nur, wie der Trust dieses Haus übernahm, sondern auch, wie der letzte Besitzer dort lebte. Ähnliches kann man auch im Hausmuseum *Bisdom van Vliet* in Haastrecht erleben.

Entlang des Flusses Hollandse IJssel wurden wunderschöne Landsitze angelegt, von denen *Bisdom van Vliet* noch erhalten ist. Dies verdanken wir der letzten Bewohnerin Paulina Bisdom van Vliet. Sie legte in ihrem zweiteiligen Testament (der zweite Teil soll erst nach einer gewissen Zeit geöffnet werden) fest, dass der Familiensitz in Haastrecht vollständig erhalten bleiben solle und keine Änderungen an der Einrichtung vorgenommen werden dürfen. Hierdurch sollte den Besuchern eine Vorstellung davon vermittelt werden, wie sie und ihre Vorfahren hier gelebt haben. Aufgrund dieses außergewöhnlichen letzten Willens können wir heute noch nachvollziehen, wie ein solches Haus eingerichtet war, wie man die Räume pflegte und wie die Bewohner sie nutzten.

Zusammengesetzter Name

Paulina Bisdom van Vliet entstammte einer prominenten Familie mit Grundbesitz im Krimpenerwaard, wo ihre Vorfahren auch herrschaftliche Rechte ausübten. Der Name ist eine Kombination des Familiennamens Bisdom mit dem Namen der Herrschaft Vliet, die 1755 in den Besitz von Theodor Bisdom ging, der sich von da an Bisdom van Vliet nannte. Durch die spätere Eingemeindung des Dörfchens Vliet, das zur Provinz Südholland gehörte, nach Oudewater in der Provinz Utrecht, liegt es heute in der Provinz Utrecht.

Theodor Bisdom van Vliet hatte viele Nachkommen. Aufgrund der hohen Kindersterblichkeit, des Ledig-Bleibens sowie des Fehlens männlicher Nachkommen war Paulina Maria, geboren 1840, die letzte Nachfahrin der Haastrechter Linie des Hauses Bidom van Vliet. Sie heiratete Jacob Le Fèvre de Montigny. Nach der Heirat wohnte das Paar in Den Haag. Ihr Vater Marcellus Bisdom van Vliet beschloss 1872 oder 1873, das alte Haus der Familie in Haastrecht durch einen Neubau zu ersetzen. Aufgrund der historischen Bauform, der besonderen Einrichtung sowie des schönen gegenüberliegenden Gartens wurde dieses gut erhaltene Gesamtensemble in die offizielle Liste der historischen Landsitze (»buitenplaatsen«) in den Niederlanden aufgenommen.

Nach dem Abriss des Hauses von 1694 verblieb nur noch eine riesige Buche im Garten hinter dem Haus. Der Baum wurde wahrscheinlich von Adriaen Bisdom, dem Erbauer des Hauses aus dem späten 17. Jahrhundert, gepflanzt. Marcellus selbst sollte nicht mehr viel Freude an seinen Baumaßnahmen haben, da er 1877 starb. Seine Tochter Paulina und ihr Ehemann beschlossen danach, auf den Familiensitz in Haastrecht zu ziehen, wo Jacob seinem Schwiegervater als Bürgermeister dieser Kleinstadt nachfolgen sollte. Dieses Amt bekleidete er nur vier Jahre, denn auch er starb recht bald.

Die reiche Witwe bewohnte das Haus 42 Jahre lang stilvoll und

Porträt von Paulina Bisdom van Vliet (Gemälde von Thérèse Schwartze, 1892)

zusammen mit einer Begleitdame. Sie starb 1923 und wurde neben ihrem Mann im Park begraben. Ihrem Testament folgend, das für 100 Jahre gültig ist, wurde die Stiftung Bisdom van Vliet gegründet, um die Erinnerung an sie und ihre Vorfahren am Leben zu erhalten. Eine zweite wichtige Aufgabe besteht in der Pflege des Landsitzes. Zu diesem Zweck stellte sie ausreichend finanzielle Mittel aus den Pachterträgen von landwirtschaftlichen Betrieben und Flächen bereit. Im Jahr 2023 soll der zweite Teil ihres Testaments eröffnet werden und niemand weiß, was Paulina noch weiter bestimmt hat.

Unbekannter Architekt

Es ist nicht bekannt, ob Marcellus Bisdom van Vliet für den sieben Fenster breiten und zwei Stockwerke hohen Neubau einen professionellen Architekten beauftragte. Vielleicht arbeitete er nur mit einem erfahrenen Bauunternehmer zusammen. Bekannt ist, dass er Bauarbeiter aus Den Haag kommen ließ. Bei der Konstruktion und Einrichtung wurden weder Kosten noch Mühen gescheut. So erhielt die Fassade reichhaltige, dekorative Elemente. Aufgrund der Form des Baugrundstücks kann der Grundriss des Hauses nur asymmetrisch sein. Innen wurden wunderbare Stuckdecken angebracht. Die prunkvolle Innenausstattung ist sehr bemerkenswert.

Das Haus enthält vielerlei persönliche Wertgegenstände von Paulina, u. a. alle Möbel und zahlreiche Kunstwerke. Viele »normale« Einrichtungsgegenstände sind ebenfalls erhalten geblieben, wie z. B. Heimtextilien, Bodenbeläge, Werkzeuge und Reinigungsutensilien, Tapeten, Öfen und Vorhänge. Die Erblasserin interessierte

Der Tisch im Speisesaal konnte für 24 Gäste erweitert werden. Die Dame des Hauses ließ spezielle Vitrinen anfertigen, um ihren Reichtum an Services aus dem 18. Jahrhundert zu zeigen.

Diese Herkules-Statue im Garten von *Bisdom van Vliet* stammt vom berühmten niederländischen Bildhauer Ignatius van Logteren aus dem 18. Jahrhundert.

ADRESSE

Hoogstraat 166
2851 BE HAASTRECHT

www.bisdomvanvliet.nl

sich sehr für asiatische und europäische Keramik, mit der sie, durch Auslandsreisen oder Einkäufen bei Antiquitätenhändlern, eine große Sammlung aufbaute. Diese fügte sie zu den Stücken, die von Seiten ihrer Familie in ihren Besitz gelangt waren. Zur Präsentation ihrer Kollektionen schaffte sie zahlreiche Vitrinen an. Die Wände in den Räumen sind voll von Gemälden und Keramiken. Obwohl für den Neubau neue Möbel bestellt wurden, hat man sich der alten Möbel nicht entledigt, sondern kombinierte neue und alte Möbelstücke. Für die Beleuchtung verwendete die konservative Bewohnerin nur Kerzenlicht und Öllampen, obwohl elektrisches Licht in den Jahren vor ihrem Tod bereits Standard war.

Der Garten

Gegenüber dem Haus, auf der anderen Straßenseite, befindet sich ein kürzlich restaurierter Park. So wie die Rotbuche im Garten hinter dem Haus, die hier möglicherweise von Adriaen Bisdom gepflanzt wurde, nachdem er sich in Haastrecht niederließ, erinnern die markanten Rotbuchen auf der anderen Seite des Hauses an die Geburt von zwei Söhnen von Adriaen. Der Garten enthält Wasserspiele und wunderschöne Skulpturen des Bildhauers Ignatius van Logteren aus dem 18. Jahrhundert, die Herkules und Neptun darstellen. Der Amsterdamer Künstler fertigte, zusammen mit seinem Sohn Jan, viele Gartenskulpturen aus Sandstein, Stuckarbeiten, Fassadendekorationen und andere dekorative Elemente für diverse Amsterdamer Stadthäuser und Landsitze. Beide starben recht früh an einer Staublunge aufgrund der täglichen Arbeit mit Sandstein und Kalk. Der Garten wurde als Landschaftspark an einem unstet dahin mäandernden Wasserlauf angelegt. Im hinteren Teil dieses Parks befindet sich auf einer Insel ein Folly in Form einer Höhle.

Sehen und erleben

Besuchen Sie hier einfach das Museum und den Garten. Anschließend können Sie einen Spaziergang durch den Park auf der gegenüberliegenden Straßenseite oder durch das malerische Dorf Haastrecht machen oder entlang des Flusses Vlist radeln. Die Vlist ist ihrem Ursprung nach ein Moorfluss, der früher zur Entwässerung der Polder diente. Die Vlist war auch für den Warentransport wichtig, insbesondere von Schoonhoven nach Utrecht. Heutzutage hat der Fluss hauptsächlich touristische Funktion.

Bisdom van Vliet ist nicht weit von der historischen Stadt Gouda entfernt. Gouda ist zwar weltbekannt für seine Sirupwaffeln und natürlich für den Käse. Noch interessanter (und genauso berühmt) sind aber die Glasfenster der Sint-Jans-Kirche aus dem Mittelalter und der Renaissance. Alles über Gouda ist auf willkommeningouda.com zu finden.

Gastronomie

In Haastrecht z. B. Over de Brug oder Bregje.

Schon im Vestibül von *Bisdom van Vliet* werden Sie von der reichen Dekoration überwältigt sein.

Zwei Statuen aus Meißener Porzellan aus der reichen Sammlung von *Bisdom van Vliet*

Namensregister

Bildnachweis